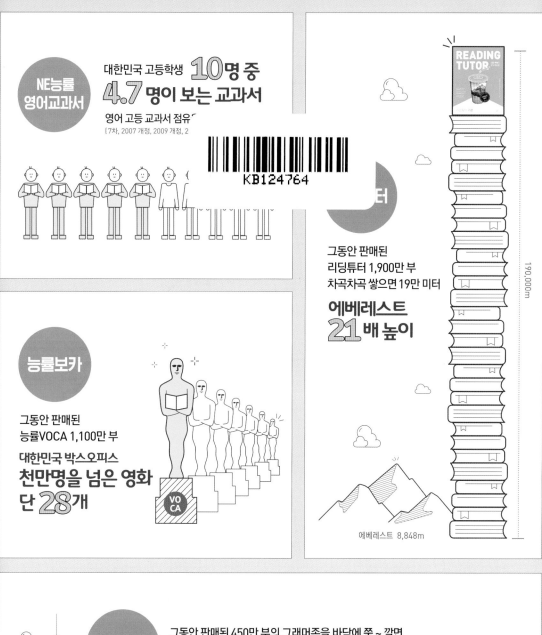

NE능률 영어교과서

대한민국 고등학생 **10**명 중 **4.7**명이 보는 교과서

영어 고등 교과서 점유율
(7차, 2007 개정, 2009 개정, 2

그동안 판매된
리딩튜터 1,900만 부
차곡차곡 쌓으면 19만 미터

에베레스트 **21**배 높이

190,000m

에베레스트 8,848m

능률보카

그동안 판매된
능률VOCA 1,100만 부

대한민국 박스오피스
**천만명을 넘은 영화
단 28개**

VOCA

READING TUTOR

그래머존

그동안 판매된 450만 부의 그래머존을 바닥에 쭉 ~ 깔면
1000km 서울 - 부산 왕복가능

서울

부산

주니어 능률
VOCA 기본

지은이	NE능률 영어교육연구소
선임연구원	김지현, 신유승
연구원	조유람, 채민정, 이정민
영문 교열	Olk Bryce Barrett, Curtis Thompson, Angela Lan
표지·내지 디자인	민유화, 조가영
내지 일러스트	강주연, 조희진
맥편집	이인선

Photo Credits　　Shutter Stock

NE능률이
미래를
창조합니다.

건강한 배움의 고객가치를 제공하겠다는 꿈을 실현하기 위해
40년이 넘는 시간 동안 열심히 달려왔습니다.

앞으로도 끊임없는 연구와 노력을 통해
당연한 것을 멈추지 않고

고객, 기업, 직원 모두가 함께 성장하는 NE능률이 되겠습니다.

· 중학 교과서 필수 어휘 60일 완성 ·

주니어 능률
VOCA

기본

구성과 특징

1. 해당 DAY에 학습할 어휘를 미리 확인해 볼 수 있는 PREVIEW 수록
2. 각 DAY별 어휘의 발음과 뜻을 바로 들을 수 있는 QR코드 삽입
3. 새 교육과정 교과서 어휘를 반영한 1200개의 표제어와 뜻 제시
   실용적인 예문, 함께 학습하면 좋을 유의어·반의어·파생어 및 참고 어휘 수록

4. 간단한 문제를 통해 각 DAY별로 학습한
   어휘를 점검할 수 있는 Check-Up 수록

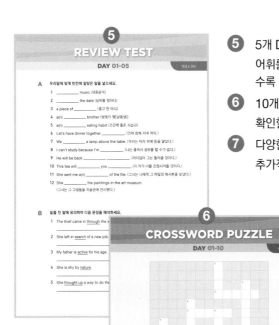

⑤ 5개 DAY마다 다양한 문제를 풀어보며 누적된 어휘를 반복 확인할 수 있는 REVIEW TEST 수록

⑥ 10개 DAY마다 누적된 어휘를 재미있게 반복 확인할 수 있는 CROSSWORD PUZZLE 수록

⑦ 다양한 분야의 직업과 관련 표현 소개를 통해 추가적으로 어휘를 학습할 수 있는 페이지 수록

⑧ 간편히 휴대하며 어휘를 암기할 수 있는 어휘 암기장 제공

CONTENTS

발음기호와 품사

발음기호

자음

1 유성자음: 발음할 때, 목이 떨리는 자음

> 혀가 입 천창에 닿지 않아요.

b	d	m	n	r	l	z	ʒ
ㅂ	ㄷ	ㅁ	ㄴ	ㄹ	ㄹ	ㅈ	쥐

dʒ	ð	g	v	h	ŋ	j
쥐(짧게)	ㄷ	ㄱ	ㅂ	ㅎ	받침 ㅇ	이

> 이 사이로 혀끝을 내밀어요.   윗니가 아랫입술에 닿아요.

2 무성자음: 발음할 때, 목이 떨리지 않는 자음

p	f	θ	s	ʃ	k	t	tʃ
ㅍ	ㅍ/ㅎ	ㅆ	ㅅ	쉬	ㅋ	ㅌ	취(짧게)

> 윗니가 아랫입술에 닿아요.   이 사이로 혀끝을 내밀어요.

모음

a	e	i	o	u	æ	ʌ	ɔ
ㅏ	ㅔ	ㅣ	ㅗ	ㅜ	ㅐ	ㅓ(강하게)	ㅗ/ㅓ(중간)

ə	ɜ
ㅓ(짧게)	ㅔ

품사

명 명사 대 대명사 동 동사 형 형용사 부 부사 전 전치사 접 접속사

He played fun and exciting games with his friends yesterday.
대 동 형 접 형 명 전 대 명 부

1 **명사**   사람이나 사물의 이름 예) bus(버스), cat(고양이), movie(영화)
2 **대명사**   명사를 대신하는 말 예) you(너), he(그), it(그것)
3 **동사**   동작이나 상태를 나타내는 말 예) tell(말하다), see(보다), teach(가르치다)
4 **형용사**   상태, 성질, 모양, 크기, 수량 등을 나타내는 말 예) easy(쉬운), hard(단단한)
5 **부사**   시간, 장소, 이유, 방법 등을 나타내는 말 예) now(지금), here(여기에),
6 **전치사**   다른 단어들과의 관계를 나타내는 말 예) on(~ 위에), in(~ 안에), from(~부터)
7 **접속사**   단어와 단어, 문장과 문장을 이어주는 말 예) and(그리고), but(그러나), or(또는)

학습계획

주니어 능률 VOCA로 똑똑하게 어휘 학습하는 방법

Step 1 PREVIEW에서 어휘를 미리 보고 QR코드로 MP3파일 듣기 → 어휘 암기 → Check-Up으로 마무리

Step 2 이전 DAY의 PREVIEW를 펼치고 단어 복습 → 다음 DAY 어휘 학습

Step 3 이전 5일 치 DAY의 PREVIEW를 펼치고 단어 복습 → REVIEW TEST로 5일 치 단어 마무리

YOUR PLAN

DAY	1차 학습일	2차 학습일	DAY	1차 학습일	2차 학습일
01	월 일	월 일	31	월 일	월 일
02	월 일	월 일	32	월 일	월 일
03	월 일	월 일	33	월 일	월 일
04	월 일	월 일	34	월 일	월 일
05	월 일	월 일	35	월 일	월 일
06	월 일	월 일	36	월 일	월 일
07	월 일	월 일	37	월 일	월 일
08	월 일	월 일	38	월 일	월 일
09	월 일	월 일	39	월 일	월 일
10	월 일	월 일	40	월 일	월 일
11	월 일	월 일	41	월 일	월 일
12	월 일	월 일	42	월 일	월 일
13	월 일	월 일	43	월 일	월 일
14	월 일	월 일	44	월 일	월 일
15	월 일	월 일	45	월 일	월 일
16	월 일	월 일	46	월 일	월 일
17	월 일	월 일	47	월 일	월 일
18	월 일	월 일	48	월 일	월 일
19	월 일	월 일	49	월 일	월 일
20	월 일	월 일	50	월 일	월 일
21	월 일	월 일	51	월 일	월 일
22	월 일	월 일	52	월 일	월 일
23	월 일	월 일	53	월 일	월 일
24	월 일	월 일	54	월 일	월 일
25	월 일	월 일	55	월 일	월 일
26	월 일	월 일	56	월 일	월 일
27	월 일	월 일	57	월 일	월 일
28	월 일	월 일	58	월 일	월 일
29	월 일	월 일	59	월 일	월 일
30	월 일	월 일	60	월 일	월 일

A 아는 단어/숙어에 체크(V)해보세요.

0001 **fix**	☐	0011 **moment**	☐
0002 **shade**	☐	0012 **wing**	☐
0003 **bury**	☐	0013 **neighbor**	☐
0004 **cave**	☐	0014 **piece**	☐
0005 **useful**	☐	0015 **still**	☐
0006 **dot**	☐	0016 **twin**	☐
0007 **copy**	☐	0017 **pure**	☐
0008 **through**	☐	0018 **stage**	☐
0009 **oven**	☐	0019 **at first**	☐
0010 **lend**	☐	0020 **put on**	☐

B 사진을 보고 알맞은 단어/숙어를 써보세요.

_____ _____ _____ _____

0001 fix

[fiks]

동 1 수리하다, 고치다 ⊕repair 2 고정시키다
3 (날짜 · 장소 등을) 정하다

I need to fix my bike. 나는 자전거를 고쳐야 한다.

He fixed the tables to the floor. 그는 탁자들을 바닥에 고정시켰다.

fix the date 날짜를 정하다

0002 shade

[ʃeid]

명 그늘

Let's rest in the shade of a tree. 나무 그늘에서 쉬자.

0003 bury

[béri]

동 (땅에) 묻다, 매장하다

Dogs like to bury their toys.
개들은 자신들의 장난감을 묻는 것을 좋아한다.

⊞ burial 명 매장

0004 cave

[keiv]

명 동굴, 굴

Bats live in deep caves. 박쥐는 깊은 동굴에서 산다.

0005 useful

[júːsfəl]

형 쓸모 있는, 유용한 ⊕helpful

I found some useful tips on that website.
나는 저 웹사이트에서 유용한 조언을 좀 발견했다.

0006 dot

[dɑt]

명 (동그란) 점

Draw a dot on the paper. 종이에 점을 하나 그려라.

0007 copy

[kɑ́pi]

명 복사(본) 동 1 복사[복제]하다 2 따라 하다, 모방하다

She sent me a copy of the file. 그녀는 나에게 그 파일의 복사본을 보냈다.

Please copy these reports. 이 보고서들을 복사해주세요.

My sister always copies me. 내 여동생은 항상 나를 따라 한다.

0008 through

[θruː]

전 1 (입구 등을) 통(과)하여 2 (장소를) 지나서

The thief came in through the window.
그 도둑은 창문을 통해 들어 왔다.

The bus passes through our town.
그 버스는 우리 마을을 지나간다.

0009 oven
[ʌ́vən]

명 오븐

I baked some cookies in the oven. 나는 오븐에 쿠키를 좀 구웠다.

0010 lend
[lend]

동 (lent-lent) 빌려주다

Would you lend me your car? 내게 네 차를 빌려주겠니?

I lent my book to her. 나는 그녀에게 내 책을 빌려주었다.

참고 borrow 빌리다

0011 moment
[móumənt]

명 1 (특정한) 순간, 시점 2 잠깐, 잠시 ⊕instant

We enjoyed every moment of the trip.
우리는 그 여행의 모든 순간을 즐겼다.

in a moment 잠시 후에, 곧

0012 wing
[wiŋ]

명 날개

The butterfly has beautiful wings.
그 나비는 아름다운 날개를 가지고 있다.

0013 neighbor
[néibər]

명 이웃

He is my new neighbor. 그는 나의 새로운 이웃이다.

참고 neighborhood (도시의) 지역, 동네; 인근, 근처, 이웃

0014 piece
[piːs]

명 1 조각 2 한 개, 한 장

I cut the bread into four pieces. 나는 그 빵을 네 조각으로 잘랐다.

a piece of paper 종이 한 장

0015 still
[stil]

부 아직도, 여전히

Are you still doing your homework? 너는 아직도 숙제를 하고 있니?

0016 twin
[twin]

명 (-s) 쌍둥이 형 쌍둥이의

The twins look the same. 그 쌍둥이들은 똑같이 생겼다.

a twin brother 쌍둥이 형[남동생]

0017 pure
[pjuər]

형 1 (다른 것이 섞이지 않고) 순수한 2 맑은, 깨끗한

This shirt is made of pure cotton. 이 셔츠는 순수 면으로 만들어졌다.

pure air 깨끗한 공기

0018 stage
[steidʒ]

명 1 단계, 시기 2 무대

They are in an early **stage** of the plan.
그들은 그 계획의 초기 단계에 있다.

There are two actors on the **stage**. 무대에 두 명의 배우가 있다.

0019 at first

처음에는

I didn't like him **at first**. 나는 처음에는 그가 마음에 들지 않았다.

0020 put on

~을 입다[신다, 쓰다] 빤take off

She was **putting on** her gloves. 그녀는 장갑을 끼고 있었다.

DAY 01 CHECK-UP

[1-14] 영어는 우리말로, 우리말은 영어로 쓰세요.

1 copy	_____	8 (동그란) 점	_____
2 stage	_____	9 아직도, 여전히	_____
3 useful	_____	10 동굴, 굴	_____
4 wing	_____	11 이웃	_____
5 bury	_____	12 그늘	_____
6 through	_____	13 쌍둥이; 쌍둥이의	_____
7 pure	_____	14 빌려주다	_____

[15-18] 우리말에 맞게 빈칸에 알맞은 말을 넣으세요.

15 I cut the bread into four _____. (나는 그 빵을 네 조각으로 잘랐다.)

16 She was _____ _____ her gloves. (그녀는 장갑을 끼고 있었다.)

17 We enjoyed every _____ of the trip. (우리는 그 여행의 모든 순간을 즐겼다.)

18 I didn't like him _____ _____. (나는 처음에는 그가 마음에 들지 않았다.)

DAY 02
PREVIEW

A 아는 단어/숙어에 체크(V)해보세요.

0021 **war**	☐	0031 **sharp**	☐
0022 **cash**	☐	0032 **machine**	☐
0023 **advice**	☐	0033 **trouble**	☐
0024 **lead**	☐	0034 **roll**	☐
0025 **perfect**	☐	0035 **exit**	☐
0026 **search**	☐	0036 **proud**	☐
0027 **contest**	☐	0037 **flood**	☐
0028 **display**	☐	0038 **stamp**	☐
0029 **tip**	☐	0039 **at last**	☐
0030 **borrow**	☐	0040 **grow up**	☐

B 사진을 보고 알맞은 단어/숙어를 써보세요.

1 _____ 2 _____ 3 _____ 4 _____

0021 war
[wɔ:r]

閏 전쟁

Many people died in the war. 많은 사람들이 그 전쟁에서 죽었다.

0022 cash
[kæʃ]

閏 현금, 현찰

Do you want to pay in cash? 현금으로 지불하고 싶으신가요?

0023 advice
[ədváis]

閏 충고, 조언

He took his father's advice. 그는 아버지의 충고를 받아들였다.

a piece of advice 충고 한 마디

⊞ advise 閏 충고[조언]하다

0024 lead
[li:d]

閏 (led-led) 1 안내하다 2 지도하다, 이끌다

She led us to the living room. 그녀는 우리를 거실로 안내했다.

He will lead our team. 그가 우리 팀을 이끌 것이다.

⊞ leader 閏 지도자, 리더

0025 perfect
[pə́:rfikt]

閏 1 (결함 없이) 완벽한 2 (목적에) 꼭 알맞은, 완벽한

Her speech was perfect. 그녀의 연설은 완벽했다.

The lake is the perfect place for a date.
그 호수는 데이트하기 꼭 알맞은 장소이다.

0026 search
[sə:rtʃ]

閏 찾다, 수색하다　閏 찾기, 수색

I'm searching for my car key. 나는 내 차 키를 찾고 있다.

She left in search of a new job. 그녀는 새 직장을 찾아 떠났다.

0027 contest
[kántest]

閏 대회, 콘테스트

He won the fishing contest. 그는 그 낚시 대회에서 우승했다.

enter a contest 대회에 참가하다

0028 display
[displéi]

閏 전시하다, 진열하다

She displayed the paintings in the art museum.
그녀는 그 그림들을 미술관에 전시했다.

0029 tip
[tip]

명 1 (뾰족한) 끝 2 팁, 봉사료 3 조언

He broke the tip of the pencil. 그는 연필 끝을 부러뜨렸다.
I left a tip for the waiter. 나는 그 웨이터에게 팁을 남겼다.
tips for saving money 저축에 관한 조언

0030 borrow
[bárou]

동 빌리다

I borrowed a book from the library. 나는 책을 도서관에서 빌렸다.
참고 lend 빌려주다

0031 sharp
[ʃɑːrp]

형 날카로운, 뾰족한

She cut the meat with a sharp knife.
그녀는 날카로운 칼로 그 고기를 잘랐다.

0032 machine
[məʃíːn]

명 기계

Can you fix this machine? 너는 이 기계를 고칠 수 있니?
a copy machine 복사기
⊞ machinery 명 기계류, 장비

0033 trouble
[trʌ́bl]

명 어려움, 문제

I had trouble finding his house.
나는 그의 집을 찾는 데 어려움을 겪었다.

0034 roll
[roul]

동 구르다, 굴리다 명 통, 두루마리

A pen rolled under the table. 펜 하나가 탁자 밑으로 굴러갔다.
a roll of toilet paper 두루마리 화장지 하나

0035 exit
[éksit]

명 출구 동 나가다, 퇴장하다

They blocked the exit. 그들은 출구를 막았다.
We exited the building through the back door.
우리는 뒷문을 통해 그 건물에서 나갔다.

0036 proud
[praud]

형 1 자랑스러워하는, 자랑스러운 2 거만한 ⑩humble

I'm really proud of you. 나는 네가 정말 자랑스럽다.
He is a very proud person. 그는 매우 거만한 사람이다.
⊞ pride 명 자존심, 자만

13

0037 flood
[flʌd]

명 홍수

The flood washed away the tall tree. 홍수가 그 큰 나무를 쓸어갔다.

0038 stamp
[stæmp]

명 1 우표 2 도장

I put a stamp on the letter. 나는 편지에 우표를 붙였다.
Get a stamp on your ticket. 네 표에 도장을 받아라.

0039 at last

마침내 ⊛ finally

I changed my mind at last. 나는 마침내 마음을 바꿨다.

0040 grow up

자라다, 성장하다

I want to be a chef when I grow up. 나는 자라서 요리사가 되고 싶다.

DAY 02 CHECK-UP

정답 p.284

[1-14] 영어는 우리말로, 우리말은 영어로 쓰세요.

1 sharp _____

2 tip _____

3 roll _____

4 perfect _____

5 contest _____

6 proud _____

7 search _____

8 빌리다 _____

9 어려움, 문제 _____

10 홍수 _____

11 우표; 도장 _____

12 전시하다, 진열하다 _____

13 충고, 조언 _____

14 안내하다; 지도하다, 이끌다 _____

[15-18] 우리말에 맞게 빈칸에 알맞은 말을 넣으세요.

15 Can you fix this _____? (너는 이 기계를 고칠 수 있니?)

16 I changed my mind _____ _____. (나는 마침내 마음을 바꿨다.)

17 I want to be a chef when I _____ _____. (나는 자라서 요리사가 되고 싶다.)

18 We _____ the building through the back door.
(우리는 뒷문을 통해 그 건물에서 나갔다.)

DAY 03
PREVIEW

A 아는 단어/숙어에 체크(V)해보세요.

0041 **mix** ☐	0051 **final** ☐
0042 **healthy** ☐	0052 **scene** ☐
0043 **active** ☐	0053 **prize** ☐
0044 **dig** ☐	0054 **nickname** ☐
0045 **simple** ☐	0055 **pan** ☐
0046 **view** ☐	0056 **cartoon** ☐
0047 **insect** ☐	0057 **leader** ☐
0048 **sleepy** ☐	0058 **coach** ☐
0049 **root** ☐	0059 **find out** ☐
0050 **total** ☐	0060 **be in trouble** ☐

B 사진을 보고 알맞은 단어/숙어를 써보세요.

_____   _____   _____   _____

0041 mix
[miks]

동 섞이다, 섞다

Water and oil do not mix. 물과 기름은 섞이지 않는다.

Mix flour and sugar in a bowl. 밀가루와 설탕을 그릇에 섞어라.

⊞ mixture 명 혼합물

0042 healthy
[hélθi]

형 1 건강한 2 건강에 좋은

I exercise to stay healthy. 나는 건강을 유지하기 위해 운동한다.

a healthy eating habit 건강에 좋은 식습관

0043 active
[ǽktiv]

형 1 활동적인 2 적극적인

My father is active for his age. 아버지는 연세에 비해 활동적이시다.

She played an active role in the project.
그녀는 그 프로젝트에서 적극적인 역할을 수행했다.

⊞ activity 명 활동

0044 dig
[dig]

동 (dug-dug) (구멍 등을) 파다

The dog is digging in the garden. 그 개는 정원에서 땅을 파고 있다.

They dug holes and planted flowers. 그들은 구멍을 파서 꽃을 심었다.

0045 simple
[símpl]

형 1 간단한, 단순한 2 소박한, 수수한

This machine is simple to use. 이 기계는 사용이 간단하다.

She was wearing simple clothes. 그녀는 수수한 옷을 입고 있었다.

0046 view
[vjuː]

명 1 경치, 전망 2 견해, 의견 ⊕opinion

The view from the tower is great. 그 탑에서 보는 전망이 훌륭하다.
What is your view on the problem? 그 문제에 대한 네 견해는 무엇이니?

0047 insect
[ínsekt]

명 곤충

Every insect has six legs. 모든 곤충은 다리가 여섯 개이다.

0048 sleepy
[slíːpi]

형 졸리는

I can't study because I'm sleepy. 나는 졸려서 공부를 할 수가 없다.

0049 root
[ru:t]

명 1 (식물의) 뿌리 2 근원, 원인

The tree has many roots. 그 나무는 많은 뿌리를 가지고 있다.

the root of the problem 문제의 근원

0050 total
[tóutl]

형 1 총, 전체의 2 완전한, 전적인   명 합계, 총액

The total cost is $50. 총비용은 50달러이다.

total darkness 암흑

A total of 20 students took the class.
총 20명의 학생들이 그 수업을 들었다.

⊞ totally 틧 완전히, 전적으로

0051 final
[fáinl]

형 마지막의, 최후의   명 결승(전)

Winning the race is our final goal.
경주를 이기는 것이 우리의 최종 목표이다.

Our team lost in the finals. 우리 팀은 결승전에서 졌다.

⊞ finally 틧 마침내, 결국

0052 scene
[si:n]

명 1 (연극 · 영화 등의) 장면 2 경치, 풍경

It is the best scene in this movie. 그것은 이 영화의 최고 장면이다.

a street scene 거리 풍경

0053 prize
[praiz]

명 상, 상품 ⊕award

He won first prize in the writing contest.
그는 글쓰기 대회에서 1등 상을 받았다.

He got a new bike as a prize. 그는 상품으로 새 자전거를 받았다.

0054 nickname
[níknèim]

명 별명

I call him by his nickname. 나는 그를 별명으로 부른다.

0055 pan
[pæn]

명 팬, 프라이팬

Put the egg and onion in the pan. 계란과 양파를 팬에 넣어라.

0056 cartoon
[kɑːrtúːn]

명 만화 (영화)

He enjoys reading cartoons on the Internet.
그는 인터넷에서 만화를 읽는 것을 즐긴다.

참고 comics 만화책   animation 만화 (영화), 애니메이션

0057 leader
[líːdər]

명 지도자, 리더

She is the **leader** of our club. 그녀는 우리 동아리의 리더이다.

⊞ lead 동 지도하다, 이끌다

0058 coach
[koutʃ]

명 (스포츠 팀의) 코치, 감독

The **coach** is giving advice to a player.
그 코치는 한 선수에게 조언을 하고 있다.

0059 find out

~을 알아내다

I want to **find out** the cause. 나는 그 원인을 알아내고 싶다.

0060 be in trouble

어려움[곤경]에 처하다

She helped me when I was **in trouble**.
내가 곤경에 처했을 때 그녀가 나를 도와주었다.

DAY 03 CHECK-UP

정답 p.284

[1-14] 영어는 우리말로, 우리말은 영어로 쓰세요.

1 total _____

2 view _____

3 root _____

4 prize _____

5 dig _____

6 scene _____

7 simple _____

8 활동적인; 적극적인 _____

9 마지막의, 최후의; 결승(전) _____

10 별명 _____

11 졸리는 _____

12 섞이다, 섞다 _____

13 건강한; 건강에 좋은 _____

14 곤충 _____

[15-18] 우리말에 맞게 빈칸에 알맞은 말을 넣으세요.

15 She is the _____ of our club. (그녀는 우리 동아리의 리더이다.)

16 I want to _____ _____ the cause. (나는 그 원인을 알아내고 싶다.)

17 The _____ is giving advice to a player. (그 코치는 한 선수에게 조언을 하고 있다.)

18 She helped me when I _____ _____ _____.
(내가 곤경에 처했을 때 그녀가 나를 도와주었다.)

DAY 04
PREVIEW

A 아는 단어/숙어에 체크(V)해보세요.

0061 **lift**	☐	0071 **sometime**	☐
0062 **pack**	☐	0072 **rule**	☐
0063 **score**	☐	0073 **harmony**	☐
0064 **court**	☐	0074 **bark**	☐
0065 **desert**	☐	0075 **crash**	☐
0066 **award**	☐	0076 **nature**	☐
0067 **elder**	☐	0077 **valley**	☐
0068 **among**	☐	0078 **wonder**	☐
0069 **male**	☐	0079 **think up**	☐
0070 **finally**	☐	0080 **be famous for**	☐

B 사진을 보고 알맞은 단어/숙어를 써보세요.

1 _____

2 _____

3 _____

4 _____

0061 lift
[lift]

동 (들어) 올리다

I can't lift this heavy box. 나는 이 무거운 상자를 들어 올릴 수 없다.

0062 pack
[pæk]

동 1 (짐을) 싸다 2 포장하다 명 한 갑[상자]

I packed my bag and left home. 나는 가방을 싸서 집을 떠났다.

The apples are packed in a box. 사과들은 상자에 포장되어 있다.

a pack of gum 껌 한 통

0063 score
[skɔːr]

명 득점, 점수 동 득점하다

The final score was two to one. 최종 점수는 2대 1이었다.

He scored 15 points in the game. 그는 그 경기에서 15점을 득점했다.

0064 court
[kɔːrt]

명 1 법정, 법원 2 (테니스 등의) 경기장, 코트

You should not lie in court. 너는 법정에서 거짓말을 해서는 안 된다.

a basketball court 농구 경기장

0065 desert
[dézərt]

명 사막

This plant can't live in the desert. 이 식물은 사막에서 살 수 없다.

0066 award
[əwɔ́ːrd]

명 상 ⊕prize 동 (상 등을) 수여하다, 주다

The actor won a lot of awards. 그 배우는 많은 상을 받았다.

She was awarded first prize. 그녀는 1등 상을 받았다.

0067 elder
[éldər]

형 (둘 중에서) 나이가 더 많은 명 노인

He is my elder brother. 그는 나의 형이다.

You should respect your elders. 너는 노인들을 공경해야 한다.

⊞ elderly 형 나이가 지긋한, 연세가 드신

0068 among
[əmʌ́ŋ]

전 1 ~ 사이에, ~에 둘러싸여 2 (셋 이상) ~ 중에(서)

A flower is growing among the trees.
꽃이 나무들 사이에서 자라고 있다.

He is the tallest among my friends. 그는 내 친구들 중에 가장 키가 크다.

참고 between (둘) 사이에

0069 male
[meil]

형 남성의, 수컷의 명 남성, 수컷 ⊕female (형/명)

I heard a male voice. 나는 남자 목소리를 들었다.

The thief was a white male. 그 도둑은 백인 남성이었다.

0070 finally
[fáinəli]

부 1 마침내, 결국 ⊕at last 2 마지막으로 ⊕lastly

He finally finished his homework. 그는 마침내 숙제를 끝냈다.

Finally, add salt to the sauce. 마지막으로, 소스에 소금을 넣어라.

＋ final 형 마지막의, 최후의

0071 sometime
[sʌ́mtàim]

부 (과거 · 미래의) 언젠가

Let's have dinner together sometime. 언제 함께 저녁 먹자.

0072 rule
[ru:l]

명 규칙, 규정 동 지배하다, 통치하다

Don't break the rules. 규칙을 어기지 마라.

Queen Elizabeth I ruled England for 45 years.
엘리자베스 1세는 45년 동안 영국을 통치했다.

0073 harmony
[há:rməni]

명 1 조화, 화합 2 화음

They work together in harmony. 그들은 함께 조화를 이루며 일한다.

sing in harmony 화음을 맞춰 노래하다

0074 bark
[ba:rk]

동 (개 등이) 짖다

The dog always barks at me. 그 개는 항상 나를 보고 짖는다.

0075 crash
[kræʃ]

동 충돌[추락]하다 명 (자동차의) 충돌, (비행기의) 추락

His car crashed into the train. 그의 차는 열차와 충돌했다.

a plane crash 비행기 추락 사고

0076 nature
[néitʃər]

명 1 자연 2 천성, 본성

We spent some time in nature. 우리는 자연에서 시간을 좀 보냈다.

She is shy by nature. 그녀는 천성적으로 수줍음을 잘 탄다.

＋ natural 형 자연의; 타고난, 선천적인

0077 valley

[vǽli]

명 계곡, 골짜기

I walked through the valley. 나는 그 계곡을 걸어 지나갔다.

0078 wonder

[wʌ́ndər]

동 궁금하다　명 경탄, 놀라움

I wonder if he will come. 나는 그가 올지 안 올지 궁금하다.

She watched the magic show with wonder.

그녀는 경탄하며 마술쇼를 감상했다.

0079 think up

~을 생각해내다

She thought up a way to do the job faster.

그녀는 그 일을 더 빨리 하는 방법을 생각해냈다.

0080 be famous for

~로 유명하다

Italy is famous for its pizza. 이탈리아는 피자로 유명하다.

DAY 04　CHECK-UP

정답 p.284

[1-14] 영어는 우리말로, 우리말은 영어로 쓰세요.

1 elder _____

2 wonder _____

3 male _____

4 finally _____

5 crash _____

6 desert _____

7 court _____

8 (개 등이) 짖다 _____

9 계곡, 골짜기 _____

10 조화, 화합; 화음 _____

11 자연; 천성, 본성 _____

12 상; (상 등을) 수여하다, 주다 _____

13 (과거 · 미래의) 언젠가 _____

14 (들어) 올리다 _____

[15-18] 우리말에 맞게 빈칸에 알맞은 말을 넣으세요.

15 The final _____ was two to one. (최종 점수는 2대 1이었다.)

16 I _____ my bag and left home. (나는 가방을 싸서 집을 떠났다.)

17 Italy _____ _____ _____ its pizza. (이탈리아는 피자로 유명하다.)

18 Queen Elizabeth I _____ England for 45 years.

(엘리자베스 1세는 45년 동안 영국을 통치했다.)

DAY 05
PREVIEW

 A 아는 단어/숙어에 체크(V)해보세요.

0081 **hang**	☐	0091 **female**	☐
0082 **able**	☐	0092 **lower**	☐
0083 **pain**	☐	0093 **miss**	☐
0084 **uniform**	☐	0094 **exact**	☐
0085 **beauty**	☐	0095 **popular**	☐
0086 **taste**	☐	0096 **regular**	☐
0087 **shout**	☐	0097 **noisy**	☐
0088 **without**	☐	0098 **dive**	☐
0089 **care**	☐	0099 **before long**	☐
0090 **sunlight**	☐	0100 **calm down**	☐

B 사진을 보고 알맞은 단어/숙어를 써보세요.

_____ _____ _____ _____

23

0081 hang
[hæŋ]

동 (hung-hung) 걸(리)다, 매달(리)다

The picture is hanging on the wall. 그 그림은 벽에 걸려있다.

We hung a lamp above the table. 우리는 탁자 위에 등을 달았다.

0082 able
[éibl]

형 1 ~할 수 있는 2 능력 있는, 유능한

You are able to sing like her! 너도 그녀처럼 노래할 수 있다!

She is a very able teacher. 그녀는 매우 유능한 교사이다.

0083 pain
[pein]

명 (육체적·정신적) 통증, 고통 ⊕ache

I have pain in my arm. 나는 팔에 통증이 있다.

be in pain 괴로워하다, 아파하다

➕ painful 형 아픈, 고통스러운

0084 uniform
[júːnəfɔ̀ːrm]

명 제복, 유니폼 형 균일한

He is wearing a police uniform. 그는 경찰복을 입고 있다.

The buildings are uniform in size. 그 건물들은 크기가 균일하다.

0085 beauty
[bjúːti]

명 1 아름다움, 미(美) 2 미인

We see beauty in paintings. 우리는 그림에서 아름다움을 발견한다.

a beauty contest 미인 대회

0086 taste
[teist]

명 맛 동 1 맛이 나다 2 맛보다

This fruit has a sweet taste. 이 과일은 단맛이 난다.

The biscuit tastes like onion. 그 비스킷은 양파 맛이 난다.

Can I taste the tea? 제가 그 차를 맛볼 수 있을까요?

➕ tasty 형 맛있는

0087 shout
[ʃaut]

동 소리치다, 외치다

She shouted for help. 그녀는 도와달라고 소리쳤다.

0088 without
[wiðáut]

전 1 ~ 없이 2 (~ v-ing) ~하지 않고

I can't do it without your help. 나는 네 도움 없이 그것을 할 수 없다.

He answered without looking at me. 그는 나를 보지도 않고 대답했다.

0089 care
[kɛər]

몡 1 주의, 조심 2 보살핌 동 상관하다, 신경 쓰다

Drive with great care at night. 밤에는 매우 조심해서 운전해라.

Babies need a lot of care. 아기들은 많은 보살핌이 필요하다.

I don't care about the matter. 나는 그 일에 대해 신경 쓰지 않는다.

0090 sunlight
[sʌ́nlàit]

몡 햇빛, 햇살

This room gets a lot of sunlight. 이 방은 햇볕이 잘 든다.

0091 female
[fíːmèil]

혱 여성의, 암컷의 몡 여성, 암컷 빤male (혱/몡)

She was the first female doctor. 그녀는 최초의 여성 의사였다.

Most females live longer than males.
대부분의 여성이 남성보다 오래 산다.

0092 lower
[lóuər]

혱 아래(쪽)의 빤upper 동 낮추다, 내리다

I hurt my lower leg. 나는 다리 아래쪽을 다쳤다.

Can you lower the price? 가격 좀 깎아주시겠어요?

0093 miss
[mis]

동 1 놓치다, 빗나가다 2 (늦어서) 놓치다 3 그리워하다

The player missed the goal. 그 선수가 골을 놓쳤다.

I was late because I missed the bus. 나는 버스를 놓쳐서 늦었다.

I miss my old friends. 나는 나의 옛 친구들이 그립다.

0094 exact
[igzǽkt]

혱 정확한

That is the exact answer. 그것은 정확한 답이다.

⊞ exactly 㡳 정확히

0095 popular
[pápjələr]

혱 1 인기 있는 2 대중의, 대중적인

The singer is very popular with young people.
그 가수는 젊은 사람들에게 매우 인기 있다.

popular music 대중음악

0096 regular
[régjulər]

혱 1 정기적인, 규칙적인 2 (크기가) 보통의, 표준적인

We have a regular meeting on Mondays.
우리는 월요일마다 정기적인 회의가 있다.

a regular size 보통 사이즈

⊞ regularly 㡳 정기적으로, 규칙적으로

0097 noisy
[nɔ́izi]

형 떠들썩한, 시끄러운

The classroom was very noisy. 그 교실은 매우 시끄러웠다.

⊞ noise 명 (시끄러운) 소리, 소음

0098 dive
[daiv]

동 (물속으로) 뛰어들다, 다이빙하다

Do not dive into the river. 그 강에 뛰어들지 마라.

0099 before long

머지않아, 얼마 후에

He will be back before long. 머지않아 그는 돌아올 것이다.

0100 calm down

진정하다, ~을 진정시키다

Calm down and listen to me. 진정하고 내 말을 들어라.

This tea will calm you down. 이 차가 너를 진정시켜줄 것이다.

DAY 05 CHECK-UP

정답 p.284

[1-14] 영어는 우리말로, 우리말은 영어로 쓰세요.

1 miss _____

2 hang _____

3 female _____

4 dive _____

5 taste _____

6 uniform _____

7 popular _____

8 정확한 _____

9 아름다움, 미(美); 미인 _____

10 소리치다, 외치다 _____

11 떠들썩한, 시끄러운 _____

12 (육체적·정신적) 통증, 고통 _____

13 ~ 없이; ~하지 않고 _____

14 햇빛, 햇살 _____

[15-18] 우리말에 맞게 빈칸에 알맞은 말을 넣으세요.

15 Can you _____ the price? (가격 좀 깎아주시겠어요?)

16 _____ _____ and listen to me. (진정하고 내 말을 들어라.)

17 I don't _____ about the matter. (나는 그 일에 대해 신경 쓰지 않는다.)

18 We have a(n) _____ meeting on Mondays. (우리는 월요일마다 정기적인 회의가 있다.)

REVIEW TEST

DAY 01-05

정답 p.284

A 우리말에 맞게 빈칸에 알맞은 말을 넣으세요.

1 _____ music (대중음악)

2 _____ the date (날짜를 정하다)

3 a piece of _____ (충고 한 마디)

4 a(n) _____ brother (쌍둥이 형[남동생])

5 a(n) _____ eating habit (건강에 좋은 식습관)

6 Let's have dinner together _____. (언제 함께 저녁 먹자.)

7 We _____ a lamp above the table. (우리는 탁자 위에 등을 달았다.)

8 I can't study because I'm _____. (나는 졸려서 공부를 할 수가 없다.)

9 He will be back _____ _____. (머지않아 그는 돌아올 것이다.)

10 This tea will _____ you _____. (이 차가 너를 진정시켜줄 것이다.)

11 She sent me a(n) _____ of the file. (그녀는 나에게 그 파일의 복사본을 보냈다.)

12 She _____ the paintings in the art museum.
(그녀는 그 그림들을 미술관에 전시했다.)

B 밑줄 친 말에 유의하여 다음 문장을 해석하세요.

1 The thief came in through the window.

_____

2 She left in search of a new job.

_____

3 My father is active for his age.

_____

4 She is shy by nature.

_____

5 She thought up a way to do the job faster.

_____

C 밑줄 친 단어와 가장 비슷한 뜻을 가진 단어를 고르세요.

1 What is your view on the problem?

① tip ② exit ③ opinion ④ moment

2 He won first prize in the writing contest.

① award ② stage ③ roll ④ piece

3 Finally, add salt to the sauce.

① still ② lastly ③ noisy ④ valley

4 I have pain in my arm.

① care ② dot ③ flood ④ ache

D 보기 에서 빈칸에 들어갈 단어를 골라 쓰세요.

보기 taste total borrow exit crash lend female among

1 The _____ cost is $50.

2 This fruit has a sweet _____.

3 Would you _____ me your car?

4 She was the first _____ doctor.

5 His car _____(e)d into the train.

6 He is the tallest _____ my friends.

7 I _____(e)d a book from the library.

DAY 06
PREVIEW

A 아는 단어/숙어에 체크(V)해보세요.

0101 **pill**	☐	
0102 **alarm**	☐	
0103 **bored**	☐	
0104 **freeze**	☐	
0105 **nobody**	☐	
0106 **language**	☐	
0107 **teenager**	☐	
0108 **usual**	☐	
0109 **chance**	☐	
0110 **hero**	☐	

0111 **curl**	☐	
0112 **planet**	☐	
0113 **regularly**	☐	
0114 **invent**	☐	
0115 **smart**	☐	
0116 **dead**	☐	
0117 **soil**	☐	
0118 **meal**	☐	
0119 **take care**	☐	
0120 **because of**	☐	

B 사진을 보고 알맞은 단어/숙어를 써보세요.

1 _____ 2 _____ 3 _____ 4 _____

0101 pill
[pil]

뗑 알약, 정제

Take one pill a day. 약을 하루에 한 알씩 복용해라.
sleeping pills 수면제

0102 alarm
[əlá:rm]

뗑 1 경보(기) 2 자명종, 알람

Did you hear the fire alarm? 너는 화재경보기 소리를 들었니?
I set the alarm for nine o'clock. 나는 알람을 9시로 맞췄다.

0103 bored
[bɔːrd]

뗑 지루한, 지겨운 interested

They were bored with the class. 그들은 그 수업에 지루해했다.
⊞ boring 뗑 지루한, 따분한

0104 freeze
[friːz]

똥 (froze-frozen) 얼다, 얼리다 melt

The river often freezes in winter. 그 강은 겨울에 종종 언다.
You should freeze the meat. 너는 그 고기를 냉동해야 한다.
⊞ freezing 뗑 몹시 추운

0105 nobody
[nóubàdi]

때 아무도 ~않다 no one

Nobody saw her for weeks. 몇 주 동안 아무도 그녀를 보지 못했다.

0106 language
[læŋgwidʒ]

뗑 언어, 말

How many languages can you speak?
너는 몇 개 국어를 말할 수 있니?
first language 모국어

0107 teenager
[tíːnèidʒər]

뗑 십 대 teen

Our son is a teenager. 우리 아들은 십 대이다.

0108 usual
[júːʒuəl]

뗑 평소의, 보통의 unusual

I missed my usual train this morning.
나는 오늘 아침에 평소에 타던 기차를 놓쳤다.
as usual 늘 그렇듯이
⊞ usually 믄 보통, 대개

0109 chance
[tʃæns]

명 1 **가능성** 2 **기회** 3 **우연**

The chance of rain is 60%. 비가 올 가능성은 60%이다.

Please give me a chance to try again. 제게 다시 시도할 기회를 주세요.

I met her by chance on the bus. 나는 우연히 버스에서 그녀를 만났다.

0110 hero
[híərou]

명 1 **영웅** 2 **(소설 등의) 남자 주인공**

He is a soccer hero in Korea. 그는 한국에서 축구 영웅이다.

The hero of the movie is a scientist.
그 영화의 남자 주인공은 과학자이다.

참고 heroine 여주인공

0111 curl
[kəːrl]

동 **곱슬곱슬하다, 곱슬곱슬하게 하다** 명 **곱슬머리**

I want to curl my hair. 나는 머리를 곱슬곱슬하게 하고 싶다.

a girl with dark curls 검은 곱슬머리를 한 여자아이

+ curly 형 곱슬곱슬한

0112 planet
[plǽnit]

명 **행성**

The fourth planet from the Sun is Mars.
태양에서 네 번째 떨어진 행성은 화성이다.

0113 regularly
[régjulərli]

부 **정기적으로, 규칙적으로**

I meet my grandparents regularly, once a month.
나는 한 달에 한 번 정기적으로 조부모님을 만난다.

+ regular 형 정기적인, 규칙적인

0114 invent
[invént]

동 **발명하다**

The Wright brothers invented the airplane.
라이트 형제는 비행기를 발명했다.

+ invention 명 발명(품)

0115 smart
[smɑːrt]

형 **영리한, 똑똑한** ⊕clever

Dolphins are smart animals. 돌고래는 영리한 동물이다.

0116 dead
[ded]

형 **죽은** ⊛alive

They found a dead cat on the road.
그들은 도로에서 죽은 고양이를 발견했다.

+ death 명 죽음

0117 soil

[sɔil]

명 흙, 토양

This plant grows well in wet soil. 이 식물은 습한 토양에서 잘 자란다.

0118 meal

[mi:l]

명 1 식사, 끼니 2 (식사에 먹는) 음식, 식사

I have three meals a day. 나는 하루에 세 끼를 먹는다.

Did you enjoy your meal? 식사 맛있게 하셨어요?

0119 take care

조심하다

Take care when you use a knife. 칼을 쓸 때 조심해라.

0120 because of

~ 때문에

We went back home because of the rain.

비 때문에 우리는 집으로 돌아왔다.

참고 because 접 ~ 때문에, 왜냐하면

DAY 06 CHECK-UP

정답 p.285

[1-14] 영어는 우리말로, 우리말은 영어로 쓰세요.

1	curl	8	평소의, 보통의
2	smart	9	죽은
3	chance	10	아무도 ~않다
4	planet	11	언어, 말
5	meal	12	얼다, 얼리다
6	hero	13	알약, 정제
7	regularly	14	십 대

[15-18] 우리말에 맞게 빈칸에 알맞은 말을 넣으세요.

15 They were _____ with the class. (그들은 그 수업에 지루해했다.)

16 _____ _____ when you use a knife. (칼을 쓸 때 조심해라.)

17 This plant grow well in wet _____. (이 식물은 습한 토양에서 잘 자란다.)

18 The Wright brothers _____ the airplane. (라이트 형제는 비행기를 발명했다.)

DAY 07
PREVIEW

A 아는 단어/숙어에 체크(V)해보세요.

0121 coin	☐	0131 spicy	☐
0122 prepare	☐	0132 teen	☐
0123 quite	☐	0133 weigh	☐
0124 collect	☐	0134 deaf	☐
0125 main	☐	0135 law	☐
0126 shower	☐	0136 rub	☐
0127 alike	☐	0137 pour	☐
0128 blank	☐	0138 yet	☐
0129 freezing	☐	0139 take out	☐
0130 important	☐	0140 get out of	☐

B 사진을 보고 알맞은 단어/숙어를 써보세요.

1 _____
2 _____
3 _____
4 _____

0121 coin
[kɔin]

명 동전

I put some coins in my pocket. 나는 동전 몇 개를 주머니에 넣었다.

참고 bill 지폐

0122 prepare
[pripέər]

동 1 준비하다 2 (음식을) 준비[마련]하다

We prepared the room for the party.
우리는 파티를 위한 방을 준비했다.

Did you prepare for the exam? 너 시험 준비했니?

prepare a meal 식사를 준비하다

＋ preparation 명 준비, 대비

0123 quite
[kwait]

부 꽤, 상당히 ㉴pretty

He plays basketball quite well. 그는 농구를 꽤 잘한다.

0124 collect
[kəlékt]

동 모으다, 수집하다 ㉴gather

He collects stamps. 그는 우표를 수집한다.

＋ collection 명 수집

0125 main
[mein]

형 주된, 주요한 ㉴chief

What is your main point? 너의 요점은 무엇이니?

main street 중심가, 주요 거리

0126 shower
[ʃáuər]

명 1 샤워 2 소나기

Take a shower before you go to bed. 잠자리에 들기 전에 샤워를 해라.

She was caught in a heavy shower. 그녀는 심한 소나기를 만났다.

0127 alike
[əláik]

형 비슷한 부 비슷하게, 마찬가지로

My brother and I look alike. 남동생과 나는 닮았다.

My parents think alike. 우리 부모님은 비슷하게 생각하신다.

0128 blank
[blæŋk]

형 공백의, 빈 명 빈칸, 공란

I drew a picture in a blank space. 나는 빈 공간에 그림을 그렸다.

Write your answer in the blank. 빈칸 안에 답을 써라.

0129 freezing

[frí:ziŋ]

형 몹시 추운

It's freezing outside. 밖이 몹시 춥다.

⊞ freeze 동 얼다, 얼리다

0130 important

[impɔ́:rtənt]

형 중요한

Getting enough sleep is important for your health.
충분한 수면을 취하는 것은 네 건강에 중요하다.

⊞ importance 명 중요성

0131 spicy

[spáisi]

형 매콤한, 자극적인 ㉮hot

The curry is too spicy for me. 그 카레는 내게 너무 맵다.

0132 teen

[ti:n]

명 십 대 ⑤teenager 형 십 대의 ⑤teenage

That singer is popular with teens. 저 가수는 십 대들에게 인기가 있다.

a teen magazine 십 대들을 위한 잡지

0133 weigh

[wei]

동 1 무게가 ~이다 2 무게를 재다[달다]

He weighs about 75 kg. 그는 몸무게가 약 75kg이다.

I weigh myself every morning. 나는 매일 아침 몸무게를 잰다.

⊞ weight 명 무게, 체중

0134 deaf

[def]

형 귀가 먹은, 청각 장애가 있는

He is deaf in his right ear. 그는 오른쪽 귀가 먹었다.

go deaf 귀가 먹다, 청각을 잃다

0135 law

[lɔ:]

명 법, 법률

We must not break the law. 우리는 법을 어기면 안 된다.

by law 법으로, 법에 따라

0136 rub

[rʌb]

동 비비다, 문지르다

Don't rub your eyes with dirty hands. 더러운 손으로 눈을 비비지 마라.

0137 pour

[pɔ:r]

동 1 따르다, 붓다 2 (비가) 쏟아지다, 퍼붓다

Pour the sauce over the salad. 샐러드 위에 소스를 부어라.

The rain poured down on us. 비가 우리에게 쏟아졌다.

0138 yet
[jet]

（부）1 [부정문] 아직 2 [의문문] 벌써

We are not ready yet. 우리는 아직 준비가 안 됐다.

Have you finished your work yet? 너는 벌써 일을 끝냈니?

0139 take out

1 ~을 꺼내다 2 ~을 데리고 나가다

Take the bread out of the oven. 오븐에서 빵을 꺼내라.

He took me out for dinner. 그는 나를 저녁 식사에 데리고 나갔다.

0140 get out of

1 (장소에서) 나가다 2 (차에서) 내리다

Let's get out of here! 여기서 나가자!

She got out of the taxi. 그녀는 그 택시에서 내렸다.

[1-14] 영어는 우리말로, 우리말은 영어로 쓰세요.

1 quite _____

2 prepare _____

3 pour _____

4 collect _____

5 weigh _____

6 deaf _____

7 alike _____

8 십 대; 십 대의 _____

9 아직; 벌써 _____

10 몹시 추운 _____

11 법, 법률 _____

12 주된, 주요한 _____

13 중요한 _____

14 비비다, 문지르다 _____

[15-18] 우리말에 맞게 빈칸에 알맞은 말을 넣으세요.

15 The curry is too _____ for me. (그 카레는 내게 너무 맵다.)

16 She was caught in a heavy _____. (그녀는 심한 소나기를 만났다.)

17 I drew a picture in a(n) _____ space. (나는 빈 공간에 그림을 그렸다.)

18 She _____ _____ _____ the taxi. (그녀는 그 택시에서 내렸다.)

DAY 08
PREVIEW

A 아는 단어/숙어에 체크(V)해보세요.

0141 **skill**	☐	0151 **tire**	☐
0142 **neat**	☐	0152 **bar**	☐
0143 **ache**	☐	0153 **soldier**	☐
0144 **patient**	☐	0154 **recipe**	☐
0145 **elderly**	☐	0155 **course**	☐
0146 **mistake**	☐	0156 **wallet**	☐
0147 **channel**	☐	0157 **guide**	☐
0148 **during**	☐	0158 **silent**	☐
0149 **flour**	☐	0159 **fill in**	☐
0150 **lawyer**	☐	0160 **be different from**	☐

B 사진을 보고 알맞은 단어/숙어를 써보세요.

1	2	3	4
_____	_____	_____	_____

0141 skill
[skil]

뗑 1 기량, 솜씨 2 기술

He has great skill in cooking. 그는 대단한 요리 솜씨를 가지고 있다.
You need computer skills for the job.
너는 그 직업을 위해 컴퓨터 기술이 필요하다.

⊞ skillful 혱 숙련된, 능숙한

0142 neat
[ni:t]

혱 정돈된, 단정한

Her room looks neat and clean. 그녀의 방은 단정하고 깔끔해 보인다.

0143 ache
[eik]

통 아프다, 쑤시다 뗑 아픔, 통증 ㉮pain

My shoulders ache. 나의 어깨가 아프다.
She felt an ache in her ear. 그녀는 귀에 통증을 느꼈다.

0144 patient
[péiʃənt]

뗑 환자 혱 참을성[인내심] 있는

The patient has a high fever. 그 환자는 고열이 있다.
You have to be patient with your children.
너는 자녀들에게 인내심을 가져야 한다.

⊞ patience 뗑 인내(심)

0145 elderly
[éldərli]

혱 나이가 지긋한, 연세가 드신

He lives with his elderly mother. 그는 나이가 지긋하신 어머니와 산다.

⊞ elder 혱 (둘 중에서) 나이가 더 많은 뗑 노인

0146 mistake
[mistéik]

뗑 실수, 잘못

We made a big mistake. 우리는 큰 실수를 저질렀다.
I sent the wrong picture by mistake. 나는 실수로 틀린 사진을 보냈다.

0147 channel
[tʃǽnl]

뗑 (TV 등의) 채널

There is a drama on channel 3. 3번 채널에서 드라마를 방영한다.

0148 during
[djúəriŋ]

전 ~동안 (내내)

I don't have to go to school during the vacation.
나는 방학 동안 학교를 안 가도 된다.

0149 flour
[fláuər]

명 밀가루

We bought some flour to make bread.
우리는 빵을 만들기 위해 밀가루를 좀 샀다.

0150 lawyer
[lɔ́:jər]

명 변호사

I talked to a lawyer about the matter.
나는 그 문제에 관해 변호사와 이야기했다.

0151 tire
[taiər]

동 지치다, 지치게 하다   명 (자동차 등의) 타이어

The long trip tired her. 긴 여행이 그녀를 지치게 했다.

He changed the tires of his car. 그는 차의 타이어를 교체했다.

⊞ tired 형 피곤한, 지친

0152 bar
[bɑ:r]

명 1 막대기, (창문 등의) 살 2 (막대기 모양의) 바

There were bars on the windows. 그 창문에는 창살이 있었다.

a bar of chocolate (판 모양의) 초콜릿 한 개

0153 soldier
[sóuldʒər]

명 군인, 병사

The soldiers are holding guns. 그 군인들은 총을 들고 있다.

0154 recipe
[résəpì]

명 요리법, 레시피

I followed this recipe to make onion soup.
나는 양파 수프를 만들기 위해 이 요리법을 따랐다.

0155 course
[kɔ:rs]

명 1 강의, 강좌 ⊕class 2 항로, 방향

He will take a French course. 그는 프랑스어 강좌를 들을 것이다.

She changed the course of my life. 그녀는 내 삶의 방향을 바꿨다.

0156 wallet
[wálit]

명 지갑

I don't have much money in my wallet. 나는 지갑에 돈이 별로 없다.

참고 purse (여성용) 지갑, 핸드백

0157 guide
[gaid]

명 안내자, 가이드   동 안내하다

The guide showed her around the city.
그 안내원은 그녀에게 그 도시를 구경시켜주었다.

They guided us to our seats. 그들은 우리를 좌석까지 안내했다.

0158 silent

[sáilənt]

형 1 말이 없는, 침묵하는 2 조용한, 고요한

He kept silent all evening. 그는 저녁 내내 침묵을 지켰다.

I walked into the silent house. 나는 그 조용한 집으로 걸어 들어갔다.

⊞ silence 명 침묵; 고요, 정적

0159 fill in

1 (빈칸 등에) 기입하다, 써넣다 2 (구멍 등을) 메우다

Fill in the blanks please. 빈칸을 채워주세요.

The hole should be filled in. 그 구멍은 메워져야 한다.

0160 be different from

~와 다르다

My view is different from yours. 내 의견은 네 것과 다르다.

DAY 08   CHECK-UP

[1-14] 영어는 우리말로, 우리말은 영어로 쓰세요.

1 patient _____

2 guide _____

3 recipe _____

4 silent _____

5 elderly _____

6 neat _____

7 during _____

8 변호사 _____

9 아프다, 쑤시다; 아픔, 통증 _____

10 실수, 잘못 _____

11 군인, 병사 _____

12 기량, 솜씨; 기술 _____

13 강의, 강좌; 항로, 방향 _____

14 밀가루 _____

[15-18] 우리말에 맞게 빈칸에 알맞은 말을 넣으세요.

15 The long trip _____ her. (긴 여행이 그녀를 지치게 했다.)

16 _____ _____ the blanks please. (빈칸을 채워주세요.)

17 I don't have much money in my _____. (나는 지갑에 돈이 별로 없다.)

18 My view _____ _____ _____ yours. (내 의견은 네 것과 다르다.)

40

DAY 09
PREVIEW

A 아는 단어/숙어에 체크(V)해보세요.

0161 **rail**	☐	0171 **curly**	☐
0162 **adult**	☐	0172 **stick**	☐
0163 **tasty**	☐	0173 **purse**	☐
0164 **couple**	☐	0174 **share**	☐
0165 **especially**	☐	0175 **design**	☐
0166 **soap**	☐	0176 **form**	☐
0167 **lonely**	☐	0177 **wild**	☐
0168 **mind**	☐	0178 **gallery**	☐
0169 **invention**	☐	0179 **pick up**	☐
0170 **blind**	☐	0180 **help out**	☐

B 사진을 보고 알맞은 단어/숙어를 써보세요.

1	2	3	4
____	____	____	____

0161 rail
[reil]

명 1 (철도의) 레일 2 철도, 기차

The train went off the **rails**. 기차가 탈선했다.
travel by **rail** 기차로 여행하다

0162 adult
[ədʌ́lt]

명 성인, 어른 ⊛grown-up 형 성인의, 다 자란

The child wants to become an **adult** soon.
그 아이는 빨리 어른이 되고 싶어 한다.
She spent her **adult** life in India. 그녀는 성년기를 인도에서 보냈다.

0163 tasty
[téisti]

형 맛있는 ⊛delicious

He made a **tasty** meal with beef. 그는 소고기로 맛있는 음식을 만들었다.
⊞ taste 명 맛 동 맛이 나다; 맛보다

0164 couple
[kʌ́pl]

명 1 한 쌍, 두 개 2 부부, 커플

A **couple** of men sat behind me. 남자 두 명이 내 뒤에 앉았다.
a young **couple** 젊은 부부

0165 especially
[ispéʃəli]

부 1 특히 2 특별히, 각별히

She loves every season, **especially** spring.
그녀는 모든 계절을, 특히 봄을 좋아한다.
I made this cake **especially** for you.
나는 특별히 너를 위해 이 케이크를 만들었다.

0166 soap
[soup]

명 비누

Wash your hands with **soap**. 손을 비누로 씻어라.

0167 lonely
[lóunli]

형 외로운, 쓸쓸한

I'm **lonely** without my family. 나는 가족이 없어서 외롭다.

0168 mind
[maind]

명 마음, 정신 동 꺼리다, 싫어하다

Tell me what you have in **mind**. 나에게 네 마음 속에 있는 것을 말하라.
Do you **mind** opening the door? 문을 열어도 괜찮을까요?

0169 invention
[invénʃən]

명 발명(품)

The light bulb is a great invention. 전구는 대단한 발명품이다.

⊞ invent 동 발명하다

0170 blind
[blaind]

형 1 눈 먼, 맹인의 2 알아차리지[깨닫지] 못하는

Guide dogs help blind people. 안내견은 시각장애인들을 돕는다.

He is blind to his own mistakes. 그는 자신의 실수를 알아차리지 못한다.

0171 curly
[kə́ːrli]

형 곱슬곱슬한

She has long, curly hair. 그녀는 긴 곱슬머리를 가지고 있다.

⊞ curl 동 곱슬곱슬하다, 곱슬곱슬하게 하다 명 곱슬머리

0172 stick
[stik]

명 1 나뭇가지, 막대기 2 채, 스틱 동 (stuck-stuck) 붙다, 붙이다

He made a fire with dry sticks. 그는 마른 나뭇가지들로 불을 피웠다.

a drum stick 드럼 스틱

She stuck a stamp on the letter. 그녀는 그 편지에 우표를 붙였다.

0173 purse
[pəːrs]

명 (여성용) 지갑, 핸드백

She took some money out of her purse.
그녀는 지갑에서 돈을 좀 꺼냈다.

참고 wallet 지갑

0174 share
[ʃɛər]

동 1 함께 쓰다, 공유하다 2 나누다

I share a room with my sister. 나는 언니와 방을 함께 쓴다.

She shared the pie with her friends.
그녀는 그녀의 친구들과 파이를 나누었다.

0175 design
[dizáin]

명 디자인 동 디자인하다, 설계하다

I like the design of that car. 나는 저 차의 디자인이 마음에 든다.

Who designed this bridge? 누가 이 다리를 설계했니?

⊞ designer 명 디자이너

0176 form
[fɔːrm]

명 1 종류, 유형 2 (문서) 서식 동 형성하다, 이루다

There are many forms of energy. 다양한 유형의 에너지가 있다.

Please fill in the form. 그 서식을 작성해주세요.

They formed a line outside. 그들은 밖에 줄을 서 있었다.

0177 wild
[waild]

형 야생의

The hill was full of wild flowers. 그 언덕은 야생화로 가득했다.

0178 gallery
[gǽləri]

명 미술관, 화랑

I like visiting art galleries. 나는 미술관에 가는 것을 좋아한다.

0179 pick up

1 ~을 집어 들다 2 ~을 (차에) 태우러 가다[오다]

I picked up a coin on the street. 나는 거리에서 동전 하나를 주웠다.

I'll pick you up at nine. 나는 9시에 너를 태우러 갈 것이다.

0180 help out

도와주다

She often helps out at her mom's shop.
그녀는 엄마의 가게 일을 자주 도와준다.

DAY 09　CHECK-UP

정답 p.285

[1-14] 영어는 우리말로, 우리말은 영어로 쓰세요.

1 adult _____

2 lonely _____

3 form _____

4 soap _____

5 blind _____

6 purse _____

7 tasty _____

8 함께 쓰다, 공유하다; 나누다 _____

9 곱슬곱슬한 _____

10 특히; 특별히, 각별히 _____

11 미술관, 화랑 _____

12 마음, 정신; 꺼리다, 싫어하다 _____

13 발명(품) _____

14 야생의 _____

[15-18] 우리말에 맞게 빈칸에 알맞은 말을 넣으세요.

15 Who _____ this bridge? (누가 이 다리를 설계했니?)

16 A(n) _____ of men sat behind me. (남자 두 명이 내 뒤에 앉았다.)

17 He made a fire with dry _____. (그는 마른 나뭇가지들로 불을 피웠다.)

18 I _____ _____ a coin on the street. (나는 거리에서 동전 하나를 주웠다.)

DAY 10
PREVIEW

A 아는 단어/숙어에 체크(V)해보세요.

0181 chat	☐	
0182 designer	☐	
0183 result	☐	
0184 type	☐	
0185 someday	☐	
0186 actual	☐	
0187 culture	☐	
0188 lost	☐	
0189 item	☐	
0190 natural	☐	

0191 secret	☐
0192 breath	☐
0193 excite	☐
0194 online	☐
0195 garbage	☐
0196 suck	☐
0197 prison	☐
0198 flow	☐
0199 make noise	☐
0200 hand in hand	☐

B 사진을 보고 알맞은 단어/숙어를 써보세요.

1 _____ 2 _____ 3 _____ 4 _____

45

0181 chat
[tʃæt]

동 수다를 떨다, 담소를 나누다　명 수다, 담소

We chatted in a café. 우리는 카페에서 담소를 나누었다.

have a chat with ~와 수다를 떨다

0182 designer
[dizáinər]

명 디자이너　형 디자이너 브랜드의

The designer held a fashion show. 그 디자이너는 패션쇼를 열었다.

He is wearing designer jeans. 그는 디자이너 브랜드의 청바지를 입고 있다.

➕ design 명 디자인 동 디자인하다, 설계하다

0183 result
[rizʌ́lt]

명 결과　동 (~의 결과로) 발생하다, 생기다

The test results were not good. 그 시험 결과는 좋지 않았다.

The flood resulted from heavy rain. 폭우로 홍수가 발생했다.

0184 type
[taip]

명 종류, 유형 ⊜kind

She likes all types of movies. 그녀는 모든 종류의 영화를 좋아한다.

0185 someday
[sʌ́mdèi]

부 (미래의) 언젠가

I want to go to space someday. 나는 언젠가 우주에 가보고 싶다.

0186 actual
[ǽktʃuəl]

형 실제의, 사실의

I don't know his actual age. 나는 그의 실제 나이를 모른다.

➕ actually 부 실제로, 정말로

0187 culture
[kʌ́ltʃər]

명 문화

The students learned about Korean culture.
그 학생들은 한국 문화에 대해 배웠다.

➕ cultural 형 문화의

0188 lost
[lɔːst]

형 1 길을 잃은 2 잃어버린, 분실된

We were lost in the mountains. 우리는 산속에서 길을 잃었다.

He is looking for his lost umbrella. 그는 잃어버린 우산을 찾고 있다.

0189 item
[áitem]

명 1 물품, 품목 2 (목록의) 항목, 사항

I don't buy expensive items. 나는 고가품을 사지 않는다.
What is the next item on the list? 그 목록의 다음 항목은 뭐니?

0190 natural
[nǽtʃərəl]

형 1 자연의 2 당연한, 자연스러운 3 타고난, 선천적인

Natural foods are good for your health. 자연식품은 네 건강에 좋다.
It is natural for you to think so. 네가 그렇게 생각하는 것은 당연하다.
She is a natural musician. 그녀는 타고난 음악가이다.
⊞ nature 명 자연; 천성, 본성

0191 secret
[síːkrit]

형 비밀의 명 비밀

I had a secret talk with him. 나는 그와 비밀 이야기를 나누었다.
keep a secret 비밀을 지키다

0192 breath
[breθ]

명 숨, 호흡

He took a deep breath. 그는 숨을 깊이 들이마셨다.
bad breath 입 냄새
⊞ breathe [briːð] 동 숨 쉬다, 호흡하다

0193 excite
[iksáit]

동 흥분시키다, 들뜨게 하다

The idea of traveling always excites me.
여행 가는 생각은 항상 나를 들뜨게 한다.
⊞ exciting 형 흥미진진한, 재미있는 excited 형 신이 난, 흥분한

0194 online
[áːnlain]

형 온라인의 부 온라인으로

She read an online newspaper. 그녀는 온라인 신문을 읽었다.
I bought some clothes online. 나는 온라인으로 옷을 좀 샀다.

0195 garbage
[gáːrbidʒ]

명 쓰레기 ⊛trash

They are picking up garbage. 그들은 쓰레기를 줍고 있다.

0196 suck
[sʌk]

동 1 빨아 먹다[마시다] 2 빨다

He sucked the juice through the straw.
그는 빨대로 주스를 빨아 마셨다.
A baby is sucking his thumb. 아기가 엄지손가락을 빨고 있다.

0197 prison
[prízən]

명 교도소, 감옥

He got out of prison after two years. 그는 2년 후 감옥에서 나왔다.
go to prison 감옥에 가다

0198 flow
[flou]

동 흐르다 명 흐름

The river flows into the ocean. 강물은 바다로 흘러 간다.
the flow of air 공기의 흐름

0199 make noise

소란을 피우다, 떠들다

Don't make noise in the library. 도서관에서 떠들지 마라.

0200 hand in hand

서로 손을 잡고

The couple walked hand in hand. 그 커플은 서로 손을 잡고 걸었다.

DAY 10 CHECK-UP

[1-14] 영어는 우리말로, 우리말은 영어로 쓰세요.

1 actual _____

2 item _____

3 result _____

4 excite _____

5 designer _____

6 chat _____

7 suck _____

8 비밀의; 비밀 _____

9 문화 _____

10 종류, 유형 _____

11 흐르다; 흐름 _____

12 교도소, 감옥 _____

13 (미래의) 언젠가 _____

14 숨, 호흡 _____

[15-18] 우리말에 맞게 빈칸에 알맞은 말을 넣으세요.

15 They are picking up _____. (그들은 쓰레기를 줍고 있다.)

16 Don't _____ _____ in the library. (도서관에서 떠들지 마라.)

17 _____ foods are good for your health. (자연식품은 네 건강에 좋다.)

18 He is looking for his _____ umbrella. (그는 잃어버린 우산을 찾고 있다.)

A 우리말에 맞게 빈칸에 알맞은 말을 넣으세요.

1 first _____ (모국어)

2 bad _____ (입 냄새)

3 go to _____ (감옥에 가다)

4 the _____ of air (공기의 흐름)

5 _____ street (중심가, 주요 거리)

6 Take one _____ a day. (약을 하루에 한 알씩 복용해라.)

7 I _____ a room with my sister. (나는 언니와 방을 함께 쓴다.)

8 _____ saw her for weeks. (몇 주 동안 아무도 그녀를 보지 못했다.)

9 We _____ the room for the party. (우리는 파티를 위한 방을 준비했다.)

10 I'll _____ you _____ at nine. (나는 9시에 너를 태우러 갈 것이다.)

11 I talked to a(n) _____ about the matter.
   (나는 그 문제에 관해 변호사와 이야기했다.)

12 The couple walked _____ _____ _____.
   (그 커플은 서로 손을 잡고 걸었다.)

B 밑줄 친 말에 유의하여 다음 문장을 해석하세요.

1 I missed my <u>usual</u> train this morning.

   _____

2 My parents think <u>alike</u>.

   _____

3 The <u>chance</u> of rain is 60%.

   _____

4 It is <u>natural</u> for you to think so.

   _____

5 Let's <u>get out of</u> here!

   _____

C 밑줄 친 단어와 가장 비슷한 뜻을 가진 단어를 고르세요.

1 Dolphins are smart animals.

① bored   ② clever   ③ neat   ④ silent

2 He plays basketball quite well.

① pretty   ② regularly   ③ yet   ④ especially

3 He will take a French course.

① recipe   ② form   ③ mind   ④ class

4 He made a tasty meal with beef.

① spicy   ② wild   ③ delicious   ④ lonely

5 She likes all types of movies.

① skills   ② kinds   ③ heroes   ④ designs

D 보기 에서 빈칸에 들어갈 단어를 골라 쓰세요.

보기   excite   alarm   patient   online   important   weigh   mistake   result

1 He _____s about 75 kg.

2 Did you hear the fire _____?

3 I took the _____ to a hospital.

4 The test _____s were not good.

5 I sent the wrong picture by _____.

6 The idea of traveling always _____s me.

7 Getting enough sleep is _____ for your health.

CROSSWORD PUZZLE

DAY 01-10

정답 p.286

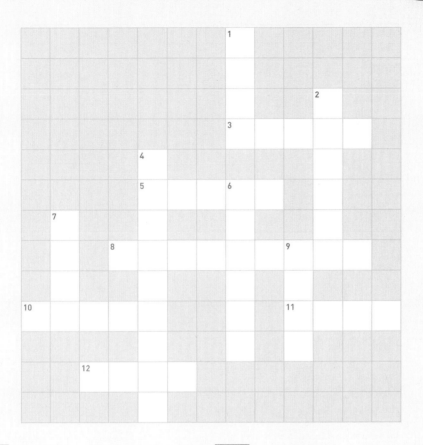

Across
- 3 정확한
- 5 떠들썩한, 시끄러운
- 8 정기적으로, 규칙적으로
- 10 성인, 어른; 성인의, 다 자란
- 11 길을 잃은; 잃어버린, 분실된
- 12 (식물의) 뿌리; 근원, 원인

Down
- 1 (다른 것이 섞이지 않고) 순수한; 맑은, 깨끗한
- 2 실제의, 사실의
- 4 발명(품)
- 6 말이 없는, 침묵하는; 조용한, 고요한
- 7 마음, 정신; 꺼리다, 싫어하다
- 9 규칙, 규정; 지배하다, 통치하다

YOUR FUTURE JOBS

BROADCASTING & ENTERTAINMENT

Producer
프로듀서

make and manage
broadcasts
방송을 만들고 관리하다

Script Writer
작가

write scripts for
broadcasts
방송 대본을 쓰다

Actor
배우

play roles on
TV shows
TV 쇼에서 역할을 연기하다

Cameraman
촬영기사

shoot broadcasts
with a camera
카메라로 방송을 촬영하다

Singer
가수

sing on stage
무대에서 노래를 부르다

Comedian
코미디언

act in comedy
TV shows
TV 코미디 쇼에서 연기하다

Show Host
쇼 진행자

lead talk shows
토크쇼를 진행하다

Stage Designer
무대 디자이너

design and set up
the stage
무대를 디자인하고 만들다

Stage Manager
무대 감독

oversee the
performance process
공연 과정을 감독하다

DAY 11

PREVIEW

A 아는 단어/숙어에 체크(V)해보세요.

0201 **solar**	☐	0211 **living**	☐
0202 **captain**	☐	0212 **report**	☐
0203 **dialogue**	☐	0213 **produce**	☐
0204 **fail**	☐	0214 **cheer**	☐
0205 **actually**	☐	0215 **excited**	☐
0206 **special**	☐	0216 **gather**	☐
0207 **tear**	☐	0217 **melt**	☐
0208 **however**	☐	0218 **straw**	☐
0209 **burn**	☐	0219 **take care of**	☐
0210 **upstairs**	☐	0220 **not ~ anymore**	☐

B 사진을 보고 알맞은 단어/숙어를 써보세요.

1. _____
2. _____
3. _____
4. _____

 **DAY 11**

학습일 | 1차: 월 일 | 2차: 월 일

0201 solar
[sóulər]

형 1 태양의, 태양에 관한 2 태양열의

There are eight planets in our solar system.
우리의 태양계에는 8개의 행성이 있다.

This building uses solar energy. 이 건물은 태양열 에너지를 사용한다.

0202 captain
[kǽptən]

명 1 선장, 기장 2 (팀의) 주장

The captain is boarding a ship. 그 선장은 배에 올라타고 있다.

He is the captain of the soccer team. 그는 그 축구 팀의 주장이다.

0203 dialogue
[dáiəlɔ̀:g]

명 (소설 · 영화 등의) 대화, 회화 ⑨ dialog

The novel starts with a short dialogue. 그 소설은 짧은 대화로 시작한다.

0204 fail
[feil]

동 1 실패하다 ⑪ succeed 2 (시험에) 떨어지다 ⑪ pass

He failed to solve the problem. 그는 그 문제를 푸는 데 실패했다.

She failed the test. 그녀는 시험에서 떨어졌다.

⊞ failure 명 실패

0205 actually
[ǽktʃuəli]

부 실제로, 정말로

She looked okay, but she was actually sick.
그녀는 괜찮아 보였지만, 실제로는 아팠다.

⊞ actual 형 실제의, 사실의

0206 special
[spéʃəl]

형 특별한

Do you have any special plans for this evening?
너는 오늘 저녁에 특별한 계획이 있니?

0207 tear
[tiər]

명 눈물 동 [tɛər] (tore-torn) 찢어지다, 찢다

Tears ran down her face. 눈물이 그녀의 얼굴에 흘러내렸다.

He tore the paper into two pieces. 그는 종이를 두 조각으로 찢었다.

0208 however
[hauévər]

부 그러나, 그렇지만

I like basketball. However, I'm not good at it.
나는 농구를 좋아한다. 그러나, 그것을 잘하지는 못한다.

54

0209 burn
[bəːrn]

동 (불에) 타다, 태우다

The trees are still burning. 그 나무들은 아직 타고 있다.

He burned the toast. 그는 토스트를 태웠다.

0210 upstairs
[ʌ̀pstɛ́ərz]

부 위층에[으로] 명 (the ~) 위층 반downstairs(부/명)

He went upstairs and got some sleep.
그는 위층으로 올라가서 잠을 좀 잤다.

Can I see the upstairs? 제가 위층을 봐도 될까요?

0211 living
[líviŋ]

형 살아 있는 반dead 명 생활비, 생계 수단

She is the most famous living painter.
그녀는 현재 살아 있는 가장 유명한 화가이다.

make a living 생활비를 벌다

0212 report
[ripɔ́ːrt]

명 보고(서) 동 1 보고하다, 발표하다 2 보도하다

Did you finish writing your report? 너는 보고서를 다 썼니?

The coach reported the final score. 그 코치는 최종 점수를 보고했다.

The news should report facts. 뉴스는 사실을 보도해야 한다.

0213 produce
[prədjúːs]

동 1 생산하다 2 (결과 등을) 낳다, 일으키다

This factory produces cheese. 이 공장은 치즈를 생산한다.

produce a result 결과를 낳다

⊞ product 명 생산품, 제품

0214 cheer
[tʃiər]

명 환호(성) 동 1 환호[응원]하다 2 격려[위로]하다

They gave her a big cheer. 그들은 그녀를 크게 환호해주었다.

We cheered when he scored. 그가 득점하자 우리는 환호했다.

I was cheered up by my family. 나는 가족들로부터 격려를 받았다.

0215 excited
[iksáitid]

형 신이 난, 흥분한

I was excited to see her. 나는 그녀를 만나서 신이 났다.

⊞ excite 동 흥분시키다, 들뜨게 하다　exciting 형 흥미진진한, 재미있는

0216 gather
[gǽðər]

동 1 (사람들이) 모이다, 모으다 2 (정보 등을) 수집하다 ⊕collect

The kids gathered around the man. 아이들이 그 남자 주위에 모였다.

He gathered data on the weather. 그는 날씨에 관한 자료를 수집했다.

0217 melt
[melt]

통 녹다, 녹이다 ⓐfreeze

The snow melted into water. 눈이 녹아서 물이 되었다.
Melt the chocolate in a pot. 냄비에 초콜릿을 녹여라.

0218 straw
[strɔː]

명 1 짚, 밀짚 2 빨대

The basket is made of straw. 그 바구니는 밀짚으로 만들어졌다.
I drank milk with a straw. 나는 빨대로 우유를 마셨다.

0219 take care of

~을 돌보다 ⓐcare for

He takes good care of his brother. 그는 남동생을 잘 돌본다.

0220 not ~ anymore

더 이상 ~않다 ⓐno longer

He does not live here anymore. 그는 더 이상 여기에 살지 않는다.

DAY 11 CHECK-UP

정답 p.286

[1-14] 영어는 우리말로, 우리말은 영어로 쓰세요.

1 living _____
2 report _____
3 actually _____
4 produce _____
5 straw _____
6 solar _____
7 gather _____

8 위층에[으로]; 위층 _____
9 (불에) 타다, 태우다 _____
10 선장, 기장; (팀의) 주장 _____
11 신이 난, 흥분한 _____
12 눈물; 찢어지다, 찢다 _____
13 (소설·영화 등의) 대화, 회화 _____
14 특별한 _____

[15-18] 우리말에 맞게 빈칸에 알맞은 말을 넣으세요.

15 The snow _____ into water. (눈이 녹아서 물이 되었다.)
16 They gave her a big _____. (그들은 그녀를 크게 환호해주었다.)
17 He does _____ live here _____. (그는 더 이상 여기에 살지 않는다.)
18 He _____ good _____ his brother. (그는 남동생을 잘 돌본다.)

56

DAY 12
PREVIEW

A 아는 단어/숙어에 체크(V)해보세요.

0221 save	☐	0231 later	☐
0222 cause	☐	0232 create	☐
0223 exercise	☐	0233 flat	☐
0224 member	☐	0234 return	☐
0225 press	☐	0235 activity	☐
0226 serious	☐	0236 afraid	☐
0227 talent	☐	0237 dessert	☐
0228 greet	☐	0238 toothache	☐
0229 beat	☐	0239 in fact	☐
0230 stress	☐	0240 no longer	☐

B 사진을 보고 알맞은 단어/숙어를 써보세요.

1	2	3	4
_____	_____	_____	_____

0221 save
[seiv]

통 1 (위험으로부터) 구하다 2 (돈을) 저축하다 3 (자원을) 절약하다

He saved us from a fire. 그가 화재에서 우리를 구했다.
I'm saving for a new car. 나는 새 차를 사려고 저축하고 있다.
Save energy for the future. 미래를 위해 에너지를 절약해라.

0222 cause
[kɔːz]

명 원인 ⊕effect 통 ~의 원인이 되다, 일으키다

I don't know the cause of the pain. 나는 그 통증의 원인을 모르겠다.
What caused the problem? 무엇이 그 문제를 일으켰니?

0223 exercise
[éksərsàiz]

명 1 운동 2 훈련, 연습 통 운동하다 ⊕work out

Regular exercise is good for your health.
규칙적인 운동은 너의 건강에 좋다.
Did you do your piano exercises today? 너는 오늘 피아노 연습을 했니?
She exercises every day. 그녀는 매일 운동한다.

0224 member
[mémbər]

명 회원, 일원

He is a member of the guitar club. 그는 그 기타 동아리의 회원이다.

0225 press
[pres]

통 누르다 명 (the ~) 신문, 언론

Please press the button. 그 버튼을 눌러주세요.
The story was reported in the press. 그 이야기는 신문에 보도되었다.

0226 serious
[síəriəs]

형 1 (상태·정도가) 심각한 2 진지한

He made a serious mistake. 그는 심각한 실수를 저질렀다.
We had a serious talk. 우리는 진지한 대화를 했다.

0227 talent
[tǽlənt]

명 (타고난) 재능, 재주

The child showed a talent for art. 그 아이는 예술에 재능을 보였다.
⊞ talented 형 재능 있는, 유능한

0228 greet
[griːt]

통 맞이하다, 환영하다 ⊕welcome

She greeted all the visitors warmly.
그녀는 모든 방문객들을 따뜻하게 맞아주었다.

0229 beat
[biːt]

图 (beat-beaten) 1 때리다, 두드리다 2 이기다

She was beating a drum. 그녀는 북을 두드리고 있었다.
Our team beat them 2 to 1. 우리 팀이 그들을 2대 1로 이겼다.

0230 stress
[stres]

图 1 스트레스, 압박 2 강조 图 강조하다

Stress can cause headaches. 스트레스는 두통을 유발할 수 있다.
They put stress on the main point. 그들은 요점을 강조했다.
I stressed the need for peace. 나는 평화의 필요성을 강조했다.

0231 later
[léitər]

图 나중에, 후에 图 더 늦은, 더 나중의

We'll meet our friends later. 우리는 친구들을 나중에 만날 것이다.
They will take a later plane. 그들은 더 늦은 비행기를 탈 것이다.

0232 create
[kriéit]

图 창조하다, 만들다

King Sejong created Hangul to help many people read and
write. 세종대왕은 많은 사람들이 읽고 쓰는 것을 돕도록 한글을 만들었다.

⊞ creative 图 창의적인, 창조적인 creature 图 생물, 생명체

0233 flat
[flæt]

图 1 평평한 2 (타이어 등이) 바람이 빠진, 펑크가 난

We sat on the flat ground. 우리는 평평한 땅에 앉았다.
a flat tire 펑크 난 타이어

0234 return
[ritə́ːrn]

图 1 돌아가다[오다] 2 돌려주다, 반납하다 图 돌아감, 귀환

They returned from their trip. 그들은 여행에서 돌아왔다.
I returned the key to her. 나는 그 열쇠를 그녀에게 돌려주었다.
I met Harry after his return from England.
나는 Harry가 영국에서 돌아온 후에 만났다.

0235 activity
[æktívəti]

图 (즐기기 위한) 활동

Summer is a great season for outdoor activities.
여름은 야외 활동을 하기에 좋은 계절이다.

⊞ active 图 활동적인

0236 afraid
[əfréid]

图 1 두려워하는 ⊛scared 2 걱정하는

The boy is afraid of dogs. 그 소년은 개를 무서워한다.
I'm afraid of being late for school. 나는 학교에 지각할까 봐 걱정이다.

0237 **dessert**

[dizə́ːrt]

몡 디저트, 후식

I had cheesecake for dessert. 나는 후식으로 치즈케이크를 먹었다.

0238 **toothache**

[túːθèik]

몡 치통

I have a bad toothache. 나는 치통이 심하다.

참고 headache 두통   stomachache 복통

0239 **in fact**

사실은

I know your sister. In fact, I'm in the same class as her.
나는 네 언니를 안다. 사실, 나는 그녀와 같은 수업을 듣는다.

0240 **no longer**

더 이상 ~않다 ⊕ not ~ anymore

He no longer works with us. 그는 더 이상 우리랑 일하지 않는다.

[1-14] 영어는 우리말로, 우리말은 영어로 쓰세요.

1 save _____

2 stress _____

3 serious _____

4 exercise _____

5 cause _____

6 flat _____

7 later _____

8 (즐기기 위한) 활동 _____

9 맞이하다, 환영하다 _____

10 누르다; 신문, 언론 _____

11 창조하다, 만들다 _____

12 두려워하는; 걱정하는 _____

13 치통 _____

14 (타고난) 재능, 재주 _____

[15-18] 우리말에 맞게 빈칸에 알맞은 말을 넣으세요.

15 They _____ from their trip. (그들은 여행에서 돌아왔다.)

16 Our team _____ them 2 to 1. (우리 팀이 그들을 2대 1로 이겼다.)

17 He is a(n) _____ of the guitar club. (그는 그 기타 동아리의 회원이다.)

18 He _____ _____ works with us. (그는 더 이상 우리랑 일하지 않는다.)

DAY 13

PREVIEW

A 아는 단어/숙어에 체크(V)해보세요.

0241	**effect**	☐	0251	**kiss**	☐
0242	**focus**	☐	0252	**strange**	☐
0243	**dictionary**	☐	0253	**comic**	☐
0244	**allow**	☐	0254	**mark**	☐
0245	**print**	☐	0255	**shop**	☐
0246	**safely**	☐	0256	**talented**	☐
0247	**giant**	☐	0257	**bare**	☐
0248	**usually**	☐	0258	**housework**	☐
0249	**creative**	☐	0259	**at least**	☐
0250	**review**	☐	0260	**pass through**	☐

B 사진을 보고 알맞은 단어/숙어를 써보세요.

_____ _____ _____ _____

 **DAY 13**

0241 effect
[ifékt]

명 영향, 결과 ⊕cause

The war had a bad effect on them. 전쟁은 그들에게 나쁜 영향을 미쳤다.

cause and effect 원인과 결과

➕ effective 형 효과적인

0242 focus
[fóukəs]

동 (~ on) 집중하다, 집중시키다 명 초점, 중점

You have to focus on your studies. 너는 공부에 집중해야 한다.

He focused his mind on his work. 그는 일에 정신을 집중시켰다.

What is the main focus of this meeting?
이 회의의 주된 초점은 무엇인가?

0243 dictionary
[díkʃənèri]

명 사전

This dictionary gives lots of examples.
이 사전은 많은 예문을 제공한다.

0244 allow
[əláu]

동 허락하다, 허용하다

Smoking is not allowed inside the building.
흡연은 이 건물 내에서 허용되지 않는다.

0245 print
[print]

동 1 인쇄하다 2 출판하다, 발행하다 ⊕publish

I'm printing the report. 나는 그 보고서를 인쇄하고 있다.

The newspaper is printed every day. 그 신문은 매일 발행된다.

0246 safely
[séifli]

부 안전하게, 무사히

The plane landed safely. 그 비행기는 무사히 착륙했다.

➕ safe 형 안전한 safety 명 안전

0247 giant
[dʒáiənt]

명 거인 형 거대한, 특대의 ⊕huge

That man is as big as a giant. 저 남자는 거인처럼 덩치가 크다.

a giant size 특대 사이즈

0248 usually
[júːʒuəli]

부 보통, 대개 ⊕generally

I usually walk to school. 나는 보통 걸어서 등교한다.

➕ usual 형 평소의, 보통의

0249 creative
[kriéitiv]

[형] 창의적인, 창조적인

Your idea is very creative. 네 생각은 매우 창의적이다.

[+] create [동] 창조하다, 만들다 creature [명] 생물, 생명체

0250 review
[rivjú:]

[명][동] 1 검토(하다) 2 평론(하다), 비평(하다) 3 복습(하다)

I reviewed the results of the study. 나는 그 연구의 결과를 검토했다.

He wrote a review of the movie. 그는 그 영화의 평론을 썼다.

Let's review the last lesson. 지난 과를 복습하자.

0251 kiss
[kis]

[동] 키스하다, 입맞추다 [명] 키스, 입맞춤

He kissed her on the cheek. 그는 그녀의 볼에 입을 맞췄다.

I gave the baby a kiss. 나는 그 아기에게 입을 맞췄다.

0252 strange
[streindʒ]

[형] 1 이상한 2 낯선

I had a strange dream. 나는 이상한 꿈을 꾸었다.

The music sounded strange at first. 그 음악은 처음에 낯설게 들렸다.

[+] stranger [명] 낯선[모르는] 사람

0253 comic
[kámik]

[형] 1 웃기는 2 코미디의, 희극의 [명] (-s) 만화책

The movie has many comic scenes. 그 영화는 웃기는 장면이 많다.

a comic actor 희극 배우

She likes to read comics. 그녀는 만화책 보는 것을 좋아한다.

0254 mark
[mɑːrk]

[명] 1 얼룩, 자국 2 표시 [동] 표시하다

There is a pen mark on your shirt. 네 셔츠에 펜 자국이 있다.

He put a mark on the map. 그는 그 지도에 표시를 했다.

Prices are marked on each item. 가격은 각 품목에 표시되어 있다.

0255 shop
[ʃɑp]

[명] 가게, 상점 ⊕store [동] 물건을 사다, 쇼핑하다

I bought a gift at the toy shop. 나는 그 장난감 가게에서 선물을 샀다.

She likes to shop at markets. 그녀는 시장에서 장 보는 것을 좋아한다.

He went shopping for food. 그는 식료품을 사러 갔다.

0256 talented
[tǽləntid]

[형] 재능 있는, 유능한

She is a very talented musician. 그녀는 아주 재능 있는 음악가이다.

[+] talent [명] (타고난) 재능, 재주

0257 bare
[bɛər]

형 벌거벗은, 살을 드러낸

They walked around in bare feet. 그들은 맨발로 걸어 다녔다.

0258 housework
[háuswə̀:rk]

명 집안일, 가사

Dad was busy doing housework. 아빠는 집안일을 하느라 바쁘셨다.

0259 at least

적어도, 최소한

I see at least one movie a month.
나는 적어도 한 달에 영화 한 편을 본다.

0260 pass through

1 지나가다, 통과하다 2 겪다, 경험하다

The train passed through a tunnel. 그 열차는 터널을 통과했다.
They passed through hard times. 그들은 어려운 시기를 겪었다.

DAY 13 CHECK-UP

정답 p.286

[1-14] 영어는 우리말로, 우리말은 영어로 쓰세요.

1	strange _____	8	얼룩, 자국; 표시; 표시하다 _____
2	effect _____	9	거인; 거대한, 특대의 _____
3	shop _____	10	재능 있는, 유능한 _____
4	creative _____	11	안전하게, 무사히 _____
5	print _____	12	보통, 대개 _____
6	bare _____	13	집안일, 가사 _____
7	review _____	14	사전 _____

[15-18] 우리말에 맞게 빈칸에 알맞은 말을 넣으세요.

15 You have to _____ on your studies. (너는 공부에 집중해야 한다.)

16 Smoking is not _____ inside the building. (흡연은 이 건물 내에서 허용되지 않는다.)

17 The train _____ _____ a tunnel. (그 열차는 터널을 통과했다.)

18 I see _____ _____ one movie a month. (나는 적어도 한 달에 영화 한 편을 본다.)

DAY 14
PREVIEW

A 아는 단어/숙어에 체크(V)해보세요.

0261 **rise**	☐	0271 **everywhere**	☐
0262 **accept**	☐	0272 **sheet**	☐
0263 **topic**	☐	0273 **village**	☐
0264 **flight**	☐	0274 **powerful**	☐
0265 **hunter**	☐	0275 **scare**	☐
0266 **medicine**	☐	0276 **step**	☐
0267 **text**	☐	0277 **cooking**	☐
0268 **boil**	☐	0278 **anger**	☐
0269 **pleasure**	☐	0279 **look up**	☐
0270 **dirt**	☐	0280 **cut ~ into pieces**	☐

B 사진을 보고 알맞은 단어/숙어를 써보세요.

1	2	3	4
_____	_____	_____	_____

DAY 14

학습일 | 1차: 월 일 | 2차: 월 일

0261 rise
[raiz]

⑧ (rose-risen) 1 오르다, 상승하다 2 일어나다 3 (해·달이) 뜨다

The river began to rise. 강 수위가 올라가기 시작했다.

They rose from their chairs. 그들은 의자에서 일어났다.

The sun rises in the east. 해는 동쪽에서 뜬다.

0262 accept
[əksépt]

⑧ 받아들이다, 수락하다 ⑭refuse

She didn't accept my advice. 그녀는 내 충고를 받아들이지 않았다.

0263 topic
[tápik]

⑨ 주제, 화제

The topic of the speech is love. 그 강연의 주제는 사랑이다.

the main topic 주요 화제

0264 flight
[flait]

⑨ 1 (비행기) 여행, 비행 2 항공편, 항공기

I was tired from the long flight. 나는 긴 비행으로 피곤했다.

miss a flight 항공편을 놓치다

0265 hunter
[hʌ́ntər]

⑨ 사냥꾼

The hunter caught a deer. 그 사냥꾼은 사슴 한 마리를 잡았다.

➕ hunt ⑧ 사냥하다 ⑨ 사냥

0266 medicine
[médisn]

⑨ 1 약, 약물 2 의학, 의술

You should take this medicine. 너는 이 약을 복용해야 한다.

He is studying medicine. 그는 의학을 공부하고 있다.

참고 medical 의학[의술]의

0267 text
[tekst]

⑨ 1 (책 등의) 글, 본문 2 (컴퓨터의) 텍스트, 문서

This book has very little text. 이 책은 글이 거의 없다.

I sent him a text file. 나는 그에게 텍스트 파일 하나를 보냈다.

0268 boil
[bɔil]

⑧ 1 끓다, 끓이다 2 (끓는 물에) 삶다

The soup in the pot is boiling. 냄비 속의 수프가 끓고 있다.

He boiled seawater to get salt. 그는 소금을 얻기 위해 바닷물을 끓였다.

Boil the eggs for ten minutes. 달걀을 10분 동안 삶아라.

66

0269 pleasure

[pléʒər]

뗑 즐거움, 기쁨

She gets pleasure from playing the violin.
그녀는 바이올린 연주에서 즐거움을 얻는다.

for pleasure 재미로, 재미 삼아

0270 dirt

[dəːrt]

뗑 1 먼지, 때 2 흙

This soap washes away dirt well. 이 비누는 때를 잘 지운다.
The kids are playing in the dirt. 그 아이들은 흙에서 놀고 있다.

⊞ dirty 뗑 더러운

0271 everywhere

[évriwὲər]

뿐 모든 곳에, 어디든지

I carry my camera everywhere. 나는 카메라를 어디든지 가지고 다닌다.

0272 sheet

[ʃiːt]

뗑 1 시트, 얇은 천 2 (종이) 한 장

He put clean sheets on my bed. 그는 내 침대에 깨끗한 시트를 깔았다.
a blank sheet of paper 백지 한 장

0273 village

[vílidʒ]

뗑 (시골) 마을

He was born in a small village. 그는 작은 마을에서 태어났다.

참고 town (소)도시, 마을

0274 powerful

[páuərfəl]

뗑 1 영향력 있는 2 강력한, 효과적인 3 (신체 등이) 강한

The country is rich and powerful. 그 나라는 부유하고 영향력이 있다.
It is very powerful medicine. 그것은 매우 강력한 약이다.
a powerful body 강한 신체

⊞ power 뗑 힘, 능력

0275 scare

[skὲər]

뗑 겁주다, 겁나게 하다

A strange noise scared me. 이상한 소리가 나를 겁나게 했다.

⊞ scared 뗑 두려워하는, 겁먹은 scary 뗑 무서운, 두려운

0276 step

[step]

뗑 1 (발)걸음 2 조치 3 단계

Please take a step back. 뒤로 한 걸음 물러서 주세요.
We need to take steps to save water.
우리는 물을 절약하기 위한 조치들을 취해야 한다.
Let's move on to the next step. 다음 단계로 넘어가자.

0277 cooking

[kúkiŋ]

몡 요리(하기) 혱 요리(용)의

I like my mother's cooking. 나는 엄마의 요리를 좋아한다.

cooking oil 요리용 기름

0278 anger

[ǽŋɡər]

몡 화, 분노

I shouted at them in anger. 나는 화가 나서 그들에게 소리쳤다.

0279 look up

1 (정보를) 찾아보다 2 올려다보다

Look up the word in a dictionary. 사전에서 그 단어를 찾아봐라.

He looked up at the blue sky. 그는 푸른 하늘을 올려다보았다.

0280 cut ~ into pieces

~을 여러 조각으로 자르다

Cut the apple into pieces. 사과를 여러 조각으로 잘라라.

DAY 14 CHECK-UP

정답 p.286

[1-14] 영어는 우리말로, 우리말은 영어로 쓰세요.

1 accept _____

2 scare _____

3 medicine _____

4 topic _____

5 boil _____

6 step _____

7 sheet _____

8 (시골) 마을 _____

9 화, 분노 _____

10 요리(하기); 요리(용)의 _____

11 모든 곳에, 어디든지 _____

12 사냥꾼 _____

13 먼지, 때; 흙 _____

14 즐거움, 기쁨 _____

[15-18] 우리말에 맞게 빈칸에 알맞은 말을 넣으세요.

15 The sun _____ in the east. (해는 동쪽에서 뜬다.)

16 It is very _____ medicine. (그것은 매우 강력한 약이다.)

17 I was tired from the long _____. (나는 긴 비행으로 피곤했다.)

18 _____ _____ the word in a dictionary. (사전에서 그 단어를 찾아봐라.)

DAY 15
PREVIEW

A 아는 단어/숙어에 체크(V)해보세요.

0281	**own**	☐	0291	**traffic**	☐
0282	**praise**	☐	0292	**even**	☐
0283	**continue**	☐	0293	**foreign**	☐
0284	**wooden**	☐	0294	**lie**	☐
0285	**coast**	☐	0295	**skip**	☐
0286	**hike**	☐	0296	**refuse**	☐
0287	**scared**	☐	0297	**plate**	☐
0288	**beyond**	☐	0298	**alive**	☐
0289	**meeting**	☐	0299	**stay up**	☐
0290	**danger**	☐	0300	**get along with**	☐

B 사진을 보고 알맞은 단어/숙어를 써보세요.

1 _____ 2 _____ 3 _____ 4 _____

0281 own
[oun]

형 자기 자신의 동 소유하다

Bring your own lunch for the picnic. 소풍에 자신의 점심을 가져와라.
She owns this white car. 그녀는 이 흰 색 차를 소유하고 있다.
+ owner 명 주인, 소유자

0282 praise
[preiz]

동 칭찬하다 명 칭찬, 찬양

We praised his cooking. 우리는 그의 요리를 칭찬했다.
He won praise for his hard work. 그는 열심히 일해서 칭찬을 받았다.

0283 continue
[kəntínjuː]

동 계속되다, 계속하다

The snow will continue until tomorrow. 눈은 내일까지 계속될 것이다.
They continue to live in the same house.
그들은 계속 같은 집에 살고 있다.

0284 wooden
[wúdn]

형 나무로 된, 목재의

The house has a wooden floor. 그 집은 바닥이 나무로 되어 있다.
+ wood 명 나무, 목재

0285 coast
[koust]

명 해안, 연안

She drove along the coast. 그녀는 해안을 따라 차를 몰았다.

0286 hike
[haik]

명 하이킹, 도보 여행 동 하이킹[도보 여행]하다

They went on a hike on Sunday. 그들은 일요일에 도보 여행을 갔다.
I went hiking in the mountains. 나는 산으로 하이킹을 갔다.

0287 scared
[skɛərd]

형 두려워하는, 겁먹은 ⓤafraid

The boy was scared of bees. 그 소년은 벌들을 두려워했다.
+ scare 동 겁주다, 겁나게 하다 scary 형 무서운, 두려운

0288 beyond
[bijánd]

전 1 [장소] ~ 저편[너머]에 2 [시간] ~을 지나서

There is a village beyond the river. 강 너머에 마을이 하나 있다.
You can't watch TV beyond your bedtime.
너는 취침시간이 지나서 TV를 볼 수 없다.

0289 meeting
[míːtiŋ]

명 회의

I was in a meeting this morning. 나는 오늘 아침에 회의 중이었다.
have a meeting 회의를 하다

0290 danger
[déindʒər]

명 위험(성)

Some animals are in danger of disappearing.
어떤 동물들은 없어질 위험에 처해있다.

Do you know the dangers of this medicine?
이 약의 위험성에 대해 알고 있니?

⊕ dangerous 형 위험한

0291 traffic
[trǽfik]

명 교통(량)

There is a lot of traffic on this road. 이 도로에는 교통량이 많다.
a traffic jam 교통 체증

0292 even
[íːvən]

부 1 ~조차, ~까지, ~도 2 [비교급 강조] 훨씬, 더욱

Even a child can do it. 어린아이조차도 그것을 할 수 있다.
He is even taller than me. 그는 나보다 훨씬 키가 크다.

0293 foreign
[fɔ́ːrən]

형 외국의

I studied music in a foreign country. 나는 외국에서 음악을 공부했다.
a foreign language 외국어

⊕ foreigner 명 외국인

0294 lie
[lai]

동 (lay-lain) 1 눕다 2 놓여 있다 3 (lied-lied) 거짓말하다

He is lying on the grass. 그는 잔디 위에 누워 있다.
A rug lies under the table. 양탄자가 식탁 밑에 놓여 있다.
She lied about her age. 그녀는 자신의 나이에 대해 거짓말을 했다.

참고 lay 놓다, 두다; (알을) 낳다

0295 skip
[skip]

동 1 (일을) 빼다, 거르다 2 건너뛰다, 생략하다

I skipped breakfast today. 나는 오늘 아침을 걸렀다.
Let's skip the first page. 첫 페이지는 건너뛰자.

0296 refuse
[rifjúːz]

동 거절하다, 거부하다 ⊜accept

She refused to answer my question.
그녀는 내 질문에 대답하기를 거부했다.

0297 plate
[pleit]

명 접시 ⊕dish

He put a steak on my plate. 그는 내 접시에 스테이크를 담아주었다.

0298 alive
[əláiv]

형 살아 있는 ⊛dead

My grandmother is still alive. 우리 할머니는 아직 살아 계신다.

0299 stay up

(늦게까지) 깨어 있다, 안 자다

I usually stay up late on Fridays.
나는 보통 금요일마다 늦게까지 깨어있다.

0300 get along with

~와 잘 지내다

She gets along with everybody. 그녀는 모든 사람들과 잘 지낸다.

DAY 15   CHECK-UP

정답 p.286

[1-14] 영어는 우리말로, 우리말은 영어로 쓰세요.

1 scared _____
2 even _____
3 danger _____
4 lie _____
5 refuse _____
6 skip _____
7 praise _____

8 접시 _____
9 자기 자신의; 소유하다 _____
10 나무로 된, 목재의 _____
11 외국의 _____
12 교통(량) _____
13 살아 있는 _____
14 계속되다, 계속하다 _____

[15-18] 우리말에 맞게 빈칸에 알맞은 말을 넣으세요.

15 There is a village _____ the river. (강 너머에 마을이 하나 있다.)

16 I was in a(n) _____ this morning. (나는 오늘 아침에 회의 중이었다.)

17 I usually _____ _____ late on Fridays. (나는 보통 금요일마다 늦게까지 깨어있다.)

18 She _____ _____ _____ everybody.
(그녀는 모든 사람들과 잘 지낸다.)

REVIEW TEST

정답 p.287

A 우리말에 맞게 빈칸에 알맞은 말을 넣으세요.

1 a(n) _____ jam (교통 체증)

2 a(n) _____ language (외국어)

3 a(n) _____ tire (펑크 난 타이어)

4 make a(n) _____ (생활비를 벌다)

5 miss a(n) _____ (항공편을 놓치다)

6 The plane landed _____. (그 비행기는 무사히 착륙했다.)

7 This factory _____ cheese. (이 공장은 치즈를 생산한다.)

8 He made a(n) _____ mistake. (그는 심각한 실수를 저질렀다.)

9 She _____ about her age. (그녀는 자신의 나이에 대해 거짓말을 했다.)

10 The child showed a(n) _____ for art. (그 아이는 예술에 재능을 보였다.)

11 He _____ _____ at the blue sky. (그는 푸른 하늘을 올려다보았다.)

12 _____ the apple _____ _____. (사과를 여러 조각으로 잘라라.)

B 밑줄 친 말에 유의하여 다음 문장을 해석하세요.

1 He is <u>even</u> taller than me.

_____

2 I'm <u>saving</u> for a new car.

_____

3 The story was reported in the <u>press</u>.

_____

4 They will take a <u>later</u> plane.

_____

5 They <u>passed through</u> hard times.

_____

73

C 밑줄 친 단어와 반대인 뜻을 가진 단어를 고르세요.

1 She failed the test.

① passed   ② continued   ③ cheered   ④ shopped

2 Melt the chocolate in a pot.

① Burn   ② Freeze   ③ Create   ④ Skip

3 She didn't accept my advice.

① allow   ② praise   ③ return   ④ refuse

4 I don't know the cause of the pain.

① focus   ② effect   ③ mark   ④ pleasure

5 My grandmother is still alive.

① special   ② giant   ③ dead   ④ scared

D 보기 에서 빈칸에 공통으로 들어갈 단어를 골라 쓰세요.

보기   own   continue   stress   review   step   gather

1 The kids _____(e)d around the man.

He _____(e)d data on the weather.

2 They put _____ on the main point.

I _____(e)d the need for peace.

3 I _____(e)d the results of the study.

He wrote a(n) _____ of the movie.

4 Please take a(n) _____ back.

We need to take _____(e)s to save water.

5 Bring your _____ lunch for the picnic.

She _____(e)s this white car.

DAY 16
PREVIEW

A 아는 단어/숙어에 체크(V)해보세요.

0301 **sign** ☐	0311 **interest** ☐
0302 **branch** ☐	0312 **match** ☐
0303 **reach** ☐	0313 **owner** ☐
0304 **common** ☐	0314 **scary** ☐
0305 **path** ☐	0315 **aid** ☐
0306 **core** ☐	0316 **tradition** ☐
0307 **foreigner** ☐	0317 **per** ☐
0308 **toward** ☐	0318 **wax** ☐
0309 **vote** ☐	0319 **at that time** ☐
0310 **headache** ☐	0320 **sooner or later** ☐

B 사진을 보고 알맞은 단어/숙어를 써보세요.

_____   _____   _____   _____

0301 sign
[sain]

명 1 표지판 2 기미, 조짐 동 서명하다

That traffic sign means "danger." 저 교통 표지판은 '위험'을 의미한다.
There is no sign of rain. 비가 올 기미는 보이지 않는다.
He signed the paper. 그는 그 종이에 서명했다.

0302 branch
[bræntʃ]

명 1 나뭇가지 2 지점, 지사

He broke a branch off the tree. 그는 그 나무에서 가지 하나를 꺾었다.
We opened a branch in Busan. 우리는 부산에 지점을 개설했다.

0303 reach
[riːtʃ]

동 1 도착[도달]하다 2 (손이) 닿다

They reached Seoul last night. 그들은 어젯밤 서울에 도착했다.
I can't reach the top shelf. 나는 맨 위 선반에 손이 닿지 않는다.

0304 common
[kámən]

형 1 흔한 2 공통의, 공동의

Kate is a common name in the US. Kate는 미국에서 흔한 이름이다.
We have a common goal. 우리는 공통의 목표를 가지고 있다.

0305 path
[pæθ]

명 1 (밟아서 생긴) 길, 오솔길 2 경로, 방향

I walked along the forest path. 나는 숲속 길을 따라 걸었다.
The player blocked my path. 그 선수가 내 경로를 막았다.

0306 core
[kɔːr]

명 핵심, 중심부 형 핵심적인, 가장 중요한

I found out the core of the problem. 나는 그 문제의 핵심을 찾아냈다.
core skills 핵심 기술

0307 foreigner
[fɔ́ːrənər]

명 외국인

She teaches Korean to foreigners.
그녀는 외국인들에게 한국어를 가르친다.
＋ foreign 형 외국의

0308 toward
[təwɔ́rd]

전 ~ 쪽으로, ~을 향하여

The man walked toward us. 그 남자는 우리 쪽으로 걸어왔다.

0309 vote
[vout]

동 투표하다　명 투표, 표결

People over 18 can vote. 18세가 넘는 사람들은 투표할 수 있다.
the results of the vote 투표의 결과

0310 headache
[hédèik]

명 두통

Loud noise can cause headaches. 큰 소음은 두통을 유발할 수 있다.
참고 toothache 치통　stomachache 복통

0311 interest
[íntərəst]

명 1 흥미, 관심　2 관심사　동 관심을 끌다

She has an interest in travel. 그녀는 여행에 관심이 있다.
a common interest 공통 관심사
The news interested him. 그 뉴스는 그의 관심을 끌었다.
＋ interesting 형 재미있는, 흥미로운　interested 형 흥미 있는, 관심 있는

0312 match
[mætʃ]

명 1 경기, 시합　2 성냥　동 어울리다

Did you watch the tennis match? 너는 그 테니스 경기를 보았니?
He used matches to start a fire. 그는 성냥을 이용하여 불을 피웠다.
Your shoes match these pants. 네 신발은 이 바지랑 어울린다.

0313 owner
[óunər]

명 주인, 소유자

Are you the owner of this car? 당신이 이 차의 주인입니까?
＋ own 동 소유하다

0314 scary
[skέəri]

형 무서운, 두려운

She had a scary dream yesterday. 그녀는 어제 무서운 꿈을 꾸었다.
＋ scare 동 겁주다, 겁나게 하다　scared 형 두려워하는, 겁먹은

0315 aid
[eid]

명 1 도움　2 원조, 지원

He can't see well without the aid of glasses.
그는 안경의 도움 없이는 잘 볼 수 없다.
ask for foreign aid 해외 원조를 요구하다

0316 tradition
[trədíʃən]

명 전통, 관습

They follow the family tradition. 그들은 가문의 전통을 따른다.
by tradition 전통에 따라, 전통적으로
＋ traditional 형 전통의, 전통적인

0317 per
[pər]

전 ~당, ~마다

The tickets cost $15 per person. 티켓은 1인당 15달러이다.

0318 wax
[wæks]

명 밀랍, 왁스　동 왁스를 발라 광을 내다

The doll is made of wax. 그 인형은 밀랍으로 만들어졌다.

This floor needs to be waxed. 이 바닥은 왁스로 광을 내야 한다.

0319 at that time

그때, 그 당시

I was still a student at that time. 나는 그 당시 아직 학생이었다.

0320 sooner or later

조만간, 곧

Sooner or later, I'll leave here. 조만간 나는 이곳을 떠날 것이다.

DAY 16　CHECK-UP

정답 p.287

[1-14] 영어는 우리말로, 우리말은 영어로 쓰세요.

1　aid　＿＿＿＿＿＿

2　sign　＿＿＿＿＿＿

3　vote　＿＿＿＿＿＿

4　match　＿＿＿＿＿＿

5　interest　＿＿＿＿＿＿

6　path　＿＿＿＿＿＿

7　branch　＿＿＿＿＿＿

8　~당, ~마다　＿＿＿＿＿＿

9　도착[도달]하다; (손이) 닿다　＿＿＿＿＿＿

10　무서운, 두려운　＿＿＿＿＿＿

11　주인, 소유자　＿＿＿＿＿＿

12　~ 쪽으로, ~을 향하여　＿＿＿＿＿＿

13　전통, 관습　＿＿＿＿＿＿

14　흔한; 공통의, 공동의　＿＿＿＿＿＿

[15-18] 우리말에 맞게 빈칸에 알맞은 말을 넣으세요.

15　I found out the ＿＿＿＿＿ of the problem. (나는 그 문제의 핵심을 찾아냈다.)

16　She teaches Korean to ＿＿＿＿＿. (그녀는 외국인들에게 한국어를 가르친다.)

17　＿＿＿＿＿ ＿＿＿＿＿ ＿＿＿＿＿, I'll leave here. (조만간 나는 이곳을 떠날 것이다.)

18　I was still a student ＿＿＿＿＿ ＿＿＿＿＿ ＿＿＿＿＿.

　　(나는 그 당시 아직 학생이었다.)

DAY 17
PREVIEW

A 아는 단어/숙어에 체크(V)해보세요.

0321 **judge**	☐	0331 **record**	☐
0322 **agree**	☐	0332 **solve**	☐
0323 **basic**	☐	0333 **company**	☐
0324 **drawer**	☐	0334 **nation**	☐
0325 **greenhouse**	☐	0335 **pleased**	☐
0326 **iron**	☐	0336 **control**	☐
0327 **tower**	☐	0337 **helpful**	☐
0328 **either**	☐	0338 **self**	☐
0329 **mad**	☐	0339 **run out**	☐
0330 **straight**	☐	0340 **after all**	☐

B 사진을 보고 알맞은 단어/숙어를 써보세요.

_____   _____   _____   _____

0321 judge
[dʒʌdʒ]

몡 1 판사 2 심판, 심사위원 됭 판단하다, 평가하다

She works as a judge in a court. 그녀는 법원에서 판사로 일한다.

The judges awarded him ten points. 심판들은 그에게 10점을 주었다.

Don't judge people by their appearances.
사람들을 그들의 외모로 판단하지 마라.

0322 agree
[əgríː]

됭 동의하다 ㊤disagree

I agree with you on that matter. 나는 그 문제에 대해 네 의견에 동의한다.

0323 basic
[béisik]

몡 기본적인, 기초적인 몡 (-s) 기본, 기초

This is a basic rule of soccer. 이것은 축구의 기본 규칙이다.

go back to the basics 기본으로 돌아가다

0324 drawer
[drɔːr]

몡 서랍

The file is in the top drawer. 그 파일은 맨 위 서랍에 있다.

a desk drawer 책상 서랍

0325 greenhouse
[gríːnhàus]

몡 온실

The farmer grew vegetables in a greenhouse.
그 농부는 온실에서 채소를 재배했다.

the greenhouse effect 온실 효과

0326 iron
[áiərn]

몡 1 철, 쇠 2 다리미

That bridge is made of iron. 저 다리는 쇠로 만들어졌다.

Be careful of the hot iron! 그 뜨거운 다리미를 조심해라!

0327 tower
[táuər]

몡 탑

There is a tall tower on the hill. 그 언덕 위에 높은 탑이 있다.

0328 either
[íːðər]

때 (둘 중) 어느 한 쪽 뷰 [부정문] ~도 또한 (…않다)

Either will be fine with me. 나는 어느 쪽이든 좋다.

He doesn't know the answer, either. 그도 또한 답을 모른다.

0329 mad
[mæd]

형 1 화가 난 2 미친 ⊕crazy

She is still mad at me. 그녀는 아직 내게 화가 나 있다.

People in the town thought he was mad.
마을 사람들은 그가 미쳤다고 생각했다.

0330 straight
[streit]

부 똑바로, 곧장 형 곧은, 일직선의

Go straight and turn left at the corner.
직진하다가 모퉁이에서 왼쪽으로 돌아라.

The bikes stood in a straight line. 그 자전거들은 일렬로 서 있었다.

0331 record
[rékərd]

명 1 (글 등으로 남긴) 기록 2 (스포츠 등의) 기록
동 [rikɔ́ːrd] (정보 등을) 기록하다

I keep a record of my weight. 나는 내 몸무게를 기록해 둔다.

break a world record 세계 기록을 깨다

The teacher recorded students' attendance.
그 교사는 학생들의 출석을 기록했다.

0332 solve
[salv]

동 (문제를) 풀다, 해결하다

I can't solve the math problem. 나는 그 수학 문제를 못 풀겠다.

⊞ solution 명 (문제 등의) 해법, 해결책; (퀴즈 등의) 해답, 정답

0333 company
[kʌ́mpəni]

명 1 회사 2 동료, 일행

She entered a software company last year.
그녀는 작년에 소프트웨어 회사에 입사했다.

keep good company 좋은 동료를 사귀다

0334 nation
[néiʃən]

명 국가, 나라

How many nations are there in the world?
세계에는 몇 개의 국가가 있는가?

⊞ national 형 국가의, 국가적인

0335 pleased
[pliːzd]

형 기쁜, 만족스러운

I'm pleased to hear the news. 나는 그 소식을 듣게 되어 기쁘다.

⊞ please 동 기쁘게[즐겁게] 하다

0336 control
[kəntróul]

명 통제(력), 지배(력) 동 통제하다, 지배하다

We often don't have control over our memories.
우리는 스스로의 기억을 종종 통제할 수 없다.

Only he can control the dog. 오직 그만이 그 개를 통제할 수 있다.

0337 helpful

[hélpfəl]

형 도움이 되는, 유익한 ⊕useful

The book was very **helpful** for the exam.
그 책은 시험에 매우 도움이 되었다.

⊞ help 동 돕다, 도와주다 명 도움

0338 self

[self]

명 자신, 자아

She was not her usual **self**. 그녀는 평소 자신의 모습이 아니었다.

0339 run out

(시간 · 돈 등이) 다 되다, 다 떨어지다

Our water and food are **running out**.
우리의 물과 음식이 떨어져가고 있다.

0340 after all

결국, 어쨌든

He didn't come to the party **after all**. 그는 결국 그 파티에 오지 않았다.

DAY 17 　 CHECK-UP

[1-14] 영어는 우리말로, 우리말은 영어로 쓰세요.

1	record _____	8	서랍 _____
2	iron _____	9	자신, 자아 _____
3	helpful _____	10	온실 _____
4	tower _____	11	화가 난; 미친 _____
5	straight _____	12	국가, 나라 _____
6	basic _____	13	동의하다 _____
7	company _____	14	기쁜, 만족스러운 _____

[15-18] 우리말에 맞게 빈칸에 알맞은 말을 넣으세요.

15 _____ will be fine with me. (나는 어느 쪽이든 좋다.)

16 Only he can _____ the dog. (오직 그만이 그 개를 통제할 수 있다.)

17 I can't _____ the math problem. (나는 그 수학 문제를 못 풀겠다.)

18 He didn't come to the party _____ _____. (그는 결국 그 파티에 오지 않았다.)

DAY 18
PREVIEW

A 아는 단어/숙어에 체크(V)해보세요.

0341	fry	☐	0351	aloud	☐
0342	habit	☐	0352	shape	☐
0343	tax	☐	0353	tough	☐
0344	surprised	☐	0354	cafeteria	☐
0345	abroad	☐	0355	lock	☐
0346	slide	☐	0356	bottom	☐
0347	disagree	☐	0357	product	☐
0348	while	☐	0358	medal	☐
0349	row	☐	0359	get to	☐
0350	festival	☐	0360	come true	☐

B 사진을 보고 알맞은 단어/숙어를 써보세요.

1	2	3	4
____	____	____	____

0341 fry
[frai]

동 (기름에) 튀기다, 볶다

Fry the potatoes for three minutes. 감자들을 3분 동안 튀겨라.

fried rice 볶음밥

0342 habit
[hǽbit]

명 버릇, 습관

He has bad sleeping habits. 그는 잠버릇이 나쁘다.

break a habit 습관을 고치다

0343 tax
[tæks]

명 세금

The total is $13.20 with tax. 총액은 세금 포함 13.20달러이다.

pay taxes 세금을 내다

0344 surprised
[sərpráizd]

형 놀란, 놀라는

I was surprised at the news. 나는 그 소식에 놀랐다.

➕ surprise 명 놀라운 일 동 놀라게 하다   surprising 형 놀라운

0345 abroad
[əbrɔ́:d]

부 해외에, 해외로

My uncle lives abroad. 우리 삼촌은 해외에 산다.

go abroad 해외로 가다

0346 slide
[slaid]

동 (slid-slid) 미끄러지다   명 미끄럼틀

She slid across the ice. 그녀는 얼음 위로 미끄러졌다.

go down the slide 미끄럼틀을 타다

0347 disagree
[dìsəgrí:]

동 동의하지 않다 ⊕agree

He disagreed with her idea. 그는 그녀의 생각에 동의하지 않았다.

0348 while
[wail]

접 1 ~하는 동안 2 ~에 반하여   명 잠깐, 잠시

Did you call me while I was out? 너 내가 외출한 동안 전화했니?

While I like summer, she likes winter.

나는 여름을 좋아하는 반면, 그녀는 겨울을 좋아한다.

for a while 잠시 동안

0349 row
[rou]

명 1 열, 줄 2 (극장 등의 좌석) 줄

Please stand in two rows. 두 줄로 서 주세요.

They sat in the front row. 그들은 앞줄에 앉았다.

0350 festival
[féstəvəl]

명 축제

The city holds a jazz festival every year.
그 도시는 매년 재즈 축제를 개최한다.

0351 aloud
[əláud]

부 1 소리 내어 2 큰 소리로

Read this page aloud. 이 페이지를 소리 내어 읽어라.

laugh aloud 큰 소리로 웃다

0352 shape
[ʃeip]

명 1 형태, 모양 2 (건강) 상태, 몸매

The cookie is in the shape of a heart. 그 쿠키는 하트 모양이다.

He exercises regularly to keep in shape.
그는 몸매를 유지하기 위해 규칙적으로 운동한다.

0353 tough
[tʌf]

형 1 힘든, 어려운 2 강인한, 굳센

We had a tough time. 우리는 힘든 시간을 보냈다.

He is tough enough for the job. 그는 그 일을 하기에 충분히 강인하다.

0354 cafeteria
[kæfətíəriə]

명 카페테리아, 구내식당

She ate lunch in the company cafeteria.
그녀는 회사 구내식당에서 점심을 먹었다.

0355 lock
[lɑk]

동 잠기다, 잠그다 ⊕unlock 명 자물쇠, 잠금장치

Don't forget to lock the door. 문 잠그는 것을 잊지 마라.

He used the key to open the lock.
그는 자물쇠를 열기 위해 열쇠를 사용했다.

0356 bottom
[bɑ́təm]

명 맨 아래, 바닥 형 맨 아래의 ⊕top (명/형)

The answers are at the bottom of the next page.
정답은 다음 장 맨 아랫부분에 있다.

bottom lip 아랫입술

0357 product

[prάdəkt]

명 생산품, 제품

Our new product sells well. 우리의 신제품은 잘 팔린다.

⊞ produce 동 생산하다

0358 medal

[médəl]

명 메달, 훈장

He won a gold medal in the Olympics.
그는 올림픽에서 금메달을 땄다.

0359 get to

~에 도착하다, ~에 이르다

I'll get to the airport soon. 나는 공항에 곧 도착할 것이다.

0360 come true

이루어지다, 실현되다

I hope your dream will come true. 나는 네 꿈이 이루어지기를 바란다.

DAY 18 CHECK-UP

정답 p.287

[1-14] 영어는 우리말로, 우리말은 영어로 쓰세요.

1 row _____

2 lock _____

3 slide _____

4 medal _____

5 bottom _____

6 fry _____

7 aloud _____

8 축제 _____

9 버릇, 습관 _____

10 해외에, 해외로 _____

11 세금 _____

12 동의하지 않다 _____

13 놀란, 놀라는 _____

14 생산품, 제품 _____

[15-18] 우리말에 맞게 빈칸에 알맞은 말을 넣으세요.

15 We had a(n) _____ time. (우리는 힘든 시간을 보냈다.)

16 The cookie is in the _____ of a heart. (그 쿠키는 하트 모양이다.)

17 Did you call me _____ I was out? (너 내가 외출한 동안 전화했니?)

18 I'll _____ _____ the airport soon. (나는 공항에 곧 도착할 것이다.)

DAY 19
PREVIEW

A 아는 단어/숙어에 체크(V)해보세요.

0361 **sale**	☐		0371 **clay**	☐
0362 **metal**	☐		0372 **bow**	☐
0363 **complete**	☐		0373 **interview**	☐
0364 **general**	☐		0374 **outdoor**	☐
0365 **parade**	☐		0375 **normal**	☐
0366 **royal**	☐		0376 **factory**	☐
0367 **ever**	☐		0377 **peer**	☐
0368 **though**	☐		0378 **sketch**	☐
0369 **direct**	☐		0379 **after a while**	☐
0370 **amazing**	☐		0380 **slow down**	☐

B 사진을 보고 알맞은 단어/숙어를 써보세요.

1. _____
2. _____
3. _____
4. _____

0361 sale
[seil]

명 1 판매 2 할인 판매, 세일

Ticket sales start right now. 티켓 판매가 지금 바로 시작된다.

Everything will be 30% off during the sale.
세일 기간에는 모든 것이 30% 할인될 것이다.

0362 metal
[métl]

명 금속

The door is made of metal. 그 문은 금속으로 만들어져 있다.

0363 complete
[kəmplí:t]

형 완전한, 완벽한 동 1 완료하다 ⊕finish 2 완성하다

The list is not complete yet. 그 목록은 아직 완전하지 않다.

They completed the course. 그들은 그 강좌를 완료했다.

I need one more piece to complete this puzzle.
나는 이 퍼즐을 완성하기 위해서 한 개의 조각이 더 필요하다.

⊞ completely 뷔 완전히, 완벽하게

0364 general
[dʒénərəl]

형 1 전반[전체]적인 2 일반적인, 일반의

The doctor checked my general health.
그 의사는 나의 전반적인 건강을 검진했다.

a matter of general interest 일반적인 관심사

⊞ generally 뷔 일반적[전반적]으로; 대개, 보통

0365 parade
[pəréid]

명 퍼레이드, 행진

We watched the parade at the festival.
우리는 축제에서 퍼레이드를 구경했다.

0366 royal
[rɔ́iəl]

형 왕실의, 왕족의

The king built a new royal palace. 그 왕은 새 왕궁을 지었다.

0367 ever
[évər]

뷔 1 [의문문·조건문] 언젠가, 지금까지 2 [부정문] 결코, 전혀

Have you ever been to Tokyo? 너는 지금까지 도쿄에 가 본 적 있니?

He doesn't ever get angry. 그는 결코 화를 내는 일이 없다.

0368 though
[ðou]

접 비록 ~이지만 ⊕although

Though she was sick, she went to school.
그녀는 아팠지만, 학교에 갔다.

0369 direct
[dirékt]

형 직접적인　동 1 지휘[총괄]하다　2 (길을) 안내하다

What is the direct effect of the change?
그 변화의 직접적인 영향은 무엇인가?

He is directing a new project. 그는 새 프로젝트를 지휘하고 있다.

She directed us to the bank. 그녀는 우리를 은행으로 안내했다.

⊞ director 명 (회사의) 이사, 임원; 책임자, 관리자; (영화 등의) 감독

0370 amazing
[əméiziŋ]

형 놀라운, 굉장한 ⊛surprising

That is an amazing story! 그거 굉장한 이야기구나!

0371 clay
[klei]

명 점토, 찰흙

She made a pot with clay. 그녀는 점토로 항아리를 만들었다.

0372 bow
[bau]

동 (허리를 굽혀) 인사하다, 절하다　명 1 인사, 절　2 활

I bowed to my teacher. 나는 선생님께 허리를 굽혀 인사했다.

The musician took a bow after the music ended.
음악이 끝난 후 그 음악가는 인사를 했다.

The hunter drew his bow. 그 사냥꾼은 자신의 활을 당겼다.

0373 interview
[íntərvjùː]

명 1 면접　2 인터뷰, 회견　동 인터뷰하다

When is your job interview? 너의 구직 면접이 언제니?

He gave an interview to the press. 그는 언론과의 인터뷰에 응했다.

The reporter interviewed the actor. 기자는 그 배우를 인터뷰했다.

0374 outdoor
[áutdɔ̀ːr]

형 야외의 ⊜indoor

I went to an outdoor concert yesterday.
나는 어제 야외 콘서트에 갔다.

0375 normal
[nɔ́ːrməl]

형 1 보통의, 평범한　2 (심신이) 정상적인

A few days later, we returned to a normal life.
며칠 후, 우리는 평범한 생활로 돌아왔다.

Normal people don't act like that.
정상적인 사람은 그렇게 행동하지 않는다.

0376 factory
[fǽktəri]

명 공장 ⊛plant

This factory produces chairs. 이 공장은 의자를 생산한다.

0377 peer
[piər]

명 또래, 동료

He is popular with his peers. 그는 또래들에게 인기가 있다.

0378 sketch
[sketʃ]

명 스케치, 밑그림   동 스케치하다

I drew a sketch of a cat. 나는 고양이의 밑그림을 그렸다.

She sketched the old vase. 그녀는 그 오래된 꽃병을 스케치했다.

0379 after a while

잠시 후에

After a while, she woke up. 잠시 후에, 그녀는 깨어났다.

0380 slow down

(속도를) 늦추다

The car began to slow down. 그 차는 속도를 늦추기 시작했다.

DAY 19   CHECK-UP
정답 p.287

[1-14] 영어는 우리말로, 우리말은 영어로 쓰세요.

1 general _____

2 complete _____

3 ever _____

4 normal _____

5 direct _____

6 interview _____

7 sale _____

8 또래, 동료 _____

9 공장 _____

10 놀라운, 굉장한 _____

11 야외의 _____

12 점토, 찰흙 _____

13 금속 _____

14 비록 ~이지만 _____

[15-18] 우리말에 맞게 빈칸에 알맞은 말을 넣으세요.

15 I _____ to my teacher. (나는 선생님께 허리를 굽혀 인사했다.)

16 The king built a new _____ palace. (그 왕은 새 왕궁을 지었다.)

17 The car began to _____ _____. (그 차는 속도를 늦추기 시작했다.)

18 _____ _____ _____, she woke up. (잠시 후에, 그녀는 깨어났다.)

DAY 20

PREVIEW

A 아는 단어/숙어에 체크(V)해보세요.

0381 **base** ☐	0391 **character** ☐
0382 **grade** ☐	0392 **friendly** ☐
0383 **signal** ☐	0393 **worried** ☐
0384 **meaning** ☐	0394 **director** ☐
0385 **cover** ☐	0395 **sentence** ☐
0386 **awake** ☐	0396 **loose** ☐
0387 **quickly** ☐	0397 **indoor** ☐
0388 **trash** ☐	0398 **puzzle** ☐
0389 **protect** ☐	0399 **take away** ☐
0390 **evil** ☐	0400 **have ~ in common** ☐

B 사진을 보고 알맞은 단어/숙어를 써보세요.

1 _____
2 _____
3 _____
4 _____

DAY 20

0381 base
[beis]

명 1 맨 아랫부분, 밑바닥 2 (사상 등의) 기초, 기반

The base of the tower is very wide. 그 탑의 아랫부분은 폭이 매우 넓다.

The book gave me a strong base for my future studies.
이 책은 향후 나의 연구에 강력한 기반이 되었다.

⊞ basic 형 기본적인, 기초적인

0382 grade
[greid]

명 1 등급 2 학년 3 성적

We sell the best grade of meat. 우리는 최상급 고기를 판매한다.

He is in the second grade. 그는 2학년이다.

I got a good grade on the test. 나는 시험에서 좋은 성적을 받았다.

0383 signal
[sígnəl]

명 신호

She gave the signal to stop. 그녀는 멈추라는 신호를 주었다.

0384 meaning
[míːniŋ]

명 의미, 뜻

I don't know the meaning of the word. 나는 그 단어의 뜻을 모른다.

⊞ mean 동 의미하다   meaningful 형 의미 있는

0385 cover
[kʌ́vər]

동 1 덮다 2 (책 등이) 다루다, 포함하다

Snow covered the street. 눈이 그 길을 덮었다.

This book covers various essays.
이 책은 다양한 수필들을 다루고 있다.

0386 awake
[əwéik]

형 깨어 있는

I was awake late last night. 나는 어젯밤 늦게까지 깨어 있었다.

stay awake 자지 않고 깨어 있다

0387 quickly
[kwíkli]

부 빨리, 빠르게

The clouds are moving quickly. 구름이 빨리 움직이고 있다.

0388 trash
[træʃ]

명 쓰레기 ⊕garbage

Take out the trash. 쓰레기를 내다 버려라.

a trash can 쓰레기통

0389 protect
[prətékt]

[동] 보호하다, 지키다

Wearing sunglasses can protect your eyes.
선글라스 착용은 너의 눈을 보호해줄 수 있다.

⊞ protection [명] 보호

0390 evil
[íːvəl]

[형] 사악한 [명] 악

He was an evil king. 그는 사악한 왕이었다.

good and evil 선과 악

0391 character
[kǽriktər]

[명] 1 성격, 성질 ⊕personality 2 특징, 특색 3 등장인물

Everyone has a different character.
모든 사람들은 각자 다른 성격을 가지고 있다.

The town has a lot of character. 그 마을은 많은 특징을 가지고 있다.

a cartoon character 만화 등장인물

0392 friendly
[fréndli]

[형] 친절한, 다정한

She is always friendly to others. 그녀는 다른 사람들에게 늘 친절하다.

a friendly smile 다정한 미소

0393 worried
[wɔ́ːrid]

[형] 걱정스러운

I'm worried about the test tomorrow. 나는 내일 시험이 걱정된다.

⊞ worry [동] 걱정하다

0394 director
[diréktər]

[명] 1 (회사의) 이사, 임원 2 책임자, 관리자 3 (영화 등의) 감독

He was a director at the company. 그는 그 회사의 이사였다.

I met the director of the factory. 나는 그 공장의 관리자를 만났다.

a film director 영화 감독

⊞ direct [동] 지휘[총괄]하다

0395 sentence
[séntəns]

[명] 1 문장 2 선고, 판결

This sentence is hard to understand. 이 문장은 이해하기 어렵다.

a death sentence 사형 선고

0396 loose
[luːs]

[형] 1 헐거운, 느슨한 ⊛tight 2 헐렁한 ⊛tight

One of my shoelaces has become loose.
내 신발끈 한 쪽이 느슨해졌다.

a loose sweater 헐렁한 스웨터

0397 indoor
[índɔːr]

형 실내(용)의 ⊕outdoor

Table tennis is an indoor sport. 탁구는 실내 운동이다.

0398 puzzle
[pʌ́zl]

명 1 퍼즐 2 (이해하기 힘든) 수수께끼, 미스터리

I like crossword puzzles. 나는 십자말풀이 퍼즐을 좋아한다.

Her words were a puzzle to me. 그녀의 말은 나에게 수수께끼였다.

0399 take away

~을 치우다

Take away those empty bottles. 저 빈 병들을 치워라.

0400 have ~ in common

공통적으로 ~을 가지다

They have a lot in common with you. 그들은 너와 공통점이 많다.

DAY 20 CHECK-UP

정답 p.287

[1-14] 영어는 우리말로, 우리말은 영어로 쓰세요.

1	loose	_____	8	깨어 있는	_____
2	protect	_____	9	실내(용)의	_____
3	friendly	_____	10	등급; 학년; 성적	_____
4	meaning	_____	11	사악한; 악	_____
5	sentence	_____	12	쓰레기	_____
6	base	_____	13	걱정스러운	_____
7	cover	_____	14	빨리, 빠르게	_____

[15-18] 우리말에 맞게 빈칸에 알맞은 말을 넣으세요.

15 She gave the _____ to stop. (그녀는 멈추라는 신호를 주었다.)

16 I met the _____ of the factory. (나는 그 공장의 관리자를 만났다.)

17 _____ _____ those empty bottles. (저 빈 병들을 치워라.)

18 Everyone has a different _____. (모든 사람들은 각자 다른 성격을 가지고 있다.)

REVIEW TEST

DAY 16-20

정답 p.288

A 우리말에 맞게 빈칸에 알맞은 말을 넣으세요.

1 go _____ (해외로 가다)

2 a death _____ (사형 선고)

3 a common _____ (공통 관심사)

4 stay _____ (자지 않고 깨어 있다)

5 break a world _____ (세계 기록을 깨다)

6 Read this page _____. (이 페이지를 소리 내어 읽어라.)

7 The man walked _____ us. (그 남자는 우리 쪽으로 걸어왔다.)

8 I'm _____ about the test tomorrow. (나는 내일 시험이 걱정된다.)

9 People over 18 can _____. (18세가 넘는 사람들은 투표할 수 있다.)

10 I don't know the _____ of the word. (나는 그 단어의 뜻을 모른다.)

11 I hope your dream will _____ _____. (나는 네 꿈이 이루어지기를 바란다.)

12 They _____ a lot _____ _____ with you.
(그들은 너와 공통점이 많다.)

B 밑줄 친 말에 유의하여 다음 문장을 해석하세요.

1 The tickets cost $15 <u>per</u> person.

_____

2 Have you <u>ever</u> been to Tokyo?

_____

3 This book <u>covers</u> various essays.

_____

4 Don't <u>judge</u> people by their appearances.

_____

5 Our water and food are <u>running out</u>.

_____

95

C 밑줄 친 단어와 가장 비슷한 뜻을 가진 단어를 고르세요.

1 People in the town thought he was <u>mad</u>.
   ① loose   ② scary   ③ surprised   ④ crazy

2 The book was very <u>helpful</u> for the exam.
   ① royal   ② basic   ③ useful   ④ straight

3 They <u>completed</u> the course.
   ① controlled   ② finished   ③ agreed   ④ solved

4 This <u>factory</u> produces chairs.
   ① base   ② peer   ③ plant   ④ greenhouse

5 That is an <u>amazing</u> story!
   ① general   ② normal   ③ core   ④ surprising

D 보기 에서 빈칸에 들어갈 단어를 골라 쓰세요.

보기 outdoor friendly direct shape nation grade while aid

1 He is in the second _____.

2 She is always _____ to others.

3 _____ I like summer, she likes winter.

4 What is the _____ effect of the change?

5 He exercises regularly to keep in _____.

6 How many _____s are there in the world?

7 He can't see well without the _____ of glasses.

96

CROSSWORD PUZZLE

DAY 11-20

정답 p.288

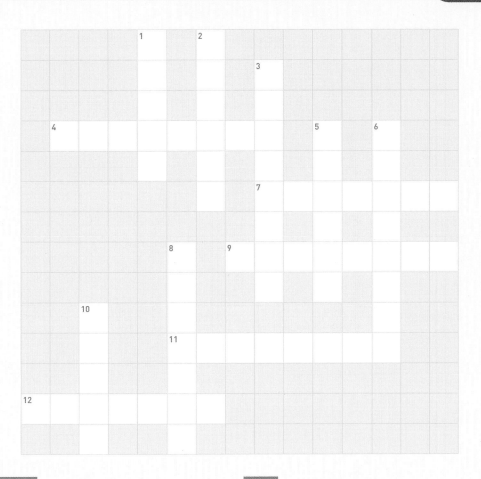

Across
- 4 약, 약물; 의학, 의술
- 7 이상한; 낯선
- 9 창의적인, 창조적인
- 11 동의하지 않다
- 12 보호하다, 지키다

Down
- 1 버릇, 습관
- 2 칭찬하다; 칭찬, 찬양
- 3 즐거움, 기쁨
- 5 보통의, 평범한; (심신이) 정상적인
- 6 계속되다, 계속하다
- 8 생산품, 제품
- 10 허락하다, 허용하다

Principal 교장 선생님

- supervise teachers and students
  교사와 학생을 관리하다
- hire staff members
  교직원을 채용하다
- set school policies
  학교 정책을 만들다

Teacher 선생님

- teach school subjects
  교과목을 가르치다
- encourage students
  학생을 격려하다

School Counselor
상담 선생님

- listen to students
  학생의 이야기를 들어주다
- give helpful advice
  유용한 조언을 해주다

School Nurse
보건 선생님

- give basic medical care   기본 진료를 하다
- teach lessons about health issues
  건강 문제에 관해 가르치다

Nutritionist 영양사

- develop meal plans
  급식 계획을 짜다
- teach students healthy eating habits
  학생에게 건강한 식습관을 가르치다

DAY 21
PREVIEW

A 아는 단어/숙어에 체크(V)해보세요.

0401 **bill**	☐	0411 **courage**	☐
0402 **cough**	☐	0412 **shine**	☐
0403 **image**	☐	0413 **eastern**	☐
0404 **national**	☐	0414 **peace**	☐
0405 **seed**	☐	0415 **fortune**	☐
0406 **truth**	☐	0416 **accident**	☐
0407 **mixture**	☐	0417 **humor**	☐
0408 **reuse**	☐	0418 **wrap**	☐
0409 **discover**	☐	0419 **show up**	☐
0410 **junk**	☐	0420 **be covered with**	☐

B 사진을 보고 알맞은 단어/숙어를 써보세요.

_____   _____   _____   _____

0401 bill
[bil]

명 1 **고지서, 청구서** 2 **지폐**

I have a lot of bills to pay. 나는 지불해야 할 청구서가 많다.

Please change this bill into coins. 이 지폐를 동전으로 바꿔 주세요.

참고 coin 동전

0402 cough
[kɔːf]

동 **기침하다** 명 **기침**

I coughed a lot yesterday. 나는 어제 기침을 많이 했다.

She has a bad cough. 그녀는 기침이 심하다.

0403 image
[ímidʒ]

명 1 **이미지, 인상** 2 **(거울 등에 비친) 상(像), 모습**

He tried to change his image. 그는 자신의 이미지를 바꾸려고 노력했다.

She is looking at her image in the mirror.
그녀는 거울에 비친 자신의 모습을 보고 있다.

0404 national
[nǽʃənl]

형 1 **국가의, 국가적인** 2 **국립의, 국영의**

The national flower of England is the rose. 영국의 국화는 장미이다.

a national park 국립 공원

＋ nation 명 국가, 나라

0405 seed
[siːd]

명 **씨앗, 종자**

I planted some seeds in my garden. 나는 내 정원에 씨앗을 좀 심었다.

0406 truth
[truːθ]

명 **진실, 사실**

Nobody knows the truth. 아무도 진실을 모른다.

＋ true 형 사실인, 맞는; 진짜의

0407 mixture
[míkstʃər]

명 **혼합(물)**

Air is a mixture of gases. 공기는 기체들의 혼합물이다.

＋ mix 동 섞이다, 섞다

0408 reuse
[riːjúːz]

동 **재사용하다**

I washed the bottle and reused it. 나는 그 병을 씻어서 재사용했다.

참고 recycle (폐품을) 재활용하다, 재생하여 이용하다

0409 discover
[diskʌ́vər]

동 1 발견하다 2 알게 되다, 깨닫다

Who discovered America? 누가 아메리카 대륙을 발견했는가?

He discovered that he had lost his wallet.
그는 자신의 지갑을 잃어버렸다는 것을 알게 되었다.

⊞ discovery 명 발견

0410 junk
[dʒʌŋk]

명 쓸모 없는 물건, 쓰레기

Clean the junk out of the drawer.
그 서랍 속의 쓸모 없는 물건을 치워라.

0411 courage
[kə́:ridʒ]

명 용기

I didn't have the courage to call her.
나는 그녀에게 전화할 용기가 없었다.

0412 shine
[ʃain]

동 (shone-shone) 빛나다, 반짝이다

The moon shone in the dark. 어둠 속에서 달이 빛났다.

0413 eastern
[íːstərn]

형 동쪽의, 동쪽에 있는

The city is on the eastern side of the mountain.
그 도시는 산의 동쪽에 있다.

참고 western 서쪽의, 서쪽에 있는

0414 peace
[piːs]

명 평화, 평온함

We have lived in peace for many years.
우리는 오랜 세월 동안 평화롭게 살아왔다.

⊞ peaceful 형 평화로운

0415 fortune
[fɔ́ːrtʃən]

명 1 부(富), 재산 2 운 ⊕luck

He left a large fortune to his daughter. 그는 딸에게 큰 재산을 남겼다.

have good[bad] fortune 운이 좋다[나쁘다]

⊞ fortunate 형 운이 좋은   fortunately 부 운 좋게, 다행히

0416 accident
[ǽksidənt]

명 1 사고 2 우연(한 사건)

I broke my leg in the car accident.
나는 그 자동차 사고로 다리가 부러졌다.

It was no accident that they met again.
그들이 다시 만난 것은 우연이 아니었다.

0417 humor

[hjúːmər]

명 유머, 익살스러움

The story is full of humor. 그 이야기는 유머로 가득하다.

⊞ humorous 형 재미있는, 유머가 풍부한

0418 wrap

[ræp]

동 1 싸다, 포장하다 2 두르다

I wrapped the flowers in newspaper. 나는 그 꽃들을 신문지로 쌌다.

Wrap a blanket around the baby. 그 아기에게 담요를 둘러라.

0419 show up

나타나다, 모습을 드러내다

He didn't show up at the meeting. 그는 그 회의에 나타나지 않았다.

0420 be covered with

~로 덮여 있다

The road is covered with snow. 그 길은 눈으로 덮여 있다.

DAY 21   CHECK-UP

정답 p.288

[1-14] 영어는 우리말로, 우리말은 영어로 쓰세요.

1 cough _____

2 humor _____

3 shine _____

4 bill _____

5 truth _____

6 eastern _____

7 discover _____

8 용기 _____

9 씨앗, 종자 _____

10 싸다, 포장하다; 두르다 _____

11 부(富), 재산; 운 _____

12 재사용하다 _____

13 혼합(물) _____

14 평화, 평온함 _____

[15-18] 우리말에 맞게 빈칸에 알맞은 말을 넣으세요.

15 The _____ flower of England is the rose. (영국의 국화는 장미이다.)

16 I broke my leg in the car _____. (나는 그 자동차 사고로 다리가 부러졌다.)

17 Clean the _____ out of the drawer. (그 서랍 속의 쓸모 없는 물건을 치워라.)

18 The road _____ _____ _____ snow. (그 길은 눈으로 덮여 있다.)

DAY 22

PREVIEW

A 아는 단어/숙어에 체크(V)해보세요.

0421 **breathe**	☐	
0422 **gain**	☐	
0423 **fit**	☐	
0424 **chief**	☐	
0425 **humorous**	☐	
0426 **unique**	☐	
0427 **completely**	☐	
0428 **pose**	☐	
0429 **adventure**	☐	
0430 **tight**	☐	

0431 **stupid**	☐
0432 **double**	☐
0433 **race**	☐
0434 **express**	☐
0435 **illegal**	☐
0436 **symbol**	☐
0437 **mention**	☐
0438 **sum**	☐
0439 **look through**	☐
0440 **throw away**	☐

B 사진을 보고 알맞은 단어/숙어를 써보세요.

1. _____ 2. _____ 3. _____ 4. _____

DAY 22

학습일 │ 1차: 월 일 │ 2차: 월 일

0421 breathe
[briːð]

동 숨 쉬다, 호흡하다

I can't breathe through my nose. 나는 코로 숨 쉴 수가 없다.
breathe in[out] 숨을 들이쉬다[내쉬다]
⊞ breath [breθ] 명 숨, 호흡

0422 gain
[gein]

동 1 (노력해서) 얻다 2 (체중 등이) 늘다, (경험 등을) 쌓다

He gained the respect of his students. 그는 학생들의 존경을 받았다.
She gained a lot of weight. 그녀는 몸무게가 많이 늘었다.

0423 fit
[fit]

동 1 꼭 맞다 2 적합하다, 어울리다

Do these shoes fit? 이 신발이 맞니?
His nickname fits him well. 그의 별명은 그에게 잘 어울린다.

0424 chief
[tʃiːf]

형 1 (지위가) 최고의, 수석의 2 주요한 ⑨main 명 우두머리, 장(長)

He became the chief nurse. 그는 수간호사가 되었다.
the chief cause of a problem 문제의 주요 원인
a police chief 경찰서장

0425 humorous
[hjúːmərəs]

형 재미있는, 유머가 풍부한

Let me tell you a humorous story. 내가 네게 재미있는 이야기를 해줄게.
⊞ humor 명 유머, 익살스러움

0426 unique
[juːníːk]

형 1 독특한, 특별한 2 유일한, 특유한

The design of this building is unique. 이 건물의 디자인은 독특하다.
Everyone has unique DNA. 모든 사람은 특유의 DNA를 가진다.

0427 completely
[kəmplíːtli]

부 완전히, 완벽하게

The machine was completely broken. 그 기계는 완전히 부서졌다.
⊞ complete 형 완전한, 완벽한

0428 pose
[pouz]

동 포즈를 취하다 명 자세, 포즈

She posed like a model. 그녀는 모델처럼 포즈를 취했다.
a relaxed pose 편안한 자세

0429 adventure
[ədvéntʃər]

명 모험

He returned safely from his adventure.
그는 모험에서 무사히 돌아왔다.

0430 tight
[tait]

형 1 (옷이) 꽉 끼는 ⊕loose 2 빡빡한 ⊕loose 부 단단히, 꽉

This shirt is too tight for me. 이 셔츠는 내게 꽉 낀다.
a tight lid (꽉 닫혀서) 빡빡한 뚜껑
Hold on tight, please. 꽉 잡으세요.

0431 stupid
[stjúːpid]

형 어리석은, 우둔한 ⊕foolish

It was stupid of us to believe him. 그를 믿다니 우리가 어리석었다.
a stupid mistake 어리석은 실수

0432 double
[dʌ́bl]

형 1 이중의 2 2인용의 동 두 배로 되다[만들다]

I opened the double doors. 나는 이중문을 열었다.
a double bed 2인용 침대
Oil prices doubled. 석유 가격이 두 배로 뛰었다.
참고 single 단 하나씩, 단독의; 미혼의, 독신의; 1인용의

0433 race
[reis]

명 1 경주, 경기 2 인종

Who won the car race? 그 자동차 경주에서 누가 이겼니?
People of many races live in the United States.
미국에는 많은 인종의 사람들이 산다.

0434 express
[iksprés]

동 (감정·의견 등을) 표현하다, 나타내다

I can't express my feelings in words.
나는 내 감정을 말로 표현할 수 없다.
⊞ expression 명 (생각·감정 등의) 표현; 표정; 표현, 말

0435 illegal
[ilíːgəl]

형 불법의, 불법적인 ⊕legal

It is illegal to copy the program. 그 프로그램을 복제하는 것은 불법이다.

0436 symbol
[símbəl]

명 1 상징(물) 2 기호, 부호

A four-leaf clover is a symbol of luck.
네 잎 클로버는 행운의 상징이다.
What is this symbol on the map? 지도에 있는 이 기호는 무엇인가?

0437 mention

[ménʃən]

동 (간단히) 말하다, 언급하다

He mentioned the problem in his report.
그는 보고서에서 그 문제를 언급했다.

0438 sum

[sʌm]

명 1 (돈의) 금액 2 합계   동 (~ up) 요약하다

He spent a sum of $500. 그는 500달러의 금액을 썼다.

The sum of 8 and 5 is 13. 8과 5의 합은 13이다.

to sum up in a word 한 마디로 요약하면

0439 look through

~을 훑어보다

He looked through the magazine. 그는 그 잡지를 훑어보았다.

0440 throw away

~을 버리다

Where can I throw away this trash? 이 쓰레기는 어디에 버리죠?

DAY 22 CHECK-UP

정답 p.288

[1-14] 영어는 우리말로, 우리말은 영어로 쓰세요.

1	fit _____	8	완전히, 완벽하게 _____
2	gain _____	9	상징(물); 기호, 부호 _____
3	express _____	10	불법의, 불법적인 _____
4	sum _____	11	경주, 경기; 인종 _____
5	pose _____	12	모험 _____
6	stupid _____	13	숨 쉬다, 호흡하다 _____
7	unique _____	14	(간단히) 말하다, 언급하다 _____

[15-18] 우리말에 맞게 빈칸에 알맞은 말을 넣으세요.

15 Hold on _____, please. (꽉 잡으세요.)

16 He _____ _____ the magazine. (그는 그 잡지를 훑어보았다.)

17 Let me tell you a(n) _____ story. (내가 네게 재미있는 이야기를 하나 해줄게.)

18 Where can I _____ _____ this trash? (이 쓰레기는 어디에 버리죠?)

DAY 23
PREVIEW

A 아는 단어/숙어에 체크(V)해보세요.

0441 **bite**	☐	0451 **contact**	☐
0442 **society**	☐	0452 **equal**	☐
0443 **title**	☐	0453 **none**	☐
0444 **anybody**	☐	0454 **period**	☐
0445 **fever**	☐	0455 **journey**	☐
0446 **scenery**	☐	0456 **rough**	☐
0447 **order**	☐	0457 **million**	☐
0448 **neither**	☐	0458 **ceiling**	☐
0449 **diamond**	☐	0459 **give up**	☐
0450 **source**	☐	0460 **hang out with**	☐

B 사진을 보고 알맞은 단어/숙어를 써보세요.

1 _____

2 _____

3 _____

4 _____

0441 bite
[bait]

통 (bit-bitten) 물다 명 1 한 입 2 물린 상처

The dog bit my left hand. 그 개가 내 왼손을 물었다.

Can I have a bite of your bread? 내가 네 빵을 한 입 먹어도 될까?

a snake bite 뱀에게 물린 상처

0442 society
[səsáiəti]

명 1 사회 2 협회, 학회, 단체

Children are the future of our society. 아이들은 우리 사회의 미래이다.

the Society of Korean Poets 한국 시인 협회

⊞ social 형 사회의, 사회적인

0443 title
[táitl]

명 제목, 표제

Do you know the title of this song? 너는 이 노래의 제목을 아니?

0444 anybody
[énibàdi]

대 1 [긍정문] 누구나, 누구든지 2 [의문문] 누군가 3 [부정문] 아무도

Anybody can join the club. 누구든지 그 동아리에 가입할 수 있다.

Does anybody know the answer? 누구 답을 아는 사람 있니?

Don't tell anybody. 아무한테도 말하지 마라.

0445 fever
[fí:vər]

명 열

The baby has a high fever. 그 아기는 고열이 있다.

0446 scenery
[sí:nəri]

명 풍경, 경치

We enjoyed the scenery at the beach. 우리는 해변에서 경치를 즐겼다.

0447 order
[ɔ́:rdər]

명 순서 명통 1 명령(하다) 2 주문(하다)

The kids stood in order of height. 그 아이들은 키순으로 서 있었다.

He ordered me to sit down. 그는 내게 앉으라고 명령했다.

May I take your order? 주문을 받아도 될까요?

0448 neither
[ní:ðər]

대 (둘 중) 어느 쪽도 ~ 아니다

"Do you want coffee or tea?" "Neither, thanks."
"커피나 차를 원하세요?" "고맙지만, 아무것도 원하지 않아요."

Neither of them could sleep. 그들 둘 다 잠을 이루지 못했다.

0449 diamond
[dáiəmənd]

명 1 다이아몬드 2 마름모꼴

She lost her diamond ring. 그녀는 다이아몬드 반지를 잃어버렸다.
Cut the paper into diamonds. 그 종이를 마름모꼴로 잘라라.

0450 source
[sɔːrs]

명 1 원천 2 근원, 원인 3 (정보의) 출처

The sun is a good energy source. 태양은 좋은 에너지원이다.
I found the source of the trouble. 나는 그 문제의 원인을 찾았다.
a news source 뉴스의 출처

0451 contact
[kántækt]

명 1 연락 2 접촉, 맞닿음 동 연락하다

He stays in contact with her. 그는 그녀와 계속 연락하고 있다.
Do not come into direct contact with the patient.
그 환자와 직접적인 접촉을 하지 마라.
We contacted our old friends. 우리는 옛 친구들에게 연락했다.

0452 equal
[íːkwəl]

형 1 동일한, 같은 2 평등한 동 (수 등이) 같다, ~이다

These boxes are equal in size. 이 상자들은 크기가 같다.
All people are equal. 모든 사람들은 평등하다.
Two plus three equals five. 2 더하기 3은 5와 같다.
⊕ equally 뮈 똑같이, 동등하게; 균등하게

0453 none
[nʌn]

대 아무[하나]도 ~않다

None of us went to the party. 우리 중 아무도 그 파티에 가지 않았다.

0454 period
[píːəriəd]

명 1 기간 2 (역사의) 시대

They didn't speak for a long period of time.
그들은 오랜 기간 말을 하지 않았다.
the medieval period 중세 시대

0455 journey
[dʒɔ́ːrni]

명 여행 ⊕trip

She went on a journey to Italy. 그녀는 이탈리아로 여행을 떠났다.

0456 rough
[rʌf]

형 1 (표면이) 거친 ⊜smooth 2 대강의 3 힘든

His hands are hard and rough. 그의 손은 딱딱하고 거칠다.
a rough sketch 대강의 스케치
He had a rough time. 그는 힘든 시간을 보냈다.

0457 million
[míljən]

명 1 100만, 백만 2 (-s) 다수, 무수

The house costs two million dollars. 그 집은 2백만 달러이다.

millions of people 무수한 사람들

참고 billion 10억, 십억

0458 ceiling
[síːliŋ]

명 천장

This room has a high ceiling. 이 방은 천장이 높다.

0459 give up

포기하다, 그만두다

He gave up his job for his son. 그는 아들을 위해 일을 그만두었다.

0460 hang out with

~와 어울리다, ~와 함께 다니다

We hang out with him all the time. 우리는 항상 그와 함께 다닌다.

DAY 23 CHECK-UP

정답 p.288

[1-14] 영어는 우리말로, 우리말은 영어로 쓰세요.

1 neither _____

2 contact _____

3 rough _____

4 anybody _____

5 order _____

6 equal _____

7 source _____

8 풍경, 경치 _____

9 아무[하나]도 ~않다 _____

10 여행 _____

11 기간; (역사의) 시대 _____

12 100만, 백만; 다수, 무수 _____

13 열 _____

14 사회; 협회, 학회, 단체 _____

[15-18] 우리말에 맞게 빈칸에 알맞은 말을 넣으세요.

15 This room has a high _____. (이 방은 천장이 높다.)

16 Do you know the _____ of this song? (너는 이 노래의 제목을 아니?)

17 Can I have a(n) _____ of your bread? (내가 네 빵을 한 입 먹어도 될까?)

18 We _____ _____ _____ him all the time.
(우리는 항상 그와 함께 다닌다.)

DAY 24
PREVIEW

A 아는 단어/숙어에 체크(V)해보세요.

0461 **hug**	☐		0471 **follow**	☐
0462 **vision**	☐		0472 **effort**	☐
0463 **century**	☐		0473 **imagine**	☐
0464 **anywhere**	☐		0474 **shot**	☐
0465 **nearly**	☐		0475 **pimple**	☐
0466 **beard**	☐		0476 **raindrop**	☐
0467 **surround**	☐		0477 **ghost**	☐
0468 **upper**	☐		0478 **sweat**	☐
0469 **dynasty**	☐		0479 **care for**	☐
0470 **whole**	☐		0480 **make up**	☐

B 사진을 보고 알맞은 단어/숙어를 써보세요.

1 ＿＿＿＿＿＿＿＿ 2 ＿＿＿＿＿＿＿＿ 3 ＿＿＿＿＿＿＿＿ 4 ＿＿＿＿＿＿＿＿

0461 hug
[hʌg]

동 껴안다, 포옹하다 명 껴안기, 포옹

My grandmother hugged me. 할머니는 나를 껴안으셨다.

I gave him a warm hug. 나는 그를 따뜻하게 안아주었다.

0462 vision
[víʒən]

명 1 시력 2 전망, 비전

She has good vision. 그녀는 시력이 좋다.

The company needs a clear vision for the future.
그 회사는 미래에 대한 명확한 비전이 필요하다.

0463 century
[séntʃəri]

명 1 세기 2 1세기, 100년

The picture was painted in the 14th century.
그 그림은 14세기에 그려졌다.

three centuries later 3세기 후

0464 anywhere
[éniwɛ̀ər]

부 1 [긍정문] 어디든지 2 [의문문] 어딘가에 3 [부정문] 아무 데도

You can sit anywhere. 너는 어디든 앉아도 된다.

Did you go anywhere on vacation? 너는 방학에 어딘가에 다녀왔니?

I'm not going anywhere. 나는 아무 데도 안 갈 것이다.

참고 anytime 언제든지

0465 nearly
[níərli]

부 거의 ⊜almost

I see them nearly every day. 나는 거의 매일 그들을 본다.

0466 beard
[biərd]

명 턱수염

My father has a long beard. 우리 아빠는 긴 턱수염이 있다.

0467 surround
[səráund]

동 둘러싸다, 에워싸다

The mountains surround the town. 산들이 그 마을을 둘러싸고 있다.

be surrounded by ~로 둘러싸여 있다

0468 upper
[ʌ́pər]

형 더 위의, 위쪽의 ⊕lower

The bedroom is on the upper floor. 침실은 위층에 있다.

the upper lip 윗입술

0469 dynasty
[dáinəsti]

명 왕조, 시대

She was a doctor during the Joseon Dynasty.
그녀는 조선 시대의 의사였다.

0470 whole
[houl]

형 전체의, 모든   명 전체, 전부

Our whole family has caught colds. 우리 가족 모두가 감기에 걸렸다.

The fire spread over the whole of the forest.
화재는 그 숲 전체로 퍼져나갔다.

0471 follow
[fálou]

동 1 따라가다[오다] 2 (순서상) 뒤를 잇다 3 (규칙 등을) 따르다

The boy followed his mom. 그 소년은 엄마를 따라갔다.

The steak followed the soup. 스테이크가 수프 뒤에 이어 나왔다.

You should follow the classroom rules. 너는 교실 규칙을 따라야 한다.

0472 effort
[éfərt]

명 노력, 수고

The work took a lot of time and effort.
그 일에는 많은 시간과 노력이 들었다.

make an effort 노력하다

0473 imagine
[imǽdʒin]

동 상상하다

Imagine that you can fly. 네가 하늘을 날 수 있다고 상상해 봐.

⊞ imagination 명 상상(력)

0474 shot
[ʃat]

명 1 (총기의) 발사 2 (농구 등에서) 슛

The police took a shot at the car. 경찰은 그 차를 향해 총을 발사했다.

That was a good shot! 멋진 슛이었습니다!

⊞ shoot 동 (shot-shot) (총을) 쏘다; (농구 등에서) 슛하다

0475 pimple
[pímpl]

명 여드름, 뾰루지

He has pimples on his cheeks. 그는 뺨에 여드름이 났다.

0476 raindrop
[réindràp]

명 빗방울

Raindrops fell on her head. 빗방울들이 그녀의 머리에 떨어졌다.

0477 ghost
[goust]

명 유령, 귀신

I saw a ghost in the old house. 나는 그 오래된 집에서 유령을 보았다.

0478 sweat

[swet]

명 땀 동 땀을 흘리다

Sweat poured down my face. 땀이 내 얼굴에 흘러내렸다.

He sweats a lot when he dances. 그는 춤출 때 땀을 많이 흘린다.

0479 care for

1 ~을 돌보다 ㊒take care of 2 ~을 좋아하다

I have to care for my little brother. 나는 남동생을 돌봐야 한다.

She doesn't care for coffee. 그녀는 커피를 좋아하지 않는다.

0480 make up

1 (인구 등을) 이루다, 구성하다 2 (이야기 등을) 지어내다

Females make up 40% of the staff.
여성이 직원의 40%를 구성한다.

Who made up the story? 누가 그 이야기를 지어냈니?

DAY 24 CHECK-UP

정답 p.288

[1-14] 영어는 우리말로, 우리말은 영어로 쓰세요.

1 whole	________	8 여드름, 뾰루지	________
2 nearly	________	9 둘러싸다, 에워싸다	________
3 sweat	________	10 상상하다	________
4 anywhere	________	11 유령, 귀신	________
5 beard	________	12 더 위의, 위쪽의	________
6 vision	________	13 노력, 수고	________
7 hug	________	14 세기; 1세기, 100년	________

[15-18] 우리말에 맞게 빈칸에 알맞은 말을 넣으세요.

15 The boy ________ his mom. (그 소년은 엄마를 따라갔다.)

16 ________ fell on her head. (빗방울들이 그녀의 머리에 떨어졌다.)

17 I have to ________ ________ my little brother. (나는 남동생을 돌봐야 한다.)

18 Females ________ ________ 40% of the staff. (여성이 직원의 40%를 구성한다.)

DAY 25
PREVIEW

A 아는 단어/숙어에 체크(V)해보세요.

0481 **huge**	☐	0491 **death**	☐
0482 **tool**	☐	0492 **else**	☐
0483 **attack**	☐	0493 **fantastic**	☐
0484 **battle**	☐	0494 **swing**	☐
0485 **universe**	☐	0495 **master**	☐
0486 **global**	☐	0496 **social**	☐
0487 **sudden**	☐	0497 **code**	☐
0488 **rude**	☐	0498 **pedal**	☐
0489 **challenge**	☐	0499 **watch out (for)**	☐
0490 **frankly**	☐	0500 **not ~ at all**	☐

B 사진을 보고 알맞은 단어/숙어를 써보세요.

1	2	3	4
_____	_____	_____	_____

0481 huge
[hjuːdʒ]

형 1 (크기가) 거대한 ⊕giant 2 (수량·정도가) 막대한

That huge building is a museum. 저 거대한 건물은 박물관이다.
huge sums of money 막대한 액수의 돈

0482 tool
[tuːl]

명 연장, 도구

He is working with a tool. 그는 연장을 가지고 일하고 있다.
a kitchen tool 주방 도구

0483 attack
[ətǽk]

명 공격 ⊕defense 동 공격하다 ⊕defend

The enemy attack began at night. 적의 공격은 밤에 시작되었다.
The tiger attacked the rabbit. 그 호랑이는 토끼를 공격했다.

0484 battle
[bǽtl]

명 1 전투, 교전 2 투쟁, 싸움

Many soldiers died in the battle. 많은 군인들이 그 전투에서 죽었다.
She finally won her battle with cancer.
그녀는 마침내 암과의 투쟁에서 이겼다.

0485 universe
[júːnəvə̀rs]

명 (the ~) 우주

No one knows the size of the universe. 아무도 우주의 크기를 모른다.

0486 global
[glóubəl]

형 세계적인, 지구 전체의

The company is leading the global market.
그 회사는 세계 시장을 선도하고 있다.
global warming 지구온난화

0487 sudden
[sʌ́dn]

형 갑작스러운

I felt a sudden pain in my legs. 나는 다리에 갑작스러운 통증을 느꼈다.
⊞ suddenly 부 갑자기, 별안간

0488 rude
[ruːd]

형 무례한, 버릇없는

Don't be rude to the elderly. 어른들에게 버릇없이 굴지 마라.

0489 challenge
[tʃǽlindʒ]

명 도전, 난제　동 1 도전하다　2 이의를 제기하다

This project was a challenge for me. 이 프로젝트는 내게 도전이었다.
He challenged the world record. 그는 세계 기록에 도전했다.
She challenged his view. 그녀는 그의 견해에 이의를 제기했다.

0490 frankly
[frǽŋkli]

부 1 솔직히　2 [문장 수식] 솔직히 말해서

He always speaks frankly. 그는 항상 솔직하게 말한다.
Frankly, I don't like his idea.
솔직히 말해서, 나는 그의 생각이 마음에 안 든다.

0491 death
[deθ]

명 죽음 ⊕birth

She felt really sad about his death. 그녀는 그의 죽음이 정말로 슬펐다.
＋ dead 형 죽은

0492 else
[els]

형 그 밖의, 다른　부 그 밖에, 달리

Do you need anything else? 다른 필요한 것이 있으세요?
I don't want to live anywhere else. 나는 다른 곳에서는 살고 싶지 않다.

0493 fantastic
[fæntǽstik]

형 환상적인, 멋진

We had a fantastic time there. 우리는 그곳에서 멋진 시간을 보냈다.

0494 swing
[swiŋ]

동 (swung-swung) 1 흔들리다, 흔들다　2 (방망이 등을) 휘두르다

The flag is swinging in the wind. 깃발은 바람에 흔들리고 있다.
swing a bat 배트를 휘두르다

0495 master
[mǽstər]

명 1 대가, 명수　2 주인　동 숙달하다, 마스터하다

She is a master of chess. 그녀는 체스의 대가이다.
The dog followed its master. 그 개는 주인을 따라갔다.
He mastered two foreign languages. 그는 두 개의 외국어를 숙달했다.

0496 social
[sóuʃəl]

형 1 사회의, 사회적인　2 사교의

What kinds of social problems are there in Korea?
한국에는 어떤 종류의 사회적 문제들이 있습니까?
social activities 사교활동
＋ society 명 사회

0497 code
[koud]
명 암호, 부호
The letter was written in code. 그 편지는 암호로 쓰여있었다.
break a code 암호를 해독하다

0498 pedal
[pédl]
명 (자전거 · 자동차 등의) 페달
I can't reach the bicycle pedals. 나는 자전거 페달에 발이 안 닿는다.
the gas pedal (자동차의) 가속 페달

0499 watch out (for)
(~을) 주의하다, 조심하다
Watch out for ice on the road. 도로 위의 얼음을 조심해라.

0500 not ~ at all
전혀 ~ 아니다
I do not know her at all. 나는 그녀를 전혀 모른다.

DAY 25 CHECK-UP

정답 p.289

[1-14] 영어는 우리말로, 우리말은 영어로 쓰세요.

1 frankly _____
2 tool _____
3 rude _____
4 swing _____
5 huge _____
6 else _____
7 battle _____

8 우주 _____
9 사회의, 사회적인; 사교의 _____
10 죽음 _____
11 암호, 부호 _____
12 세계적인, 지구 전체의 _____
13 환상적인, 멋진 _____
14 갑작스러운 _____

[15-18] 우리말에 맞게 빈칸에 알맞은 말을 넣으세요.

15 The dog followed its _____. (그 개는 주인을 따라갔다.)
16 He _____ the world record. (그는 세계 기록에 도전했다.)
17 The enemy _____ began at night. (적의 공격은 밤에 시작되었다.)
18 _____ _____ _____ ice on the road. (도로 위의 얼음을 조심하라.)

REVIEW TEST

DAY 21-25

A 우리말에 맞게 빈칸에 알맞은 말을 넣으세요.

1 a(n) _____ park (국립 공원)

2 make a(n) _____ (노력하다)

3 a(n) _____ bed (2인용 침대)

4 _____ warming (지구온난화)

5 You should _____ the classroom rules. (너는 교실 규칙을 따라야 한다.)

6 All people are _____. (모든 사람들은 평등하다.)

7 I _____ a lot yesterday. (나는 어제 기침을 많이 했다.)

8 I can't _____ through my nose. (나는 코로 숨 쉴 수가 없다.)

9 Don't be _____ to the elderly. (어른들에게 버릇없이 굴지 마라.)

10 I didn't have the _____ to call her. (나는 그녀에게 전화할 용기가 없었다.)

11 He _____ _____ his job for his son. (그는 아들을 위해 일을 그만두었다.)

12 He didn't _____ _____ at the meeting. (그는 그 회의에 나타나지 않았다.)

B 밑줄 친 말에 유의하여 다음 문장을 해석하세요.

1 Anybody can join the club.

   _____

2 The sum of 8 and 5 is 13.

   _____

3 None of us went to the party.

   _____

4 Frankly, I don't like his idea.

   _____

5 Who made up the story?

   _____

119

C 밑줄 친 단어와 반대인 뜻을 가진 단어를 고르세요.

1 This shirt is too tight for me.

① loose   ② humorous   ③ equal   ④ fantastic

2 It is illegal to copy the program.

① sudden   ② rude   ③ legal   ④ stupid

3 His hands are small and rough.

① else   ② unique   ③ social   ④ smooth

4 The bedroom is on the upper floor.

① whole   ② chief   ③ lower   ④ global

5 The tiger attacked the rabbit.

① gained   ② defended   ③ surrounded   ④ hugged

D 보기 에서 빈칸에 공통으로 들어갈 단어를 골라 쓰세요.

보기   race   dynasty   gain   bill   order   source

1 I have a lot of _____s to pay.

Please change this _____ into coins.

2 The kids stood in _____ of height.

May I take your _____?

3 He _____(e)d the respect of his students.

She _____(e)d a lot of weight.

4 The sun is a good energy _____.

I found the _____ of the trouble.

5 Who won the car _____?

People of many _____s live in the United States.

DAY 26
PREVIEW

A 아는 단어/숙어에 체크(V)해보세요.

0501	**action**	☐	0511	**host**	☐
0502	**backward**	☐	0512	**graphic**	☐
0503	**sore**	☐	0513	**merry**	☐
0504	**daytime**	☐	0514	**silence**	☐
0505	**chore**	☐	0515	**trade**	☐
0506	**impress**	☐	0516	**enemy**	☐
0507	**fair**	☐	0517	**volume**	☐
0508	**process**	☐	0518	**journal**	☐
0509	**comfort**	☐	0519	**on time**	☐
0510	**suddenly**	☐	0520	**make fun of**	☐

B 사진을 보고 알맞은 단어/숙어를 써보세요.

_____   _____   _____   _____

DAY 26

0501 action
[ǽkʃən]

명 1 행동, 조치 2 행위, 동작

We need to take action soon. 우리는 조만간 조치를 취해야 한다.

a quick action 빠른 동작

⊞ act 동 행동하다 명 행동, 행위

0502 backward
[bǽkwərd]

부 1 뒤로, 뒤쪽으로 ⊛forward 2 (순서상) 거꾸로, 반대로

They were walking backward. 그들은 뒤로 걷고 있었다.

Let's count backward from ten. 10부터 거꾸로 세자.

0503 sore
[sɔːr]

형 아픈, 따가운

I can't walk because my feet are sore.
나는 발이 아파서 걸을 수가 없다.

0504 daytime
[déitàim]

명 낮, 주간

I won't be home during the daytime. 나는 낮 동안 집에 없을 것이다.

0505 chore
[tʃɔːr]

명 (일상에서 정기적으로 하는) 일

He is doing household chores. 그는 집안일을 하고 있다.

0506 impress
[imprés]

동 감동을 주다, (깊은) 인상을 주다

The man impressed people with his story.
그 남자는 자신의 이야기로 사람들을 감동시켰다.

⊞ impression 명 인상, 감상

0507 fair
[fɛər]

형 1 타당한, 합당한 ⊛unfair 2 공정한, 공평한 ⊛unfair

That's a fair price for the ticket. 그것은 표로 합당한 가격이다.

Please give me a fair chance. 저에게도 공평한 기회를 주세요.

0508 process
[práses]

명 과정, 절차 동 1 (식품 등을) 가공하다 2 (서류 등을) 처리하다

The whole process took a week. 전체 과정은 일주일이 걸렸다.

The sausages are processed. 그 소시지들은 가공된 것이다.

process mail 우편물을 처리하다

0509 comfort
[kʌ́mfərt]

명 1 안락, 편안함 2 위로, 위안

You can relax in comfort upstairs. 너는 위층에서 편안하게 쉴 수 있다.

I tried to give her words of comfort.
나는 그녀에게 위로의 말을 해주려고 노력했다.

⊞ comfortable 형 편안한, 안락한

0510 suddenly
[sʌ́dnli]

부 갑자기, 별안간 반 gradually

The bus stopped suddenly with a loud noise.
그 버스는 커다란 소음을 내며 갑자기 멈췄다.

⊞ sudden 형 갑작스러운

0511 host
[houst]

명 1 (손님을 초대한) 주인 2 (TV · 라디오의) 진행자 3 주최자

The host welcomed us with a hug. 그 주인은 우리를 포옹하며 맞았다.

a TV show host TV 쇼 진행자

the host country for the Olympics 올림픽 개최 국가

0512 graphic
[grǽfik]

형 그래픽의, 도표의 명 (-s) (컴퓨터의) 도형, 그래픽

She is a graphic designer. 그녀는 그래픽 디자이너이다.

computer graphics 컴퓨터 그래픽

0513 merry
[méri]

형 명랑한, 즐거운

Everyone at the party was merry. 파티에 온 모든 사람들은 즐거웠다.

0514 silence
[sáiləns]

명 1 고요, 정적 2 침묵

The doorbell broke the silence. 초인종 소리가 정적을 깼다.

They ate dinner in silence. 그들은 침묵 속에서 저녁을 먹었다.

⊞ silent 형 조용한, 고요한; 말이 없는, 침묵하는

0515 trade
[treid]

명 동 1 무역(하다), 교역(하다) 2 교환(하다)

Trade between the two countries has grown.
그 두 나라 간의 교역이 증가했다.

I traded my book for his. 나는 내 책을 그의 것과 교환했다.

0516 enemy
[énəmi]

명 1 적 2 (전쟁 시의) 적국, 적군

The two friends became enemies. 그 두 친구는 적이 되었다.

We were attacked by the enemy. 우리는 적군의 공격을 받았다.

0517 volume
[válju:m]

명 1 (TV · 라디오 등의) 음량 2 양, 용량

Turn down the volume of the TV. TV 음량을 낮춰라.
I got a large volume of mail. 나는 대량의 우편물을 받았다.

0518 journal
[dʒɔ́:rnl]

명 1 잡지, 학술지 2 일기, 일지

He is reading a science journal. 그는 과학 학술지를 읽고 있다.
keep a journal 일기를 쓰다

0519 on time

시간을 어기지 않고, 제시간에

The train started on time. 그 기차는 제시간에 출발했다.

0520 make fun of

~을 놀리다

Stop making fun of her. 그녀를 그만 놀려라.

DAY 26 CHECK-UP

정답 p.289

[1-14] 영어는 우리말로, 우리말은 영어로 쓰세요.

1 comfort _____
2 fair _____
3 process _____
4 journal _____
5 chore _____
6 volume _____
7 impress _____

8 적; (전쟁 시의) 적국, 적군 _____
9 고요, 정적; 침묵 _____
10 낮, 주간 _____
11 행동, 조치; 행위, 동작 _____
12 갑자기, 별안간 _____
13 명랑한, 즐거운 _____
14 아픈, 따가운 _____

[15-18] 우리말에 맞게 빈칸에 알맞은 말을 넣으세요.

15 They were walking _____. (그들은 뒤로 걷고 있었다.)
16 The train started _____ _____. (그 기차는 제시간에 출발했다.)
17 The _____ welcomed us with a hug. (그 주인은 우리를 포옹하며 맞았다.)
18 _____ between the two countries has grown. (그 두 나라 간의 교역이 증가했다.)

DAY 27
PREVIEW

A 아는 단어/숙어에 체크(V)해보세요.

0521 **pace** ☐	0531 **traditional** ☐
0522 **compare** ☐	0532 **prove** ☐
0523 **cloth** ☐	0533 **seem** ☐
0524 **novel** ☐	0534 **equally** ☐
0525 **rate** ☐	0535 **modern** ☐
0526 **gorgeous** ☐	0536 **footprint** ☐
0527 **relax** ☐	0537 **loudly** ☐
0528 **against** ☐	0538 **seafood** ☐
0529 **duty** ☐	0539 **stop by** ☐
0530 **unfair** ☐	0540 **be over** ☐

B 사진을 보고 알맞은 단어/숙어를 써보세요.

_____ _____ _____ _____

0521 pace
[peis]

명 1 속도 2 한 걸음, 보폭

We walked at a slow pace. 우리는 느린 속도로 걸었다.

Take two paces backward. 뒤로 두 걸음 가라.

0522 compare
[kəmpέər]

동 1 비교하다, 견주다 2 비유하다

Don't compare yourself with others. 너 자신을 남들과 비교하지 마라.

He compared life to a journey. 그는 인생을 여행에 비유했다.

0523 cloth
[klɔːθ]

명 1 옷감 2 천, 헝겊

This cloth is very rough. 이 옷감은 매우 거칠다.

I cleaned the table with the cloth. 나는 그 천으로 식탁을 닦았다.

⊞ clothes 명 옷

0524 novel
[návəl]

명 소설 ⓨfiction

The novel was made into a movie. 그 소설은 영화로 제작되었다.

0525 rate
[reit]

명 1 비율, -율 2 속도 3 요금

The death rate from cancer decreased last year.
암으로 인한 사망률이 작년에 낮아졌다.

Children grow up at different rates. 아이들은 서로 다른 속도로 자란다.

a special rate 특별 (할인) 요금

0526 gorgeous
[gɔ́ːrdʒəs]

형 멋진, 우아한

She bought a gorgeous wedding dress.
그녀는 우아한 웨딩드레스를 샀다.

0527 relax
[rilǽks]

동 1 쉬다 2 (몸의) 긴장을 풀다, 이완시키다

She is relaxing on the grass. 그녀는 잔디 위에서 쉬고 있다.

Take a deep breath and relax your body.
심호흡하고 몸을 이완시켜라.

0528 against
[əgénst]

전 1 ~에 반대하여, ~에 반(反)하는 2 ~에 맞서[대항하여]

I am against his plan. 나는 그의 계획에 반대한다.

He fought against the enemy. 그는 적군에 대항하여 싸웠다.

0529 duty
[djú:ti]

명 1 (도덕적 · 법률적) 의무 2 직무, 임무

He did his duty as a father. 그는 아버지로서 의무를 다했다.
She is on[off] duty today. 그녀는 오늘 근무한다[비번이다].

0530 unfair
[ənfέər]

형 불공평한, 불공정한 ⑭fair

It's unfair to give her more time.
그녀에게 시간을 더 주는 것은 불공평하다.

0531 traditional
[trədíʃənl]

형 1 전통의 2 전통적인

He is wearing traditional clothes. 그는 전통 의상을 입고 있다.
a traditional view on marriage 전통적인 결혼관

⊞ tradition 명 전통, 관습

0532 prove
[pru:v]

동 1 증명[입증]하다 2 (~임이) 드러나다

She proved him wrong. 그녀는 그가 틀렸다는 것을 증명했다.
The rumor proved to be true. 그 소문은 사실인 것으로 드러났다.

⊞ proof 명 증거

0533 seem
[si:m]

동 ~처럼 보이다, ~인 것 같다

You seem really happy today. 너는 오늘 굉장히 행복해 보인다.
He seems to know everything. 그는 모든 것을 아는 것 같다.

0534 equally
[í:kwəli]

부 1 똑같이, 동등하게 2 균등하게

Sound body and mind are equally important.
건강한 신체와 정신은 똑같이 중요하다.
They shared the work equally. 그들은 일을 균등하게 나눴다.

⊞ equal 형 동일한, 같은; 평등한

0535 modern
[mádərn]

형 1 현대의, 근대의 ⑭ancient 2 최신의

I read a book about modern history. 나는 현대사에 관한 책을 읽었다.
modern medicine 최신 의학

0536 footprint
[fútprìnt]

명 발자국

We followed footprints in the sand.
우리는 모래 위의 발자국들을 따라갔다.

참고 fingerprint 지문

0537 loudly

[láudli]

囝 큰 소리로, 시끄럽게 ⑪quietly

Can you speak more loudly? 더 크게 말씀해주시겠어요?

⊞ loud 휑 큰 소리의, 시끄러운

0538 seafood

[síːfùːd]

똉 해산물

He knows a nice seafood restaurant.
그는 괜찮은 해산물 요리 식당 하나를 안다.

0539 stop by

잠시 들르다

I'll stop by your store later. 내가 나중에 네 가게에 잠시 들르겠다.

0540 be over

끝나다

The exam was over two hours ago. 그 시험은 2시간 전에 끝났다.

DAY 27 CHECK-UP

[1-14] 영어는 우리말로, 우리말은 영어로 쓰세요.

1 relax _____

2 rate _____

3 seem _____

4 compare _____

5 prove _____

6 loudly _____

7 duty _____

8 속도; 한 걸음, 보폭 _____

9 불공평한, 불공정한 _____

10 현대의, 근대의; 최신의 _____

11 똑같이, 동등하게; 균등하게 _____

12 전통의; 전통적인 _____

13 멋진, 우아한 _____

14 발자국 _____

[15-18] 우리말에 맞게 빈칸에 알맞은 말을 넣으세요.

15 This _____ is very rough. (이 옷감은 매우 거칠다.)

16 He fought _____ the enemy. (그는 적군에 대항하여 싸웠다.)

17 The exam _____ _____ two hours ago. (그 시험은 2시간 전에 끝났다.)

18 I'll _____ _____ your store later. (내가 나중에 네 가게에 잠시 들르겠다.)

DAY 28
PREVIEW

A 아는 단어/숙어에 체크(V)해보세요.

0541 **mild**	☐	0551 **golden**	☐
0542 **absent**	☐	0552 **swimsuit**	☐
0543 **connect**	☐	0553 **cancel**	☐
0544 **fur**	☐	0554 **passion**	☐
0545 **interested**	☐	0555 **stomach**	☐
0546 **rival**	☐	0556 **wheel**	☐
0547 **decide**	☐	0557 **sour**	☐
0548 **throat**	☐	0558 **pole**	☐
0549 **examination**	☐	0559 **hand out**	☐
0550 **bump**	☐	0560 **try one's best**	☐

B 사진을 보고 알맞은 단어/숙어를 써보세요.

_____   _____   _____   _____

0541 mild
[maild]

형 1 (정도가) 가벼운, 약한 2 (날씨가) 따뜻한 3 (사람이) 온화한

I felt a mild pain in my back. 나는 등에 가벼운 통증을 느꼈다.

The weather was mild and clear. 날씨가 따뜻하고 맑았다.

He seems to be a mild man. 그는 온화한 사람처럼 보인다.

0542 absent
[ǽbsənt]

형 1 결석한 ⊕present 2 없는, 부재의

She was absent from school yesterday.
그녀는 어제 학교에 결석했다.

His name is absent from the list. 그의 이름은 명단에 없다.

0543 connect
[kənékt]

동 1 연결하다, 접속하다 2 관련시키다 ⊛link

Connect the computer to the printer. 컴퓨터를 프린터에 연결해라.

He isn't connected with the event. 그는 그 사건과 관련이 없다.

0544 fur
[fəːr]

명 1 (동물의 부드러운) 털 2 모피

The rabbit's fur is soft. 토끼의 털은 부드럽다.

a fur coat 모피 코트

0545 interested
[íntərəstid]

형 흥미 있는, 관심 있는

She is interested in mathematics. 그녀는 수학에 관심이 있다.

➕ interest 명 흥미, 관심   interesting 형 재미있는, 흥미로운

0546 rival
[ráivəl]

명 경쟁자, 경쟁 상대

He beat his rival in the contest. 그는 그 대회에서 경쟁자를 이겼다.

0547 decide
[disáid]

동 결정하다, 결심하다

She decided to buy the car. 그녀는 그 차를 사기로 결심했다.

➕ decision 명 결정, 결심

0548 throat
[θrout]

명 목구멍, 목

She had a sore throat. 그녀는 목이 아팠다.

clear one's throat 목을 가다듬다

0549 examination

[igzæmənéiʃən]

몡 1 시험 ㉤exam 2 조사, 검토 3 (의료) 검진, 검사

I took a science examination. 나는 과학 시험을 봤다.

make a close examination 세밀한 조사를 하다

a medical examination 진찰

0550 bump

[bʌmp]

통 부딪치다, 충돌하다

She bumped her knee against the bed.
그녀는 침대에 무릎을 부딪쳤다.

0551 golden

[góuldən]

톙 1 금색의, 금빛의 2 금으로 된

They have golden hair. 그들은 금빛 머리카락을 가지고 있다.

wear a golden ring 금반지를 끼다

⊞ gold 몡 금

0552 swimsuit

[swímsùːt]

몡 수영복

I changed into my swimsuit and went swimming.
나는 수영복으로 갈아입고 수영하러 갔다.

0553 cancel

[kǽnsəl]

통 취소하다

The game was canceled because of the rain.
그 경기는 비 때문에 취소되었다.

0554 passion

[pǽʃən]

몡 열정, 열망

He has a passion for his work. 그는 자신의 일에 대한 열정이 있다.

⊞ passionate 톙 열렬한

0555 stomach

[stʌ́mək]

몡 위, 배

My stomach hurt after I ate spicy food.
나는 매운 음식을 먹은 후 배가 아팠다.

참고 stomachache 복통

0556 wheel

[wiːl]

몡 1 바퀴 2 (자동차 등의) 핸들

Most cars have four wheels. 대부분의 자동차는 바퀴가 네 개이다.

take the wheel 운전대를 잡다

0557 sour
[sauər]

형 1 (맛이) 신 2 (우유 등이) 상한

Lemons taste sour. 레몬은 신맛이 난다.

The milk has gone sour. 우유가 상했다.

0558 pole
[poul]

명 1 막대기, 기둥 2 (지구의) 극(極)

I caught fish with a fishing pole. 나는 낚싯대로 물고기를 잡았다.

the South Pole 남극

0559 hand out

~을 나눠주다

He handed out gifts to us. 그는 우리에게 선물을 나눠주었다.

0560 try one's best

최선을 다하다 ⊕do one's best

She tried her best in the race. 그녀는 그 경주에서 최선을 다했다.

DAY 28 CHECK-UP

정답 p.289

[1-14] 영어는 우리말로, 우리말은 영어로 쓰세요.

1 connect _____

2 decide _____

3 pole _____

4 sour _____

5 cancel _____

6 examination _____

7 rival _____

8 목구멍, 목 _____

9 바퀴; (자동차 등의) 핸들 _____

10 위, 배 _____

11 열정, 열망 _____

12 결석한; 없는, 부재의 _____

13 금색의, 금빛의; 금으로 된 _____

14 흥미 있는, 관심 있는 _____

[15-18] 우리말에 맞게 빈칸에 알맞은 말을 넣으세요.

15 I felt a(n) _____ pain in my back. (나는 등에 가벼운 통증을 느꼈다.)

16 She _____ her knee against the bed. (그녀는 침대에 무릎을 부딪쳤다.)

17 He _____ _____ gifts to us. (그는 우리에게 선물을 나눠주었다.)

18 She _____ _____ _____ in the race. (그녀는 그 경주에서 최선을 다했다.)

132

DAY 29

PREVIEW

A 아는 단어/숙어에 체크(V)해보세요.

0561 **brick**	☐	0571 **impression**	☐
0562 **edge**	☐	0572 **animation**	☐
0563 **chase**	☐	0573 **target**	☐
0564 **fashionable**	☐	0574 **repair**	☐
0565 **human**	☐	0575 **skin**	☐
0566 **mask**	☐	0576 **western**	☐
0567 **single**	☐	0577 **speed**	☐
0568 **therefore**	☐	0578 **port**	☐
0569 **closely**	☐	0579 **ask ~ for ...**	☐
0570 **divide**	☐	0580 **for the first time**	☐

B 사진을 보고 알맞은 단어/숙어를 써보세요.

1

2

3

4

_____ _____ _____ _____

0561 brick

[brik]

명 벽돌

They built a brick wall around the house.
그들은 집 둘레에 벽돌 담을 쌓았다.

0562 edge

[edʒ]

명 1 가장자리, 모서리 2 (칼 등의) 날

She sat on the edge of the bed. 그녀는 침대 가장자리에 앉았다.

a knife's edge 칼날

0563 chase

[tʃeis]

동 뒤쫓다, 추적[추격]하다 명 추적, 추격

A cat is chasing a mouse. 고양이가 쥐를 뒤쫓고 있다.

a car chase 자동차 추격

0564 fashionable

[fǽʃənəbl]

형 1 유행의, 유행하는 2 상류층이 애용하는, 고급의

The shop sells fashionable clothes. 그 가게는 유행하는 옷을 판다.

a fashionable restaurant 고급 음식점

⊞ fashion 명 유행

0565 human

[hjúːmən]

명 인간, 사람 ⑤human being 형 인간[사람]의

Can humans live without water? 물 없이 인간이 살 수 있을까?

human society 인간 사회

0566 mask

[mæsk]

명 1 (보호용) 마스크 2 가면

I wore a mask because of my cold. 나는 감기 때문에 마스크를 썼다.

The kids were wearing animal masks.
아이들은 동물 가면을 쓰고 있었다.

0567 single

[síŋɡl]

형 1 단 하나의, 단독의 2 미혼의, 독신의 3 1인용의

We lost the game by a single point. 우리는 단 1점 차로 경기에 졌다.

He is still single. 그는 아직 미혼이다.

a single room 1인실

참고 double 이중의; 2인용의

0568 therefore

[ðɛ́ərfɔ̀ːr]

부 그러므로, 그 결과

I am 17, and therefore I can't vote. 나는 17살이므로, 투표할 수 없다.

0569 closely
[klóusli]

男 1 면밀히, 자세히 2 밀접하게, 긴밀하게

The doctor looked at my eye closely. 그 의사는 내 눈을 자세히 봤다.

The two events are closely connected.
그 두 사건은 밀접하게 관련되어 있다.

0570 divide
[diváid]

動 1 나뉘다, 나누다 2 분배[배분]하다

Please divide this into three parts. 이것을 삼등분해주세요.

They divided the work between themselves.
그들은 그 일을 그들끼리 분배했다.

➕ division 名 분할, 배분

0571 impression
[impréʃən]

名 인상, 감상

He made a good impression on me. 그는 내게 좋은 인상을 주었다.

a first impression 첫인상

➕ impress 動 감동을 주다, (깊은) 인상을 주다

0572 animation
[ӕnəméiʃən]

名 만화 (영화), 애니메이션

I like the characters in this animation.
나는 이 만화 영화의 등장인물들을 좋아한다.

참고 comics 만화책   cartoon 만화 (영화)

0573 target
[tá:rgit]

名 1 목표 2 (공격 등의) 목표물, 표적 動 목표 대상으로 삼다

We reached our sales target. 우리는 판매 목표를 달성했다.

The terrorist missed his target. 그 테러리스트는 표적을 맞히지 못했다.

This event is targeted at teens. 이 행사는 십 대들을 대상으로 한다.

0574 repair
[ripέər]

動 고치다, 수리하다 ⓤfix 名 수리, 보수

He repaired his old clock. 그는 오래된 시계를 수리했다.

The building is closed for repairs. 그 건물은 보수를 위해 폐쇄되었다.

0575 skin
[skin]

名 피부

Her skin is as white as snow. 그녀의 피부는 눈처럼 하얗다.

0576 western
[wéstərn]

形 서쪽의, 서쪽에 있는

Rome is in the western part of Italy. 로마는 이탈리아의 서부에 있다.

참고 eastern 동쪽의, 동쪽에 있는

0577 speed
[spiːd]

명 속력, 속도   동 (sped-sped) 빨리 가다, 질주하다

The train runs at a high speed. 그 기차는 고속으로 달린다.
A car sped along the road. 차 한 대가 도로를 따라 질주했다.

0578 port
[pɔːrt]

명 항구

The ship is leaving port. 그 배는 출항하고 있다.

0579 ask ~ for ...

~에게 …을 요청하다[부탁하다]

I asked my teacher for advice. 나는 선생님께 조언을 부탁했다.

0580 for the first time

처음으로

I went abroad for the first time last year.
나는 작년에 처음으로 해외에 나갔다.

DAY 29   CHECK-UP

정답 p.289

[1-14] 영어는 우리말로, 우리말은 영어로 쓰세요.

1 single　＿＿＿＿＿＿

2 chase　＿＿＿＿＿＿

3 edge　＿＿＿＿＿＿

4 speed　＿＿＿＿＿＿

5 mask　＿＿＿＿＿＿

6 divide　＿＿＿＿＿＿

7 repair　＿＿＿＿＿＿

8 벽돌　＿＿＿＿＿＿

9 서쪽의, 서쪽에 있는　＿＿＿＿＿＿

10 인상, 감상　＿＿＿＿＿＿

11 그러므로, 그 결과　＿＿＿＿＿＿

12 항구　＿＿＿＿＿＿

13 인간, 사람; 인간[사람]의　＿＿＿＿＿＿

14 피부　＿＿＿＿＿＿

[15-18] 우리말에 맞게 빈칸에 알맞은 말을 넣으세요.

15 We reached our sales ＿＿＿＿＿＿. (우리는 판매 목표를 달성했다.)

16 The shop sells ＿＿＿＿＿＿ clothes. (그 가게는 유행하는 옷을 판다.)

17 The doctor looked at my eye ＿＿＿＿＿＿. (그 의사는 내 눈을 자세히 봤다.)

18 I went abroad ＿＿＿＿＿ ＿＿＿＿＿ ＿＿＿＿＿ ＿＿＿＿＿ last year.
　　(나는 작년에 처음으로 해외에 나갔다.)

DAY 30
PREVIEW

A 아는 단어/숙어에 체크(V)해보세요.

0581	**forward**	☐		
0582	**track**	☐		
0583	**choice**	☐		
0584	**shoot**	☐		
0585	**peel**	☐		
0586	**decision**	☐		
0587	**quietly**	☐		
0588	**beside**	☐		
0589	**clearly**	☐		
0590	**repeat**	☐		

0591	**switch**	☐
0592	**landmark**	☐
0593	**goods**	☐
0594	**announce**	☐
0595	**poem**	☐
0596	**electric**	☐
0597	**storm**	☐
0598	**wire**	☐
0599	**day by day**	☐
0600	**turn ~ into ...**	☐

B 사진을 보고 알맞은 단어/숙어를 써보세요.

_____   _____   _____   _____

DAY 30

학습일 | 1차: 월 일 | 2차: 월 일

0581 forward

[fɔ́:rwərd]

🔤 앞(쪽)으로 ⊕backward

She pulled the chair forward. 그녀는 의자를 앞으로 당겼다.

0582 track

[træk]

🔤 1 (밟아서 생긴) 길 2 (-s) 자취, 흔적 🔤 추적하다

Follow the track into the woods. 숲으로 난 길을 따라가라.

A bear left tracks on the ground 곰은 땅에 자취를 남겼다.

The police tracked the thief. 경찰은 그 도둑을 추적했다.

0583 choice

[tʃɔis]

🔤 1 선택권 2 선택(하는 행동)

You have a choice of coffee or tea. 너는 커피나 차를 선택할 수 있다.

She will help you make a choice. 그녀는 네가 선택하도록 도와줄 것이다.

⊞ choose 🔤 선택하다, 고르다

0584 shoot

[ʃuːt]

🔤 (shot-shot) 1 (총 등을) 쏘다 2 (농구 등에서) 슛하다

He shot a gun at the target. 그는 그 표적을 향해 총을 쏘았다.

The player shot and scored a goal. 그 선수는 슛을 했고 1골을 넣었다.

⊞ shot 🔤 (총기의) 발사; (농구 등에서) 슛

0585 peel

[piːl]

🔤 1 (과일 등의) 껍질을 벗기다 2 벗겨지다

Peel two onions and cut them up. 양파 두 개의 껍질을 벗기고 잘라라.

The paint began to peel. 페인트칠이 벗겨지기 시작했다.

0586 decision

[disíʒən]

🔤 결정, 결심

He talked about his decision to travel alone.

그는 혼자서 여행하기로 한 결심에 대해 이야기했다.

⊞ decide 🔤 결정하다, 결심하다

0587 quietly

[kwáiətli]

🔤 조용히, 살짝 ⊕loudly

He closed the door quietly. 그는 조용히 문을 닫았다.

⊞ quiet 🔤 조용한, 고요한

0588 beside

[bisáid]

🔤 ~ 옆에

He sat down beside her. 그는 그녀의 옆에 앉았다.

138

0589 clearly
[klíərli]

🔢 1 명백하게, 분명히 2 또렷하게

That was clearly your mistake. 그것은 분명히 네 잘못이었다.

Can you speak more clearly? 좀 더 또렷하게 말씀해주시겠어요?

0590 repeat
[ripíːt]

🔢 1 다시 말하다[쓰다] 2 반복[되풀이]하다

Would you repeat that again? 그것을 다시 한 번 말씀해주시겠어요?

Repeat the exercise three times. 그 운동을 세 번 반복해라.

0591 switch
[switʃ]

🔢 1 스위치 2 전환, 변경 🔢 전환하다, 바꾸다

The light switch is on the wall. 전등 스위치는 벽에 있다.

make a switch 변경하다

She switched easily from English to German.
그녀는 영어에서 독일어로 쉽게 바꿔 말했다.

0592 landmark
[lǽndmàːrk]

🔢 주요 지형지물, 랜드마크

That tall building is a landmark in this city.
저 높은 건물이 이 도시의 랜드마크이다.

0593 goods
[gudz]

🔢 상품, 제품

The store sells a lot of cheap goods.
그 가게는 저렴한 제품을 많이 판다.

0594 announce
[ənáuns]

🔢 발표하다, 알리다

The singer announced her wedding.
그 가수는 자신의 결혼을 발표했다.

＋ announcer 🔢 방송 진행자, 아나운서 announcement 🔢 발표

0595 poem
[póuəm]

🔢 (한 편의) 시(詩), 운문

I wrote a poem about love. 나는 사랑에 관한 시를 썼다.

＋ poet 🔢 시인

참고 poetry [집합적] 시(詩), 시가

0596 electric
[iléktrik]

🔢 전기의, 전기로 움직이는

I want to drive an electric car. 나는 전기 자동차를 운전하고 싶다.

electric power 전력

＋ electricity 🔢 전기

0597 storm

[stɔːrm]

몡 폭풍, 폭풍우

Many trees fell down in the storm. 많은 나무들이 그 폭풍에 쓰러졌다.

0598 wire

[waiər]

몡 1 철사 2 (전화 등의) 선, 전선

I need a tool to cut this wire. 나는 이 철사를 자를 도구가 필요하다.

a telephone wire 전화선

0599 day by day

나날이, 서서히

I get more tired day by day. 나는 나날이 더 피로해지고 있다.

0600 turn ~ into ...

~을 …으로 바꾸다

They turned the prison into a hotel.
그들은 그 교도소를 호텔로 바꾸었다.

DAY 30　CHECK-UP

정답 p.290

[1-14] 영어는 우리말로, 우리말은 영어로 쓰세요.

1　electric　_____

2　peel　_____

3　landmark　_____

4　choice　_____

5　forward　_____

6　announce　_____

7　shoot　_____

8　상품, 제품　_____

9　결정, 결심　_____

10　철사; (전화 등의) 선, 전선　_____

11　폭풍, 폭풍우　_____

12　~ 옆에　_____

13　조용히, 살짝　_____

14　(한 편의) 시(詩), 운문　_____

[15-18] 우리말에 맞게 빈칸에 알맞은 말을 넣으세요.

15　_____ the exercise three times. (그 운동을 세 번 반복해라.)

16　Follow the _____ into the woods. (숲으로 난 길을 따라가라.)

17　Can you speak more _____? (좀 더 또렷하게 말씀해주시겠어요?)

18　They _____ the prison _____ a hotel. (그들은 그 교도소를 호텔로 바꾸었다.)

A 우리말에 맞게 빈칸에 알맞은 말을 넣으세요.

1 a first _____ (첫인상)

2 take the _____ (운전대를 잡다)

3 a TV show _____ (TV 쇼 진행자)

4 clear one's _____ (목을 가다듬다)

5 a special _____ (특별 (할인) 요금)

6 Can you speak more _____? (더 크게 말씀해주시겠어요?)

7 She _____ him wrong. (그녀는 그가 틀렸다는 것을 증명했다.)

8 We were attacked by the _____. (우리는 적군의 공격을 받았다.)

9 Please give me a(n) _____ chance. (저에게도 공평한 기회를 주세요.)

10 She was _____ from school yesterday. (그녀는 어제 학교에 결석했다.)

11 _____ two onions and cut them up. (양파 두 개의 껍질을 벗기고 잘라라.)

12 I get more tired _____ _____ _____.
(나는 나날이 더 피로해지고 있다.)

B 밑줄 친 말에 유의하여 다음 문장을 해석하세요.

1 The milk has gone sour.

_____

2 You seem really happy today.

_____

3 The store sells a lot of cheap goods.

_____

4 I am against his plan.

_____

5 Stop making fun of her.

_____

C 밑줄 친 단어와 가장 비슷한 뜻을 가진 단어를 고르세요.

1 The <u>novel</u> was made into a movie.

　① animation　　② fiction　　③ journal　　④ poem

2 He isn't <u>connected</u> with the event.

　① linked　　② impressed　　③ interested　　④ targeted

3 I took a science <u>examination</u>.

　① graphic　　② action　　③ track　　④ exam

4 He <u>repaired</u> his old clock.

　① processed　　② traded　　③ tracked　　④ fixed

D 보기 에서 빈칸에 들어갈 단어를 골라 쓰세요.

> 보기　backward　compare　sore　closely　port　duty　rival　divide

1 The ship is leaving _____.

2 Let's count _____ from ten.

3 He did his _____ as a father.

4 The doctor looked my eye _____.

5 Don't _____ yourself with others.

6 Please _____ this into three parts.

7 I can't walk because my feet are _____.

CROSSWORD PUZZLE

DAY 21-30

정답 p.290

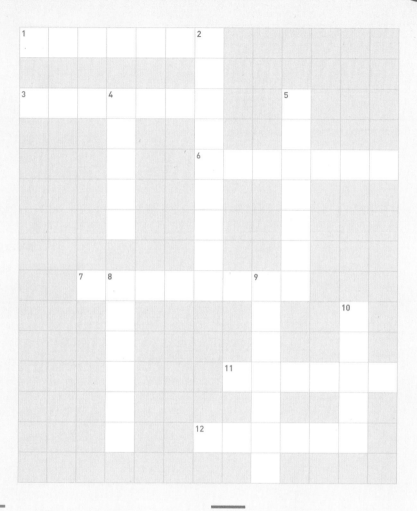

Across

1 안락, 편안함; 위로, 위안
3 낮, 주간
6 (감정 · 의견 등을) 표현하다, 나타내다
7 우주
11 기간; (역사의) 시대
12 결정하다, 결심하다

Down

2 그러므로, 그 결과
4 진실, 사실
5 부(富), 재산; 운
8 거의
9 고요, 정적; 침묵
10 전체의, 모든; 전체, 전부

YOUR FUTURE JOBS FASHION

Hair Stylist 미용사
- change models' hairstyle

모델들의 머리 모양을 바꾸다

Make-up Artist 메이크업 아티스트
- put models on make-up

모델들에게 화장을 해주다

Fashion Journalist 패션 저널리스트
- write articles about fashion trends

패션 동향에 관해 기사를 쓰다

Model 모델
- wear designer's clothing

디자이너의 옷을 입다
- pose for a picture

사진을 찍기 위해 포즈를 취하다

Fashion Designer 패션 디자이너
- design clothing

옷을 디자인하다

144

DAY 31
PREVIEW

A 아는 단어/숙어에 체크(V)해보세요.

0601	**advise**	☐		0611	**rapidly**	☐
0602	**introduce**	☐		0612	**trust**	☐
0603	**opinion**	☐		0613	**garage**	☐
0604	**smooth**	☐		0614	**plain**	☐
0605	**defend**	☐		0615	**bother**	☐
0606	**possible**	☐		0616	**favorite**	☐
0607	**wave**	☐		0617	**victory**	☐
0608	**nor**	☐		0618	**salty**	☐
0609	**chemical**	☐		0619	**check out**	☐
0610	**fake**	☐		0620	**more and more**	☐

B 사진을 보고 알맞은 단어/숙어를 써보세요.

1 _____

2 _____

3 _____

4 _____

0601 advise

[ədváiz]

圄 충고하다, 조언하다

The doctor advised me to get some rest.
의사는 나에게 휴식을 좀 취하라고 충고했다.

⊞ advice 圄 충고

0602 introduce

[ìntrədjú:s]

圄 소개하다

Let me introduce myself. 제 소개를 하겠습니다.

⊞ introduction 圄 소개

0603 opinion

[əpínjən]

圄 의견, 견해 ⑩view

He has a different opinion on the topic.
그는 그 주제에 대해 다른 의견을 가지고 있다.

0604 smooth

[smu:ð]

圄 1 (표면이) 매끈한, 부드러운 ⑪rough 2 (일이) 순조로운

A baby's skin is very smooth. 아기의 피부는 매우 매끄럽다.

a smooth flight 순조로운 비행

0605 defend

[difénd]

圄 방어하다, 지키다 ⑪attack

They defended their country against the enemy.
그들은 적군에 대항하여 나라를 지켰다.

⊞ defense 圄 방어, 수비

0606 possible

[pásəbl]

圄 가능한 ⑪impossible

Is it possible to get a train ticket? 기차표를 구하는 것이 가능하니?

as soon as possible 가능한 한 빨리

0607 wave

[weiv]

圄 파도, 물결 圄 1 (손을) 흔든다 2 흔든다, 흔들리다

We played in the waves. 우리는 파도를 타며 놀았다.

Someone is waving to us. 누군가 우리에게 손을 흔들고 있다.

The leaves waved in the wind. 나뭇잎들이 바람에 흔들렸다.

0608 nor

[nər]

圄 ~도 또한 아니다

It's neither hot nor cold today. 오늘은 덥지도 춥지도 않다.

0609 chemical
[kémikəl]

형 화학의, 화학적인 명 (-s) 화학 물질

The factory makes chemical products.
그 공장은 화학 제품을 만든다.

dangerous chemicals 위험한 화학 물질

0610 fake
[feik]

형 가짜의, 위조의 ⊕false 명 가짜, 모조[위조]품

The police found some fake money. 경찰이 위조 지폐를 발견했다.
The painting was a fake. 그 그림은 가짜였다.

0611 rapidly
[rǽpidli]

부 빨리, 급속히

The boy is breathing rapidly. 그 소년은 빠르게 숨을 쉬고 있다.

⊞ rapid 형 빠른

0612 trust
[trʌst]

명 신뢰 동 1 (사람을) 신뢰하다 2 (사실 등을) 믿다 ⊕believe in

I put a lot of trust in her. 나는 그녀를 매우 신뢰한다.
They didn't trust each other. 그들은 서로를 신뢰하지 않았다.
You can trust his word. 너는 그의 말을 믿어도 된다.

0613 garage
[ɡərάːdʒ]

명 차고

She put her car in the garage. 그녀는 차를 차고에 넣었다.

0614 plain
[plein]

형 1 분명한, 명백한 2 꾸미지 않은 명 평지, 평원

It is plain that he is lying. 그가 거짓말을 하고 있는 것이 분명하다.
That dress is plain but elegant. 저 드레스는 꾸밈이 없지만 우아하다.
the Great Plains (미국의) 대평원

0615 bother
[bάðər]

동 괴롭히다, 귀찮게 하다

Flies bother me a lot. 파리가 나를 많이 귀찮게 한다.

0616 favorite
[féivərit]

형 가장 좋아하는

She is my favorite singer. 그녀는 내가 가장 좋아하는 가수이다.

0617 victory
[víktəri]

명 승리

You led our team to victory. 네가 우리 팀을 승리로 이끌었다.

win a victory 승리를 거두다

0618 salty

[sɔ́:lti]

[형] 짠, 짭짤한

The soup is too salty. 그 수프는 너무 짜다.

⊞ salt [명] 소금

0619 check out

1 ~을 확인[점검]하다 2 (호텔에서) 나가다, 체크아웃하다

We checked out the engine. 우리는 엔진을 점검했다.

They checked out of the hotel. 그들은 호텔에서 체크아웃했다.

0620 more and more

점점 더 (많이)

She became more and more famous. 그녀는 점점 더 유명해졌다.

정답 p.290

DAY 31 CHECK-UP

[1-14] 영어는 우리말로, 우리말은 영어로 쓰세요.

1 defend _____
2 fake _____
3 plain _____
4 chemical _____
5 opinion _____
6 advise _____
7 smooth _____

8 괴롭히다, 귀찮게 하다 _____
9 소개하다 _____
10 가능한 _____
11 짠, 짭짤한 _____
12 차고 _____
13 승리 _____
14 빨리, 급속히 _____

[15-18] 우리말에 맞게 빈칸에 알맞은 말을 넣으세요.

15 The leaves _____ in the wind. (나뭇잎들이 바람에 흔들렸다.)

16 It's neither hot _____ cold today. (오늘은 덥지도 춥지도 않다.)

17 We _____ _____ the engine. (우리는 엔진을 점검했다.)

18 She became _____ _____ _____ famous.
(그녀는 점점 더 유명해졌다.)

DAY 32

PREVIEW

A 아는 단어/숙어에 체크(V)해보세요.

0621 **birth**	☐	0631 **subject**	☐
0622 **accent**	☐	0632 **youth**	☐
0623 **educate**	☐	0633 **monster**	☐
0624 **forever**	☐	0634 **stomachache**	☐
0625 **handle**	☐	0635 **public**	☐
0626 **impossible**	☐	0636 **private**	☐
0627 **lastly**	☐	0637 **task**	☐
0628 **site**	☐	0638 **circus**	☐
0629 **condition**	☐	0639 **run away**	☐
0630 **doubt**	☐	0640 **at the same time**	☐

B 사진을 보고 알맞은 단어/숙어를 써보세요.

1. _____
2. _____
3. _____
4. _____

149

0621 birth
[bəːrθ]

몡 탄생, 출생 ⊕death

Korea has a very low birth rate. 한국은 출생률이 매우 낮다.
She gave birth to twins. 그녀는 쌍둥이를 낳았다.

참고 birthday 생일

0622 accent
[ǽksènt]

몡 말투, 악센트

He speaks with a French accent. 그는 프랑스 악센트로 말한다.

0623 educate
[éʤukèit]

동 교육하다

She was educated abroad. 그녀는 외국에서 교육받았다.

➕ education 몡 교육

0624 forever
[fərévər]

부 영원히

Nobody can live forever. 아무도 영원히 살지는 못한다.

0625 handle
[hǽndl]

동 1 (상황·문제 등을) 처리하다 2 (손으로) 만지다 몡 손잡이

You handled the problem well! 네가 문제를 잘 처리했구나!
Handle the glass with care. 유리잔을 조심히 만져라.
I turned the handle to open the door.
나는 문을 열기 위해 손잡이를 돌렸다.

0626 impossible
[impásəbl]

형 불가능한 ⊕possible

It is impossible to finish this by tomorrow.
내일까지 이것을 끝내는 것은 불가능하다.

0627 lastly
[lǽstli]

부 끝으로, 마지막으로 ⊕firstly

Lastly, I want to thank my parents.
마지막으로, 나는 부모님께 감사드리고 싶다.

0628 site
[sait]

몡 1 (사고 등의) 현장 2 (건설) 현장, 부지

The police reached the site of the accident.
경찰이 사고 현장에 도착했다.

a site for a factory 공장 부지

0629 condition
[kəndíʃən]

명 1 상태 2 (-s) 환경, 상황 3 조건

The car is in good condition. 그 차는 상태가 좋다.

living conditions 생활 환경

conditions for happiness 행복을 위한 조건들

0630 doubt
[daut]

동 의심하다 명 의심, 의혹

We didn't doubt her story. 우리는 그녀의 이야기를 의심하지 않았다.

There is some doubt about his death.
그의 죽음에 대해 약간의 의혹이 있다.

0631 subject
[sʌ́bdʒikt]

명 1 주제, 화제 ⑪topic 2 과목

Can we change the subject? 우리 화제를 바꿀 수 있을까?

His favorite subject is art. 그가 제일 좋아하는 과목은 미술이다.

0632 youth
[ju:θ]

명 1 젊은 시절 2 [집합적] (the ~) 젊은이들, 청년층

He spent his youth in Japan. 그는 젊은 시절을 일본에서 보냈다.

the youth of today 오늘날의 젊은이들

0633 monster
[mɑ́nstər]

명 괴물

The story is about a monster with one eye.
그 이야기는 눈이 하나인 괴물에 관한 것이다.

0634 stomachache
[stʌ́məkeik]

명 위통, 복통

I had a stomachache yesterday. 나는 어제 배가 아팠다.

참고 toothache 치통   headache 두통

0635 public
[pʌ́blik]

형 1 대중의 2 공공의 ⑫private 명 (the ~) 대중

The president decided to follow public opinion.
대통령은 대중의 의견을 따르기로 했다.

a public library 공공 도서관

the general public 일반 대중

0636 private
[práivət]

형 1 사적인, 개인의 2 사립의, 사유의 ⑫public

I don't talk about my private life much.
나는 내 사생활에 관해 별로 말하지 않는다.

a private school 사립 학교

0637 task
[tæsk]

명 일, 과업 ⊕job

She completed a difficult task. 그녀는 어려운 과제를 완수했다.

0638 circus
[sə́ːrkəs]

명 서커스, 곡예

I took my son to the circus. 나는 아들을 서커스에 데려갔다.

0639 run away

달아나다, 도망치다

The dog ran away from me. 그 개가 나에게서 도망쳤다.

0640 at the same time

동시에, 한번에

They all arrived at the same time. 그들은 모두 동시에 도착했다.

DAY 32 CHECK-UP

정답 p.290

[1-14] 영어는 우리말로, 우리말은 영어로 쓰세요.

1	handle	_____	8	교육하다	_____
2	doubt	_____	9	끝으로, 마지막으로	_____
3	youth	_____	10	영원히	_____
4	accent	_____	11	상태; 환경, 상황; 조건	_____
5	subject	_____	12	불가능한	_____
6	birth	_____	13	일, 과업	_____
7	private	_____	14	대중의; 공공의; 대중	_____

[15-18] 우리말에 맞게 빈칸에 알맞은 말을 넣으세요.

15 I had a(n) _____ yesterday. (나는 어제 배가 아팠다.)

16 The dog _____ _____ from me. (그 개가 나에게서 도망쳤다.)

17 The police reached the _____ of the accident. (경찰이 사고 현장에 도착했다.)

18 They all arrived _____ _____ _____ _____.
   (그들은 모두 동시에 도착했다.)

DAY 33
PREVIEW

A 아는 단어/숙어에 체크(V)해보세요.

0641 **apart**	☐	0651 **fear** ☐
0642 **poetry**	☐	0652 **recent** ☐
0643 **balance**	☐	0653 **injury** ☐
0644 **chart**	☐	0654 **select** ☐
0645 **damp**	☐	0655 **haircut** ☐
0646 **publish**	☐	0656 **net** ☐
0647 **weekday**	☐	0657 **screen** ☐
0648 **celebrate**	☐	0658 **shore** ☐
0649 **triangle**	☐	0659 **fill out** ☐
0650 **electricity**	☐	0660 **more than** ☐

B 사진을 보고 알맞은 단어/숙어를 써보세요.

1 _____
2 _____
3 _____
4 _____

0641 apart
[əpáːrt]

图 1 (공간·시간상으로) 떨어져 2 따로, 헤어져

She stood apart from us. 그녀는 우리와 떨어져 서 있었다.
My parents and I are living apart. 부모님과 나는 따로 살고 있다.

0642 poetry
[póuitri]

명 [집합적] 시(詩), 시가

I like poetry more than novels. 나는 소설보다 시를 더 좋아한다.
modern poetry 현대시

참고 poem (한 편의) 시(詩), 운문

0643 balance
[bǽləns]

명 1 (몸의) 균형 2 조화(로운 상태), 균형 동 균형을 잡다

He lost his balance and fell. 그는 균형을 잃고 넘어졌다.
Keep a balance between work and life. 일과 삶의 균형을 유지해라.
She is balancing on one leg. 그녀는 한쪽 다리로 균형을 잡고 있다.

0644 chart
[tʃɑːrt]

명 도표, 차트

The chart shows the sales of cars this year.
그 도표는 올해의 자동차 판매량을 보여준다.

0645 damp
[dæmp]

형 축축한, 습기 찬

My shirt is damp with sweat. 내 셔츠는 땀으로 축축하다.

0646 publish
[pʌ́bliʃ]

동 발행하다, 출판하다 ⑨print

They publish many kinds of magazines.
그들은 여러 종류의 잡지를 발행한다.

0647 weekday
[wíːkdei]

명 (주말이 아닌) 평일

We only work on weekdays. 우리는 평일에만 일한다.

참고 weekend 주말

0648 celebrate
[séləbrèit]

동 축하하다, 기념하다

Let's celebrate our victory! 우리의 승리를 축하하자!

⊞ celebration 명 축하

0649 triangle
[tráiæŋgl]

명 삼각형

Cut the paper into triangles. 종이를 삼각형 모양으로 잘라라.

참고 circle 원, 동그라미   square 정사각형

0650 electricity
[ilektrísəti]

명 전기

Wind can be used to create electricity.
바람은 전기를 만드는 데 이용될 수 있다.

+ electric 형 전기의, 전기로 움직이는

0651 fear
[fiər]

명 공포, 두려움   동 두려워하다, 무서워하다

She cried out in fear. 그녀는 두려움에 비명을 질렀다.

I fear to go out alone at night. 나는 밤에 혼자 외출하는 것이 두렵다.

0652 recent
[ríːsnt]

형 최근의

Our company has grown rapidly in recent years.
우리 회사는 최근 몇 년간 빠르게 성장해 왔다.

+ recently 부 최근에

0653 injury
[índʒəri]

명 부상

I'm in the hospital with a leg injury. 나는 다리 부상으로 입원 중이다.

a serious injury 중상

+ injure 동 부상을 입다, 부상을 입히다

0654 select
[silékt]

동 선택하다, 고르다 ⊕choose

We can select one of these hotels.
우리는 이 호텔들 중 하나를 고를 수 있다.

+ selection 명 선택, 선발(된 것)

0655 haircut
[héərkʌt]

명 1 이발 2 (자른) 머리 모양

I got a haircut yesterday. 나는 어제 머리를 깎았다.

Do you like this haircut? 너 이 머리 모양이 마음에 드니?

0656 net
[net]

명 1 그물, 망 2 (테니스 경기장 등의) 네트

They threw the net into the sea. 그들은 바다로 그물을 던졌다.

You have to hit the ball over the net.
너는 공을 네트 너머로 쳐 넘겨야 한다.

0657 screen
[skriːn]

명 화면, 스크린

Look at the picture on the screen. 화면의 사진을 봐라.

0658 shore
[ʃɔːr]

명 (바다·호수 등의) 해안, 해변, 기슭

We swam to the shore. 우리는 해안 쪽으로 헤엄쳐갔다.

0659 fill out

~을 작성하다, ~을 기입하다

You need to fill out this form. 너는 이 서식을 작성해야 한다.

0660 more than

~보다 많이

I called you more than five times.
나는 너에게 다섯 번도 넘게 전화했다.

DAY 33 CHECK-UP

정답 p.290

[1-14] 영어는 우리말로, 우리말은 영어로 쓰세요.

1 fear _____

2 triangle _____

3 poetry _____

4 celebrate _____

5 shore _____

6 chart _____

7 injury _____

8 이발; (자른) 머리 모양 _____

9 (주말이 아닌) 평일 _____

10 선택하다, 고르다 _____

11 전기 _____

12 축축한, 습기 찬 _____

13 최근의 _____

14 발행하다, 출판하다 _____

[15-18] 우리말에 맞게 빈칸에 알맞은 말을 넣으세요.

15 My parents and I are living _____. (부모님과 나는 따로 살고 있다.)

16 Keep a(n) _____ between work and life. (일과 삶의 균형을 유지해라.)

17 You need to _____ _____ this form. (너는 이 서식을 작성해야 한다.)

18 I called you _____ _____ five times. (나는 너한테 다섯 번도 넘게 전화했다.)

DAY 34
PREVIEW

A 아는 단어/숙어에 체크(V)해보세요.

0661 **offer**	☐	0671 **pattern**	☐
0662 **address**	☐	0672 **respect**	☐
0663 **bitter**	☐	0673 **soul**	☐
0664 **cancer**	☐	0674 **instead**	☐
0665 **fold**	☐	0675 **muscle**	☐
0666 **downtown**	☐	0676 **unit**	☐
0667 **crime**	☐	0677 **powder**	☐
0668 **surface**	☐	0678 **theme**	☐
0669 **entrance**	☐	0679 **as well**	☐
0670 **slice**	☐	0680 **hand in**	☐

B 사진을 보고 알맞은 단어/숙어를 써보세요.

_____ _____ _____ _____

157

0661 offer
[ɔ́ːfər]

동 1 제안[제의]하다 2 제공하다 명 제안, 제의

They offered him a job. 그들은 그에게 일자리를 제안했다.
We offer waffles for dessert. 우리는 후식으로 와플을 제공한다.
She accepted my offer. 그녀가 나의 제안을 받아들였다.

0662 address
[ədrés]

명 1 주소 2 연설 ⊕speech

Write down your name and address. 네 이름과 주소를 써라.
give an address 연설하다

0663 bitter
[bítər]

형 1 (맛이) 쓴 2 쓰라린, 비통한

This tea has a bitter taste. 이 차는 쓴 맛이 난다.
a bitter memory 비통한 기억

0664 cancer
[kǽnsər]

명 암

He died of cancer last year. 그는 작년에 암으로 죽었다.

0665 fold
[fould]

동 (종이·천 등을) 접다, 개다

Fold the paper in half. 그 종이를 반으로 접어라.
She folded her clothes and towels. 그녀는 옷과 수건을 갰다.

0666 downtown
[dàuntáun]

부 시내에[로] 형 도심지의

Does this bus go downtown? 이 버스는 시내로 가니?
My house is in the downtown area. 우리 집은 도심 지역에 있다.

0667 crime
[kraim]

명 1 범죄 2 범행

The city has a high crime rate. 그 도시는 범죄율이 높다.
the scene of a crime 범행 현장
⊞ criminal 형 범죄의 명 범죄자

0668 surface
[sə́ːrfis]

명 표면, 겉

The surface of the wall is rough. 그 벽의 표면은 거칠다.
on the surface of water 수면 위에

0669 entrance

[éntrəns]

몡 1 문, (출)입구 2 (박물관 등에) 입장 3 입학, 입사

Where is the main entrance? 정문이 어디니?

Entrance to the park is free today. 오늘은 공원 입장이 무료이다.

an entrance exam 입학 시험

0670 slice

[slais]

몡 (얇게 썬) 조각 동 얇게 썰다[자르다]

I ate three slices of pizza. 나는 피자 세 조각을 먹었다.

She sliced a lemon. 그녀는 레몬을 얇게 썰었다.

0671 pattern

[pǽtərn]

몡 1 (규칙적인) 패턴, 양식 2 무늬

He has a very regular sleeping pattern.
그는 매우 규칙적인 수면 패턴을 가지고 있다.

a flower pattern 꽃무늬

0672 respect

[rispékt]

몡동 1 존경(하다) 2 존중(하다)

They respected their father. 그들은 아버지를 존경했다.

She had no respect for my feelings.
그녀는 내 기분을 존중하지 않았다.

0673 soul

[soul]

몡 영혼, 정신 ⑨spirit

I prayed for the souls of the dead.
나는 죽은 사람들의 영혼을 위해 기도했다.

0674 instead

[instéd]

뷔 그 대신에

Mom was sick, so I prepared dinner instead.
엄마가 아파서, 대신에 내가 저녁을 준비했다.

참고 instead of 젠 ~ 대신에

0675 muscle

[mʌ́sl]

몡 근육

A massage can relax your muscles.
마사지는 너의 근육을 이완시켜줄 수 있다.

0676 unit

[júːnit]

몡 1 구성 단위 2 (측정 · 계량의) 단위

The family is the smallest social unit.
가족은 사회의 최소 구성 단위이다.

A meter is a unit of length. 미터는 길이의 단위이다.

0677 powder

[páudər]

명 가루, 분말

Add chili powder to the soup. 수프에 고추가루를 넣어라.

0678 theme

[θi:m]

명 주제, 테마

What is the theme of the poem? 그 시의 주제가 뭐니?

0679 as well

또한, 역시

He is good at singing as well. 그는 노래도 또한 잘한다.

0680 hand in

~을 제출하다

They handed in their report on time.
그들은 보고서를 제시간에 제출했다.

DAY 34 CHECK-UP

[1-14] 영어는 우리말로, 우리말은 영어로 쓰세요.

1 unit _____

2 entrance _____

3 fold _____

4 soul _____

5 pattern _____

6 bitter _____

7 slice _____

8 근육 _____

9 범죄; 범행 _____

10 가루, 분말 _____

11 암 _____

12 표면, 겉 _____

13 주제, 테마 _____

14 그 대신에 _____

[15-18] 우리말에 맞게 빈칸에 알맞은 말을 넣으세요.

15 Does this bus go _____? (이 버스는 시내로 가니?)

16 Write down your name and _____. (네 이름과 주소를 써라.)

17 She had no _____ for my feelings. (그녀는 내 기분을 존중하지 않았다.)

18 He is good at singing _____ _____. (그는 노래도 또한 잘한다.)

DAY 35
PREVIEW

A 아는 단어/숙어에 체크(V)해보세요.

0681 **cycle**	☐	0691 **destroy**	☐
0682 **degree**	☐	0692 **visitor**	☐
0683 **bend**	☐	0693 **emotion**	☐
0684 **reason**	☐	0694 **spin**	☐
0685 **safety**	☐	0695 **southern**	☐
0686 **asleep**	☐	0696 **fortunately**	☐
0687 **confident**	☐	0697 **guest**	☐
0688 **wavy**	☐	0698 **pump**	☐
0689 **tube**	☐	0699 **take place**	☐
0690 **attend**	☐	0700 **instead of**	☐

B 사진을 보고 알맞은 단어/숙어를 써보세요.

_____ _____ _____ _____

학습일 | 1차: 월 일 | 2차: 월 일

0681 cycle
[sáikl]

명 순환, 주기

What causes the cycle of the seasons?
계절의 순환이 일어나는 원인은 무엇인가?

0682 degree
[digríː]

명 1 (온도·각도의) 도(度) 2 정도, 수준

Heat the oven to 120 degrees. 오븐을 120도까지 가열해라.

a high degree of skill 고도의 기술

0683 bend
[bend]

동 (bent-bent) 1 (몸을) 굽히다, 숙이다 2 구부리다

She bent down and picked up the coin.
그녀는 몸을 숙여서 그 동전을 주웠다.

He bent the metal bar. 그는 그 금속 막대를 구부렸다.

0684 reason
[ríːzn]

명 1 이유, 원인 2 근거 3 이성, 제정신

He left early for health reasons. 그는 건강상의 이유로 조퇴했다.

We have no reason to believe him. 우리는 그를 믿을 근거가 없다.

lose one's reason 이성을 잃다

0685 safety
[séifti]

명 안전

Put on a helmet for safety. 안전을 위해 헬멧을 써라.

⊞ safe 형 안전한 safely 부 안전하게, 무사히

0686 asleep
[əslíːp]

형 잠든, 잠자고 있는 ⊕awake

The baby fell asleep on the bed. 그 아기는 침대에서 잠들었다.

0687 confident
[kánfədənt]

형 1 자신감 있는 2 확신하는

She always looks confident. 그녀는 항상 자신감 있어 보인다.

I'm confident of their victory. 나는 그들의 승리를 확신한다.

⊞ confidence 명 자신(감)

0688 wavy
[wéivi]

형 물결 모양의, 웨이브가 있는

She has wavy black hair. 그녀는 웨이브가 있는 검은 머리를 하고 있다.

⊞ wave 명 파도, 물결

0689 tube
[tjuːb]

명 1 (액체 등이 흐르는) 관 2 (치약 · 연고의) 통

The patient was breathing through a tube.
그 환자는 관을 통해 숨을 쉬고 있었다.

a tube of toothpaste 치약 한 통

0690 attend
[əténd]

동 1 출석[참석]하다 2 (학교 등에) 가다, 다니다

I attended her wedding. 나는 그녀의 결혼식에 참석했다.

We attend the same school. 우리는 같은 학교에 다닌다.

0691 destroy
[distrɔ́i]

동 1 파괴하다 2 (인생 등을) 망가뜨리다, 파멸시키다

A fire destroyed the whole town. 화재가 마을 전체를 파괴했다.

The accident completely destroyed his life.
그 사고는 그의 삶을 완전히 망가뜨렸다.

+ destruction 명 파괴

0692 visitor
[vízitər]

명 방문객, 손님

He welcomed visitors at the door. 그는 문에서 방문객들을 맞이했다.

+ visit 동 방문하다 명 방문

0693 emotion
[imóuʃən]

명 감정

He doesn't show his emotions to others.
그는 다른 사람들에게 감정을 드러내지 않는다.

0694 spin
[spin]

동 (spun-spun) 돌다, 회전하다, 돌리다, 회전시키다

The wheel was spinning. 그 바퀴는 회전하고 있었다.

Can you spin a basketball on your finger?
너는 손가락으로 농구공을 돌릴 수 있니?

0695 southern
[sʌ́ðərn]

형 남쪽의, 남쪽에 있는

The teacher speaks with a southern accent.
그 선생님은 남쪽 지방의 악센트로 말한다.

참고 northern 북쪽의, 북쪽에 있는

0696 fortunately
[fɔ́ːrtʃənətli]

부 운 좋게, 다행히

Fortunately, we arrived there in time.
다행히 우리는 그곳에 제시간에 도착했다.

+ fortune 명 부(富), 재산; 운

0697 guest
[gest]

명 1 손님, 하객 2 (호텔 등의) 투숙객

The event hall was full of guests. 행사장은 손님들로 가득했다.

a hotel guest 호텔 투숙객

0698 pump
[pʌmp]

동 (펌프로) 퍼 올리다, 퍼내다 명 펌프

I pumped the water out of the lake. 나는 호수에서 물을 퍼 올렸다.

gas pump 휘발유 펌프

0699 take place

(사건이) 일어나다, (행사가) 열리다 ㈌happen

The festival took place last month. 그 축제는 지난달에 열렸다.

0700 instead of

~ 대신에

She wore pants instead of a skirt. 그녀는 치마 대신 바지를 입었다.

[참고] instead 부 그 대신에

DAY 35 CHECK-UP

정답 p.291

[1-14] 영어는 우리말로, 우리말은 영어로 쓰세요.

1	degree	_____	8	안전	_____
2	reason	_____	9	방문객, 손님	_____
3	wavy	_____	10	잠든, 자자고 있는	_____
4	spin	_____	11	남쪽의, 남쪽에 있는	_____
5	destroy	_____	12	자신감 있는; 확신하는	_____
6	bend	_____	13	운 좋게, 다행히	_____
7	guest	_____	14	감정	_____

[15-18] 우리말에 맞게 빈칸에 알맞은 말을 넣으세요.

15 We _____ the same school. (우리는 같은 학교에 다닌다.)

16 The festival _____ _____ last month. (그 축제는 지난달에 열렸다.)

17 She wore pants _____ _____ a skirt. (그녀는 치마 대신 바지를 입었다.)

18 What causes the _____ of the seasons? (계절의 순환이 일어나는 원인은 무엇인가?)

REVIEW TEST

DAY 31-35

정답 p.291

A 우리말에 맞게 빈칸에 알맞은 말을 넣으세요.

1 a hotel _____ (호텔 투숙객)

2 a(n) _____ exam (입학 시험)

3 win a(n) _____ (승리를 거두다)

4 a(n) _____ library (공공 도서관)

5 on the _____ of water (수면 위에)

6 The car is in good _____. (그 차는 상태가 좋다.)

7 The city has a high _____ rate. (그 도시는 범죄율이 높다.)

8 She always looks _____. (그녀는 항상 자신감 있어 보인다.)

9 The factory makes _____ products. (그 공장은 화학 제품을 만든다.)

10 We didn't _____ her story. (우리는 그녀의 이야기를 의심하지 않았다.)

11 The doctor _____ me to get some rest.
   (의사는 나에게 휴식을 좀 취하라고 충고했다.)

12 Our company has grown rapidly in _____ years.
   (우리 회사는 최근 몇 년간 빠르게 성장해 왔다.)

B 밑줄 친 말에 유의하여 다음 문장을 해석하세요.

1 The police found some <u>fake</u> money.

   _____

2 You <u>handled</u> the problem well!

   _____

3 The boy is breathing <u>rapidly</u>.

   _____

4 She stood <u>apart</u> from us.

   _____

5 They <u>handed in</u> their report on time.

   _____

165

C 밑줄 친 단어와 반대인 뜻을 가진 단어를 고르세요.

1 Is it possible to get a train ticket?

① favorite   ② private   ③ plain   ④ impossible

2 Korea has a very low birth rate.

① plain   ② injury   ③ death   ④ safety

3 Lastly, I want to thank my parents.

① Firstly   ② Rapidly   ③ Fortunately   ④ Forever

4 The baby fell asleep on the bed.

① apart   ② awake   ③ wavy   ④ damp

D 보기 에서 빈칸에 공통으로 들어갈 단어를 골라 쓰세요.

| 보기 | net | subject | reason | emotion | offer | fear |

1 She cried out in _____.

I _____ to go out alone at night.

2 Can we change the _____?

His favorite _____ is art.

3 They threw the _____ into the sea.

You have to hit the ball over the _____.

4 We _____ waffles for dessert.

She accepted my _____.

5 He left early for health _____s.

We have no _____ to believe him.

DAY 36
PREVIEW

A 아는 단어/숙어에 체크(V)해보세요.

0701	origin	☐	0711	trick	☐
0702	major	☐	0712	detail	☐
0703	appear	☐	0713	remind	☐
0704	fabric	☐	0714	happen	☐
0705	customer	☐	0715	beg	☐
0706	importance	☐	0716	plenty	☐
0707	candle	☐	0717	schoolwork	☐
0708	although	☐	0718	steal	☐
0709	expect	☐	0719	end up with	☐
0710	sink	☐	0720	would like to-v	☐

B 사진을 보고 알맞은 단어/숙어를 써보세요.

_____ _____ _____ _____

0701 origin
[ɔ́:ridʒin]

명 1 기원, 유래 2 태생, 출신

We learned about the origin of the earth.
우리는 지구의 기원에 대해 배웠다.

the country of origin 원산지, 출생지

⊞ original 형 원래[본래]의

0702 major
[méidʒər]

형 주요한, 중대한 ⊞minor 명 (대학의) 전공 동 (~ in) 전공하다

She played a major role in the game.
그녀는 그 경기에서 중요한 역할을 했다.

His major is history. 그의 전공은 역사이다.

What do you want to major in? 너는 무엇을 전공하고 싶니?

0703 appear
[əpíər]

동 1 나타나다 ⊞disappear 2 ~인 것 같다, ~처럼 보이다

The sun appeared in the sky. 해가 하늘에 나타났다.

He doesn't appear to be rude. 그는 무례한 것 같지 않다.

0704 fabric
[fǽbrik]

명 천, 직물

This bag is made of fabric. 이 가방은 천으로 만들어졌다.

0705 customer
[kʌ́stəmər]

명 손님, 고객

The customer didn't pay the bill. 그 손님은 청구서를 지불하지 않았다.

regular customer 단골 손님

0706 importance
[impɔ́:rtəns]

명 중요성

He stressed the importance of health.
그는 건강의 중요성을 강조했다.

⊞ important 형 중요한

0707 candle
[kǽndl]

명 양초

She blew out the candle. 그녀는 촛불을 불어서 껐다.

0708 although
[ɔ:lðóu]

접 비록 ~일지라도 ⊞though

Although it is cold, I like winter. 비록 춥지만, 나는 겨울을 좋아한다.

0709 expect
[ikspékt]

동 1 기대[예상]하다 2 기다리다

I expected to get a high score. 나는 높은 점수를 받을 것을 기대했다.

We are expecting a call from him. 우리는 그의 전화를 기다리고 있다.

0710 sink
[siŋk]

동 (sank-sunk) 가라앉다 ⑩float 명 (부엌의) 싱크대, 개수대

The paper boat began to sink. 그 종이배는 가라앉기 시작했다.

I did the dishes in the kitchen sink.
나는 부엌 싱크대에서 설거지를 했다.

0711 trick
[trik]

명 1 속임수 2 장난 3 묘기, 마술

That was a very dirty trick. 그것은 매우 지저분한 속임수였다.

He played a trick on his brother. 그는 남동생에게 장난을 쳤다.

do card tricks 카드 마술을 하다

0712 detail
[díteil]

명 1 세부 사항 2 (-s) 자세한 내용[정보]

I remember every detail of the plan.
나는 그 계획의 모든 세부 사항을 기억한다.

For more details, see the chart below.
더 자세한 내용을 원한다면, 아래 도표를 봐라.

0713 remind
[rimáind]

동 상기시키다, 생각나게 하다

She reminded him to bring the book.
그녀는 그에게 그 책을 가져올 것을 상기시켰다.

0714 happen
[hǽpən]

동 1 (사건 등이) 일어나다, 발생하다 ⑩take place 2 우연히 ~하다

The accident happened near his house.
그 사고는 그의 집 근처에서 발생했다.

They happened to meet her. 그들은 우연히 그녀를 만났다.

0715 beg
[beg]

동 1 간청하다, 부탁하다 2 구걸하다

We begged him to help us. 우리는 그에게 도와달라고 간청했다.

A boy was begging for money. 한 소년이 돈을 구걸하고 있었다.

0716 plenty
[plénti]

명 많음, 충분, 다량

There is plenty to see in this city. 이 도시에는 볼 것이 많다.

I got plenty of sleep yesterday. 나는 어제 잠을 충분히 잤다.

0717 schoolwork

[skúːlwə̀ːrk]

몡 학업, 학교 공부

She was busy with her schoolwork. 그녀는 학교 공부로 바빴다.

0718 steal

[stiːl]

동 (stole-stolen) 훔치다, 도둑질하다

He stole money from the store. 그는 그 가게에서 돈을 훔쳤다.

0719 end up with

결국 ~하게 되다

We ended up with bad stomachaches.
우리는 결국 심한 복통을 앓게 되었다.

0720 would like to-v   ~하고 싶다

I would like to go home early. 나는 집에 일찍 가고 싶다.

DAY 36 CHECK-UP

정답 p.291

[1-14] 영어는 우리말로, 우리말은 영어로 쓰세요.

1 although _____

2 major _____

3 appear _____

4 beg _____

5 happen _____

6 detail _____

7 sink _____

8 기원, 유래; 태생, 출신 _____

9 중요성 _____

10 훔치다, 도둑질하다 _____

11 손님, 고객 _____

12 많음, 충분, 다량 _____

13 상기시키다, 생각나게 하다 _____

14 기대[예상]하다; 기다리다 _____

[15-18] 우리말에 맞게 빈칸에 알맞은 말을 넣으세요.

15 This bag is made of _____. (이 가방은 천으로 만들어졌다.)

16 That was a very dirty _____. (그것은 매우 지저분한 속임수였다.)

17 I _____ _____ _____ go home early. (나는 집에 일찍 가고 싶다.)

18 We _____ _____ _____ bad stomachaches.
  (우리는 결국 심한 복통을 앓게 되었다.)

DAY 37

PREVIEW

0721 **feed**	☐	0731 **found**	☐
0722 **pile**	☐	0732 **international**	☐
0723 **reply**	☐	0733 **curious**	☐
0724 **similar**	☐	0734 **shock**	☐
0725 **awful**	☐	0735 **worth**	☐
0726 **escape**	☐	0736 **cell**	☐
0727 **overcome**	☐	0737 **scream**	☐
0728 **anyway**	☐	0738 **provide**	☐
0729 **blend**	☐	0739 **get together**	☐
0730 **disappear**	☐	0740 **talk to oneself**	☐

B 사진을 보고 알맞은 단어/숙어를 써보세요.

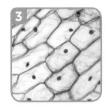

_____   _____   _____   _____

0721 feed
[fi:d]

동 (fed-fed) 먹이[모이]를 주다

Did you feed your dog? 너는 개에게 밥을 주었니?

0722 pile
[pail]

명 (차곡차곡) 쌓아 놓은 것, 더미 　동 (차곡차곡) 쌓다

There is a pile of stones on the ground. 바닥에 돌무더기가 있다.

He piled up the books on the desk. 그는 책상 위에 책을 쌓아두었다.

0723 reply
[riplái]

명 대답, 답장 　동 대답하다, 답장하다

She sent a reply right away. 그녀는 바로 답장을 보냈다.

I replied to her question. 나는 그녀의 질문에 대답했다.

0724 similar
[símələr]

형 비슷한, 유사한 ⊕different

Your shoes are very similar to mine. 네 신발은 내 것과 아주 비슷하다.

The two dolls are similar in size. 그 두 인형은 크기가 비슷하다.

⊞ similarity 명 비슷함, 유사

0725 awful
[ɔ́:fəl]

형 끔찍한, 불쾌한 ⊛terrible

The weather is awful today. 오늘은 날씨가 끔찍하다.

0726 escape
[iskéip]

동 1 탈출하다 2 피하다, 모면하다 　명 탈출, 도망

They escaped from prison. 그들은 감옥에서 탈출했다.

He was lucky to escape injury. 그는 다행히도 부상을 면했다.

an escape plan 탈출 계획

0727 overcome
[òuvərkʌ́m]

동 (overcame-overcome) 극복하다, 이겨내다

He overcame his fear of water. 그는 물에 대한 두려움을 극복했다.

0728 anyway
[éniwèi]

부 1 어쨌든 2 그건 그렇고, 그런데

It may rain, but I'll go anyway.
비가 올지도 모르지만, 어쨌든 나는 갈 것이다.

Anyway, how's your mother? 그런데, 너희 어머니는 좀 어떠시니?

0729 blend
[blend]

동 섞이다, 섞다, 혼합하다 ⊕mix

Oil doesn't blend with water. 기름과 물은 섞이지 않는다.
Blend the ice cream and milk. 아이스크림과 우유를 섞어라.

0730 disappear
[dìsəpíər]

동 1 (시야에서) 사라지다 ⊜appear 2 (존재가) 없어지다

She disappeared into the dark. 그녀는 어둠 속으로 사라졌다.
Your pain will disappear soon. 네 고통은 곧 없어질 것이다.

0731 found
[faund]

동 (회사·학교 등을) 설립하다

They founded our school 10 years ago.
그들은 10년 전에 우리 학교를 설립했다.

0732 international
[ìntərnǽʃənəl]

형 국제적인, 국제의

I'd like to make an international call. 나는 국제 전화를 걸고 싶다.

0733 curious
[kjúəriəs]

형 궁금한, 호기심이 강한

I'm curious about your opinion. 나는 네 의견이 궁금하다.
He is a curious boy. 그는 호기심이 강한 소년이다.
⊞ curiosity 명 호기심

0734 shock
[ʃɑk]

명 (심리적) 충격, 충격적인 일 동 충격을 주다

The news was a shock to me. 그 소식은 나에게 충격이었다.
Her death shocked many people.
그녀의 죽음은 많은 사람들에게 충격을 주었다.
⊞ shocking 형 충격적인 shocked 형 충격을 받은

0735 worth
[wəːrθ]

형 (~할) 가치가 있는 명 1 (얼마) 어치 2 가치, 유용성 ⊕value

This book is worth reading. 이 책은 읽을 가치가 있다.
one million dollars' worth of cash 백만 달러 어치의 현금
She already proved her worth. 그녀는 이미 자신의 가치를 증명했다.

0736 cell
[sel]

명 세포

Our bodies are made up of cells. 우리 몸은 세포로 구성되어 있다.
kill cancer cells 암세포들을 죽이다

0737 scream
[skri:m]

동 비명을 지르다, 소리치다　명 비명

He screamed at me to get out. 그는 내게 나가라고 소리쳤다.
a scream of pain 고통의 비명

0738 provide
[prəváid]

동 제공하다, 공급하다 ⓨsupply

We provide guests with breakfast.
우리는 손님들에게 아침 식사를 제공한다.

0739 get together

모이다, 만나다

They get together every weekend. 그들은 주말마다 모인다.

0740 talk to oneself

혼잣말하다

The girl is talking to herself. 그 소녀는 혼잣말을 하고 있다.

DAY 37　CHECK-UP

정답 p.291

[1-14] 영어는 우리말로, 우리말은 영어로 쓰세요.

1 blend _____
2 scream _____
3 similar _____
4 international _____
5 reply _____
6 anyway _____
7 disappear _____

8 궁금한, 호기심이 강한 _____
9 극복하다, 이겨내다 _____
10 (회사 · 학교 등) 설립하다 _____
11 먹이[모이]를 주다 _____
12 세포 _____
13 끔찍한, 불쾌한 _____
14 제공하다, 공급하다 _____

[15-18] 리말에 맞게 빈칸에 알맞은 말을 넣으세요.

15 They _____ from prison. (그들은 감옥에서 탈출했다.)

16 This book is _____ reading. (이 책은 읽을 가치가 있다.)

17 They _____ _____ every weekend. (그들은 주말마다 모인다.)

18 Her death _____ many people. (그녀의 죽음은 많은 사람들에게 충격을 주었다.)

174

DAY 38

PREVIEW

A 아는 단어/숙어에 체크(V)해보세요.

0741 **brain** ☐	0751 **explain** ☐
0742 **disease** ☐	0752 **forget** ☐
0743 **gesture** ☐	0753 **manner** ☐
0744 **locker** ☐	0754 **navy** ☐
0745 **remember** ☐	0755 **skillful** ☐
0746 **curiosity** ☐	0756 **tune** ☐
0747 **athlete** ☐	0757 **sticky** ☐
0748 **such** ☐	0758 **perhaps** ☐
0749 **article** ☐	0759 **in need** ☐
0750 **capital** ☐	0760 **come across** ☐

B 사진을 보고 알맞은 단어/숙어를 써보세요.

   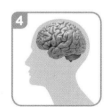

_____ _____ _____ _____

0741 brain

[brein]

뗑 1 뇌 2 (-s) 머리, 지능

How does the human brain work? 인간의 뇌는 어떻게 작동하는가?

She has both brains and beauty.
그녀는 지성과 아름다움을 모두 가지고 있다.

0742 disease

[dizíːz]

뗑 병, 질병 ⊕illness

She has a heart disease. 그녀는 심장병이 있다.

He caught the disease from his patient.
그는 그의 환자에게서 병이 옮았다.

0743 gesture

[dʒéstʃər]

뗑 1 몸짓, 제스처 2 (감정 · 의사) 표현, 표시

He made a gesture to rise. 그는 일어나겠다는 몸짓을 취했다.

She bowed in a gesture of respect. 그녀는 존경의 표시로 절을 했다.

0744 locker

[lάkər]

뗑 라커, 사물함

I left my books in my locker. 나는 사물함에 책들을 두고 왔다.

0745 remember

[rimémbər]

뗑 기억나다, 기억하다 ⊕forget

I can't remember your name. 나는 네 이름이 기억나지 않는다.

Remember to call him. 그에게 전화하는 것을 기억해라.

0746 curiosity

[kjùəriάsəti]

뗑 호기심

They showed curiosity about the new student.
그들은 새로 온 학생에 대해 호기심을 보였다.

➕ curious 뗑 궁금한, 호기심이 강한

0747 athlete

[ǽθliːt]

뗑 (운동)선수

The athlete will go to the Olympics. 그 선수는 올림픽에 나갈 것이다.

0748 such

[sətʃ]

뗑 1 그러한, 그런 2 매우 ~한

I would never do such a thing. 나는 그런 짓을 결코 하지 않을 것이다.

She is such a great doctor. 그녀는 매우 훌륭한 의사이다.

0749 article
[áːrtikl]

명 (신문·잡지 등의) 글, 기사, 논문

I read an article about teen fashion.
나는 십 대의 패션에 관한 기사를 읽었다.

0750 capital
[kǽpitl]

명 1 수도 ⑤capital city 2 자본(금), 자금 3 (알파벳의) 대문자

Seoul is the capital of Korea. 서울은 한국의 수도이다.

foreign capital 외국 자본(금)

Please write your name in capitals. 당신의 이름을 대문자로 쓰세요.

0751 explain
[ikspléin]

동 1 설명하다 2 해명[변명]하다

He explained the rules of the game. 그는 경기의 규칙을 설명했다.

Please give us a chance to explain. 우리에게 해명할 기회를 주세요.

⊞ explanation 명 설명; 해명

0752 forget
[fərgét]

동 (forgot-forgotten) 잊다, 잊어버리다 ⑩remember

I won't forget your address. 나는 네 주소를 잊지 않을 것이다.

She forgot sending me a message.
그녀는 내게 메시지를 보낸 것을 잊어버렸다.

0753 manner
[mǽnər]

명 1 방식, 방법 2 태도 3 (-s) 예의, 예절

We solved the problem in the same manner.
우리는 같은 방식으로 문제를 해결했다.

She has a friendly manner. 그녀는 태도가 다정하다.

table manners 식사 예절

0754 navy
[néivi]

명 해군

My brother joined the navy. 우리 오빠는 해군에 입대했다.

참고 army 군대, 육군

0755 skillful
[skílfəl]

형 숙련된, 능숙한

He is a skillful chef. 그는 숙련된 요리사이다.

⊞ skill 명 기량, 솜씨; 기술

0756 tune
[tjuːn]

명 곡(조), 선율 ⑤melody 동 (악기의) 음을 맞추다, 조율하다

I played a tune on the guitar. 나는 기타로 한 곡을 연주했다.

She is tuning her piano. 그녀는 피아노를 조율하고 있다.

0757 **sticky**
[stíki]

형 끈적끈적한

The floor is very sticky. 바닥이 매우 끈적끈적하다.

0758 **perhaps**
[pərhǽps]

부 아마, 어쩌면 유maybe

Perhaps it will rain tomorrow. 아마 내일은 비가 올 것이다.

0759 **in need**

어려움에 처한

I helped people in need. 나는 어려움에 처한 사람들을 도왔다.

0760 **come across**

우연히 마주치다[발견하다]

I came across a picture in the drawer.
나는 서랍에서 우연히 사진 한 장을 발견했다.

DAY 38 CHECK-UP

정답 p.291

[1-14] 영어는 우리말로, 우리말은 영어로 쓰세요.

1	manner	_____	8	뇌; 머리, 지능	_____
2	article	_____	9	설명하다; 해명[변경]하다	_____
3	perhaps	_____	10	병, 질병	_____
4	capital	_____	11	해군	_____
5	forget	_____	12	호기심	_____
6	skillful	_____	13	끈적끈적한	_____
7	such	_____	14	(운동)선수	_____

[15-18] 우리말에 맞게 빈칸에 알맞은 말을 넣으세요.

15 _____ to call him. (그에게 전화하는 것을 기억해라.)

16 I left my books in my _____. (나는 사물함에 책들을 두고 왔다.)

17 I helped people _____ _____. (나는 어려움에 처한 사람들을 도왔다.)

18 I _____ _____ a picture in the drawer.
   (나는 서랍에서 우연히 사진 한 장을 발견했다.)

DAY 39

PREVIEW

A 아는 단어/숙어에 체크(V)해보세요.

0761	sense	☐		
0762	army	☐		
0763	booth	☐		
0764	conduct	☐		
0765	fault	☐		
0766	ladder	☐		
0767	heal	☐		
0768	difference	☐		
0769	success	☐		
0770	violent	☐		

0771	guard	☐
0772	manage	☐
0773	remain	☐
0774	exchange	☐
0775	castle	☐
0776	northern	☐
0777	pillow	☐
0778	tomb	☐
0779	set up	☐
0780	all the time	☐

B 사진을 보고 알맞은 단어/숙어를 써보세요.

1 _____
2 _____
3 _____
4 _____

0761 sense
[sens]

명 1 (감각 기관의) 감각 2 느낌, -감

Dogs have a good sense of smell. 개는 후각이 좋다.
She felt a great sense of fear. 그녀는 엄청난 공포감을 느꼈다.

⊞ sensitive 형 예민한

0762 army
[áːrmi]

명 군대, 육군

Her son is in the army. 그녀의 아들은 군대에 있다.

참고 navy 해군

0763 booth
[buːθ]

명 (칸막이를 한) 작은 공간, 부스

There's a ticket booth at the entrance. 입구에 티켓 부스가 있다.

0764 conduct
[kəndʌ́kt]

동 1 수행하다 2 지휘하다 명 [kándʌkt] 행위, 행동

Scientists conducted a study. 과학자들이 연구를 수행했다.
He conducted the orchestra. 그는 그 오케스트라를 지휘했다.
bad conduct 나쁜 행실

0765 fault
[fɔːlt]

명 1 잘못, 과실 2 결점, 결함

The accident was not your fault. 그 사고는 네 잘못이 아니었다.
Every person has faults. 모든 사람은 결점을 가지고 있다.

0766 ladder
[lǽdər]

명 사다리

She is climbing up the ladder. 그녀는 사다리를 올라가고 있다.

0767 heal
[hiːl]

동 낫다, 치유하다

Her arm healed completely. 그녀의 팔은 완전히 나았다.
The cream can heal minor injuries.
그 연고는 가벼운 부상을 치유해준다.

0768 difference
[dífərəns]

명 차이(점)

There is a huge difference between them.
그들 사이에 큰 차이점이 있다.

⊞ different 형 다른, 차이가 있는

0769 success

[səksés]

명 성공, 성과 ⊕failure

Hard work is the key to success. 노력이 성공의 비결이다.

⊞ successful 형 성공적인

0770 violent

[váiələnt]

형 1 (행동 · 사건이) 폭력적인 2 (사람이) 난폭한, 폭력적인

A violent crime happened yesterday. 어제 폭력적인 범죄가 발생했다.

He was a violent man. 그는 폭력적인 사람이었다.

⊞ violence 명 폭행, 폭력

0771 guard

[gɑːrd]

명 1 경비[경호]원 2 경비, 보초 동 보호하다, 지키다

There are a lot of guards at the exit. 출구에 많은 경비원들이 있다.

He was on guard last night. 그가 어젯밤에 보초를 섰다.

They guarded the president. 그들은 대통령을 보호했다.

0772 manage

[mǽnidʒ]

동 1 경영[관리]하다 2 간신히 해내다

She manages a famous bakery. 그녀는 유명한 제과점을 경영한다.

He managed to pass the exam. 그는 간신히 시험에 통과했다.

0773 remain

[riméin]

동 1 여전히[계속] ~이다 2 남다 명 (-s) 남은 것; 유물

She remained calm. 그녀는 계속 침착하게 있었다.

Nothing remained after the fire. 화재 후에 아무것도 남지 않았다.

the remains of the meal 남은 음식물

0774 exchange

[ikstʃéindʒ]

명 교환 동 교환하다, 주고받다

We had an exchange of ideas. 우리는 생각을 교환했다.

They exchanged cell phone numbers.
그들은 휴대전화 번호를 교환했다.

0775 castle

[kǽsl]

명 성(城)

A castle stands on the hill. 성 하나가 언덕 위에 서 있다.

0776 northern

[nɔ́ːrðərn]

형 북쪽의, 북쪽에 있는

I traveled to a northern area of Europe.
나는 유럽 북부 지역을 여행했다.

참고 southern 남쪽의, 남쪽에 있는

0777 pillow
[pílou]

명 베개

He always sleeps on a pillow. 그는 항상 베개를 베고 잔다.

0778 tomb
[tuːm]

명 무덤, 묘 ㈜grave

I found a tomb in the mountain. 나는 산에서 무덤을 하나 찾았다.

0779 set up

1 ~을 세우다, ~을 건립하다 2 ~을 설치하다

She set up her own company. 그녀는 자신의 회사를 설립했다.

He set up a computer for you. 그가 너를 위해 컴퓨터를 설치했다.

0780 all the time

항상, 늘 ㈜always

She looks happy all the time. 그녀는 항상 행복해 보인다.

DAY 39 CHECK-UP

[1-14] 영어는 우리말로, 우리말은 영어로 쓰세요.

1 manage _____

2 conduct _____

3 difference _____

4 castle _____

5 heal _____

6 sense _____

7 ladder _____

8 베개 _____

9 군대, 육군 _____

10 무덤, 묘 _____

11 북쪽의, 북쪽에 있는 _____

12 교환; 교환하다, 주고받다 _____

13 성공, 성과 _____

14 잘못, 과실; 결점, 결함 _____

[15-18] 우리말에 맞게 빈칸에 알맞은 말을 넣으세요.

15 He was a(n) _____ man. (그는 폭력적인 사람이었다.)

16 Nothing _____ after the fire. (화재 후에 아무것도 남지 않았다.)

17 She _____ _____ her own company. (그녀는 자신의 회사를 설립했다.)

18 She looks happy _____ _____ _____. (그녀는 항상 행복해 보인다.)

DAY 40

PREVIEW

A 아는 단어/숙어에 체크(V)해보세요.

0781 **sight**	☐	0791 **solution**	☐
0782 **amount**	☐	0792 **loss**	☐
0783 **bold**	☐	0793 **notice**	☐
0784 **community**	☐	0794 **poison**	☐
0785 **diet**	☐	0795 **series**	☐
0786 **explore**	☐	0796 **tribe**	☐
0787 **grain**	☐	0797 **failure**	☐
0788 **represent**	☐	0798 **cage**	☐
0789 **disappointed**	☐	0799 **ahead of**	☐
0790 **wealth**	☐	0800 **in short**	☐

B 사진을 보고 알맞은 단어/숙어를 써보세요.

_____   _____   _____   _____

0781 sight
[sait]

몡 1 시력 2 보기, 봄 3 시야

My grandmother has bad sight. 우리 할머니는 시력이 나쁘다.
We fell in love at first sight. 우리는 첫눈에 사랑에 빠졌다.
out of sight 시야에서 벗어난

0782 amount
[əmáunt]

몡 1 (시간 · 물질 등의) 양 2 (돈의) 액수

I need a small amount of sugar. 나는 소량의 설탕이 필요하다.
Pay the full amount by Friday. 금요일까지 총액을 지불해라.

0783 bold
[bould]

혱 1 대담한, 용감한 2 굵은, 뚜렷한

They made a bold decision. 그들은 대담한 결정을 내렸다.
bold lines 굵은 선

0784 community
[kəmjúːnəti]

몡 1 지역사회 2 (이해 등을 공유하는) 공동체, -계

He is a member of the local community.
그는 그 지역사회의 일원이다.
a medical community 의학계

0785 diet
[dáiət]

몡 1 (일상적인) 식사 2 (치료 등을 위한) 규정식, 식이요법, 다이어트

Try to eat a more balanced diet. 더 균형 잡힌 식사를 하도록 노력해라.
He is on a diet. 그는 다이어트 중이다.

0786 explore
[ikspló:r]

통 1 탐험[답사]하다 2 조사[탐구]하다

They explored the cave for a month. 그들은 동굴을 한 달간 탐험했다.
I will explore other opinions. 나는 다른 의견들을 조사할 것이다.

0787 grain
[grein]

몡 1 곡물 2 낟알, 알갱이

Barley is a type of grain. 보리는 곡물의 일종이다.
a grain of rice 쌀 낟알

0788 represent
[rèprizént]

통 대표하다

He represented Korea at the Olympics.
그는 한국을 대표해서 올림픽에 출전했다.

0789 disappointed
[dìsəpɔ́intid]

형 실망한

We were disappointed at the result. 우리는 그 결과에 실망했다.

⊕ disappoint 통 실망시키다 disappointing 형 실망시키는

0790 wealth
[welθ]

명 부(富), 재산, 재물

He gained great wealth from trade. 그는 무역으로 엄청난 부를 얻었다.

⊕ wealthy 형 부유한

0791 solution
[səlúːʃən]

명 1 (문제 등의) 해법, 해결책 2 (퀴즈 등의) 해답, 정답

We should find a solution to the problem.
우리는 그 문제에 대한 해결책을 찾아야 한다.

Here is the solution to the puzzle. 그 퍼즐의 정답이 여기 있다.

⊕ solve 통 (문제를) 풀다, 해결하다

0792 loss
[lɔːs]

명 1 분실, 상실 2 (금전적) 손해, 손실액 3 죽음, 사망

Stress caused a loss of interest in work.
스트레스가 일에 대한 흥미를 상실하게 했다.

We made a loss of 30 million won. 우리는 삼천만 원 손해를 봤다.

loss of life 인명 손실

0793 notice
[nóutis]

동 알아차리다 명 1 주의, 주목 2 통지, 예고

I noticed him crying. 나는 그가 울고 있음을 알아차렸다.

When she came in, he took notice of her.
그녀가 들어오자, 그는 그녀를 주목했다.

without notice 예고 없이, 무단으로

0794 poison
[pɔ́izn]

명 독(약) 동 (음식물 등에) 독을 넣다

She took poison by mistake. 그녀는 실수로 독을 먹었다.

The man poisoned the king's tea. 그 남자가 왕의 차에 독을 넣었다.

0795 series
[síəriːz]

명 1 연속, 일련 2 (TV · 책 등의) 연속물, 시리즈

A series of attacks led to war. 연속된 공격은 전쟁으로 이어졌다.

a series of short essays 짧은 수필들 시리즈

0796 tribe
[traib]

명 종족, 부족

The Massai are a tribe in Africa. 마사이족은 아프리카의 한 부족이다.

0797 failure

[féiljər]

명 1 **실패** ⊕success 2 **실패작** ⊕success

It's not easy to accept failure. 실패를 받아들이는 것은 쉽지 않다.

a total failure 완전한 실패작

⊞ fail 동 실패하다

0798 cage

[keidʒ]

명 우리, 새장

I put the bird in the cage. 나는 그 새를 새장에 넣었다.

0799 ahead of

1 ~ 앞에 2 ~보다 앞서는

There are two people ahead of me. 내 앞에 두 명이 있다.

He walked ahead of the others. 그는 다른 사람들보다 앞서 걸었다.

0800 in short

요약하면

In short, we ran out of money. 요약하면, 우리는 돈이 다 떨어졌다.

DAY 40 CHECK-UP

정답 p.292

[1-14] 영어는 우리말로, 우리말은 영어로 쓰세요.

1 amount _____

2 explore _____

3 solution _____

4 diet _____

5 poison _____

6 loss _____

7 notice _____

8 대표하다 _____

9 시력; 보기, 봄; 시야 _____

10 실망한 _____

11 부(富), 재산, 재물 _____

12 대담한, 용감한; 굵은, 뚜렷한 _____

13 실패; 실패작 _____

14 종족, 부족 _____

[15-18] 우리말에 맞게 빈칸에 알맞은 말을 넣으세요.

15 I put the bird in the _____. (나는 그 새를 새장에 넣었다.)

16 A(n) _____ of attacks led to war. (연속된 공격은 전쟁으로 이어졌다.)

17 There are two people _____ _____ me. (내 앞에 두 명이 있다.)

18 _____ _____, we ran out of money. (요약하면, 우리는 돈이 다 떨어졌다.)

REVIEW TEST

DAY 36-40

A 우리말에 맞게 빈칸에 알맞은 말을 넣으세요.

1 table _____ (식사 예절)

2 a(n) _____ plan (탈출 계획)

3 foreign _____ (외국 자본(금))

4 out of _____ (시야에서 벗어난)

5 kill cancer _____ (암세포들을 죽이다)

6 It's not easy to accept _____. (실패를 받아들이는 것은 쉽지 않다.)

7 They _____ cell phone numbers. (그들은 휴대전화 번호를 교환했다.)

8 Your shoes are very _____ to mine. (네 신발은 내 것과 아주 비슷하다.)

9 The girl is _____ _____ _____. (그 소녀는 혼잣말을 하고 있다.)

10 We learned about the _____ of the earth. (우리는 지구의 기원에 대해 배웠다.)

11 I read a(n) _____ about teen fashion. (나는 십 대의 패션에 관한 기사를 읽었다.)

12 He _____ _____ a computer for you. (그가 너를 위해 컴퓨터를 설치했다.)

B 밑줄 친 말에 유의하여 다음 문장을 해석하세요.

1 We are <u>expecting</u> a call from him.

_____

2 They <u>founded</u> our school 10 years ago.

_____

3 She is <u>such</u> a great doctor.

_____

4 I need a small <u>amount</u> of sugar.

_____

5 He walked <u>ahead</u> of the others.

_____

C 밑줄 친 단어와 가장 비슷한 뜻을 가진 단어를 고르세요.

1 The weather is <u>awful</u> today.

① sticky   ② bold   ③ terrible   ④ violent

2 Oil doesn't <u>blend</u> with water.

① mix   ② remain   ③ sink   ④ disappear

3 She already proved her <u>worth</u>.

① fault   ② curiosity   ③ success   ④ value

4 We <u>provide</u> guests with breakfast.

① conduct   ② supply   ③ manage   ④ notice

5 She has a heart <u>disease</u>.

① shock   ② solution   ③ illness   ④ diet

D 보기 에서 빈칸에 들어갈 단어를 골라 쓰세요.

> 보기   loss   beg   detail   feed   happen   international   brain   heal

1 Did you _____ your dog?

2 I'd like to make a(n) _____ call.

3 How does the human _____ work?

4 The cream can _____ minor injuries.

5 I remember every _____ of the plan.

6 We made a(n) _____ of 30 million won.

7 The accident _____ed near his house.

CROSSWORD PUZZLE

DAY 31-40

정답 p.292

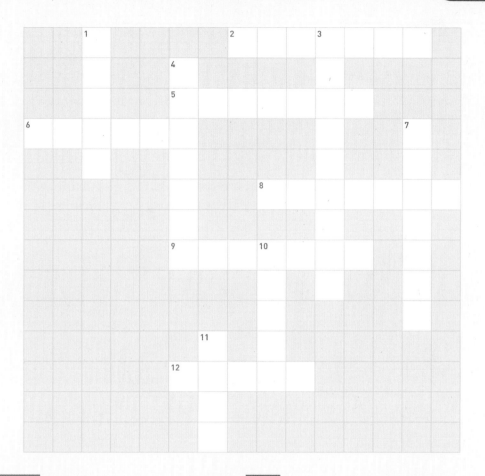

Across
2 궁금한, 호기심이 강한
5 교육하다
6 괴롭히다, 귀찮게 하다
8 주소; 연설
9 표면, 겉
12 (~할) 가치가 있는 ; (얼마) 어치 ; 가치, 유용성

Down
1 짠, 짭짤한
3 소개하다
4 아마, 어쩌면
7 존경(하다); 존중(하다)
10 잘못, 과실; 결점, 결함
11 대담한, 용감한; 굵은, 뚜렷한

Composer
작곡가

write music
음악을 작곡하다

Conductor
지휘자

direct an orchestra
오케스트라를 지휘하다

Musician
음악가

play music with instruments
악기로 음악을 연주하다

Music Reviewer
음악평론가

review songs and performances
노래와 공연을 평론하다

Voice Coach
보컬 트레이너

teach singing
노래하는 것을 가르치다

Disc Jockey (DJ)
디스크자키 (디제이)

choose and play recorded music
음원을 선곡하여 들려주다

Audio Engineer
음향 기사

record and edit sound
소리를 녹음하고 편집하다

Music Producer
음악 감독

manage the making of albums
앨범 만드는 것을 관리하다

Music Therapist
음악치료사

treat patients with music
음악으로 환자를 치료하다

DAY 41
PREVIEW

A 아는 단어/숙어에 체크(V)해보세요.

0801 **familiar**	☐	0811 **volunteer**	☐
0802 **argue**	☐	0812 **spill**	☐
0803 **honor**	☐	0813 **physical**	☐
0804 **campaign**	☐	0814 **lean**	☐
0805 **delight**	☐	0815 **research**	☐
0806 **cable**	☐	0816 **include**	☐
0807 **zone**	☐	0817 **successful**	☐
0808 **memory**	☐	0818 **silly**	☐
0809 **expression**	☐	0819 **be filled with**	☐
0810 **pipe**	☐	0820 **on one's way (to)**	☐

B 사진을 보고 알맞은 단어/숙어를 써보세요.

_____ _____ _____ _____

0801 familiar

[fəmíljər]

형 익숙한, 낯익은

His voice is familiar to me. 그의 목소리는 나에게 익숙하다.

+ familiarity 명 익숙함, 낯익음

0802 argue

[ɑ́ːrgjuː]

동 1 언쟁[논쟁]하다 2 주장하다

I don't want to argue with you. 나는 너와 논쟁하고 싶지 않다.

He argued that he hadn't lied. 그는 거짓말을 하지 않았다고 주장했다.

+ argument 명 언쟁; 주장

0803 honor

[ɑ́nər]

명 1 명예, 명성 2 영광

She tried to defend her honor. 그녀는 자신의 명예를 지키려고 노력했다.

It is an honor to meet you. 당신을 만나게 되어 영광입니다.

0804 campaign

[kæmpéin]

명 (사회적·정치적) 운동, 캠페인

We started a campaign to save water.
우리는 물을 절약하기 위한 캠페인을 시작했다.

0805 delight

[diláit]

명 기쁨, 즐거움 동 기쁘게 하다

The children laughed with delight. 그 아이들은 기뻐서 웃었다.

His call will delight his parents.
그의 전화는 그의 부모님을 기쁘게 할 것이다.

0806 cable

[kéibl]

명 전선, 케이블

Don't touch the cable with wet hands.
젖은 손으로 전선을 만지지 마라.

0807 zone

[zoun]

명 구역, 지대

This is a no-parking zone. 여기는 주차 금지 구역이다.

0808 memory

[méməri]

명 1 기억(력) 2 추억, 기억

I have a good memory for names. 나는 이름을 잘 기억한다.

a sad memory 슬픈 추억

+ memorize 동 기억하다

0809 expression
[ikspréʃən]

명 1 (생각 · 감정 등의) 표현 2 표정 3 표현, 말

This gift is an expression of thanks. 이 선물은 감사의 표현이다.

Her expression became serious. 그녀의 표정이 심각해졌다.

Don't use that expression again. 다시는 그 표현을 쓰지 마라.

➕ express 동 (감정 · 의견 등을) 표현하다, 나타내다

0810 pipe
[paip]

명 관, 파이프

The water pipe froze in the cold weather.
추운 날씨에 수도관이 얼었다.

0811 volunteer
[vɑ̀ləntíər]

명 1 지원자 2 자원봉사자 동 자원하다; 자원봉사하다

Are there any volunteers to clean up? 자진해서 청소할 사람 있니?

This house was built by volunteers.
이 집은 자원봉사자들에 의해 지어졌다.

He volunteered to help the child. 그는 자원해서 그 아이를 도왔다.

0812 spill
[spil]

동 쏟아지다, 쏟다, 흘리다

Milk spilled onto the floor. 우유가 바닥에 쏟아졌다.

I spilled coffee on the shirt. 나는 셔츠에 커피를 쏟았다.

0813 physical
[fízikəl]

형 1 신체의, 육체의 ↔mental 2 물질의, 물질적인

How's his physical condition? 그의 몸 상태는 어떠니?

the physical world 물질적인 세계

0814 lean
[liːn]

동 1 (몸을) 기울이다, 숙이다 2 기대다

I leaned forward to see the screen.
나는 화면을 보려고 몸을 앞으로 기울였다.

He is leaning against the wall. 그는 벽에 기대고 있다.

0815 research
[rísərtʃ]

명 연구, (자료) 조사 동 [risə́ːrtʃ] 연구하다, (자료 등을) 조사하다

They did research on cancer. 그들은 암에 관한 연구를 했다.

I researched the topic on the Internet.
나는 인터넷에서 그 주제에 대해 조사했다.

0816 include
[inklúːd]

동 포함하다 ↔exclude

Does this price include tax? 이 가격에 세금이 포함되어 있나요?

0817 successful

[səksésfəl]

형 성공적인

The first plan wasn't successful. 첫 번째 계획은 성공적이지 못했다.

➕ success 명 성공, 성과   succeed 통 성공하다

0818 silly

[síli]

형 어리석은, 바보 같은 ⊕foolish

She asked a silly question. 그녀는 바보 같은 질문을 했다.

0819 be filled with

~로 가득 차다

The theater is filled with people. 그 극장은 사람들로 가득 차 있다.

0820 on one's way (to)

(~로 가는) 길[도중]에

I saw him on my way to school. 나는 학교로 가는 도중에 그를 보았다.

DAY 41   CHECK-UP

정답 p.292

[1-14] 영어는 우리말로, 우리말은 영어로 쓰세요.

1 campaign _____

2 delight _____

3 physical _____

4 research _____

5 cable _____

6 argue _____

7 expression _____

8 익숙한, 낯익은 _____

9 구역, 지대 _____

10 어리석은, 바보 같은 _____

11 명예, 명성; 영광 _____

12 포함하다 _____

13 기억(력); 추억, 기억 _____

14 성공적인 _____

[15-18] 우리말에 맞게 빈칸에 알맞은 말을 넣으세요.

15 Milk _____ onto the floor. (우유가 바닥에 쏟아졌다.)

16 This house was built by _____. (이 집은 자원봉사자들에 의해 지어졌다.)

17 I _____ forward to see the screen. (나는 화면을 보려고 몸을 앞으로 기울였다.)

18 The theater _____ _____ _____ people.

   (그 극장은 사람들로 가득 차 있다.)

DAY 42
PREVIEW

A 아는 단어/숙어에 체크(V)해보세요.

0821	ease	☐	0831	kindness	☐
0822	force	☐	0832	growth	☐
0823	average	☐	0833	university	☐
0824	relationship	☐	0834	crazy	☐
0825	information	☐	0835	newborn	☐
0826	pollute	☐	0836	virus	☐
0827	smoke	☐	0837	chemistry	☐
0828	document	☐	0838	steel	☐
0829	ancient	☐	0839	cut down	☐
0830	succeed	☐	0840	be familiar with	☐

B 사진을 보고 알맞은 단어/숙어를 써보세요.

① _____ ② _____ ③ _____ ④ _____

0821 ease
[iːz]

명 쉬움, 용이함 동 완화하다, 편해지다

We beat the team with ease. 우리는 그 팀을 쉽게 이겼다.

This medicine will ease your pain. 이 약이 네 통증을 완화해줄 것이다.

➕ easy 형 쉬운

0822 force
[fɔːrs]

명 힘 동 강요[강제]하다

He pushed the rock with great force.
그는 엄청난 힘으로 그 바위를 밀었다.

She forced me to buy it. 그녀는 내게 그것을 사라고 강요했다.

0823 average
[ǽvəridʒ]

명 형 1 평균(의) 2 보통[평균] 수준(의)

His grades are above[below] average. 그의 성적은 평균 이상[이하]이다.

The average age of my family members is 25.
우리 가족 구성원의 평균 나이는 25세이다.

0824 relationship
[riléiʃənʃip]

명 관계

I have a good relationship with him. 나는 그와 관계가 좋다.

0825 information
[ìnfərméiʃən]

명 정보, 자료

This website has a lot of useful information.
이 웹사이트는 유용한 정보가 많다.

collect information 정보를 수집하다

➕ inform 동 알리다, 통지하다

0826 pollute
[pəlúːt]

동 더럽히다, 오염시키다

The river was polluted with oil. 그 강은 기름으로 오염되었다.

➕ pollution 명 오염, 공해

0827 smoke
[smouk]

명 연기 동 담배를 피우다, 흡연하다

The building was filled with smoke. 그 건물은 연기로 가득 차 있었다.

You cannot smoke here. 너는 이곳에서 담배를 피울 수 없다.

0828 document
[dákjumənt]

명 서류, 문서

You have to sign the document. 너는 그 서류에 서명해야 한다.

0829 ancient
[éinʃənt]

형 1 고대의 ⊕modern 2 아주 오래된

I like the ancient history class. 나는 고대사 수업을 좋아한다.

an ancient tradition 아주 오래된 전통

0830 succeed
[səksíːd]

동 1 성공하다 ⊕fail 2 뒤를 잇다

I succeeded in finding a job. 나는 일자리를 구하는 데 성공했다.

He succeeded his father and became king.
그는 아버지의 뒤를 이어 왕이 되었다.

⊞ success 명 성공, 성과   successful 형 성공적인

0831 kindness
[káindnis]

명 친절, 상냥함

Thank you for your kindness. 당신의 친절에 감사드립니다.

⊞ kind 형 친절한

0832 growth
[grouθ]

명 1 성장, 발육 2 (크기·수량의) 증대, 증가

Sunlight is important for a plant's growth.
햇빛은 식물의 성장에 중요하다.

the growth of international trade 국제무역의 증가

⊞ grow 동 자라다, 성장하다

0833 university
[jùːnəvə́ːrsəti]

명 (종합) 대학교

She majored in law at university. 그녀는 대학에서 법을 전공했다.

참고 college (단과) 대학

0834 crazy
[kréizi]

형 1 정신 나간, 말도 안 되는 ⊕mad 2 열광하는, 푹 빠진

You must be crazy to act like that.
그런 행동을 하다니 너는 정신 나간 것이 틀림없다.

He is crazy about hip-hop. 그는 힙합에 푹 빠져있다.

0835 newborn
[núbɔrn]

형 갓 태어난

The nurse is holding a newborn baby.
그 간호사는 갓난아기를 안고 있다.

0836 virus
[váiərəs]

명 1 (병을 일으키는) 바이러스 2 [컴퓨터] 바이러스

Colds are caused by a virus. 감기는 바이러스에 의해 발생한다.

My computer has a virus. 내 컴퓨터는 바이러스에 감염됐다.

0837 chemistry

[kémistri]

몡 화학

She teaches chemistry at a high school.
그녀는 고등학교에서 화학을 가르친다.

0838 steel

[sti:l]

몡 강철

The bridge is made of steel. 그 다리는 강철로 만들어져 있다.

0839 cut down

1 베어 쓰러뜨리다 2 (양 등을) 줄이다

They cut down the big tree. 그들은 그 큰 나무를 베어 쓰러뜨렸다.
You should cut down on fat. 너는 지방 섭취를 줄여야 한다.

0840 be familiar with

~에 익숙하다, ~을 잘 알다

He is very familiar with this area. 그는 이 지역에 매우 익숙하다.

정답 p.293

DAY 42   CHECK-UP

[1-14] 영어는 우리말로, 우리말은 영어로 쓰세요.

1 force _____

2 ancient _____

3 pollute _____

4 smoke _____

5 crazy _____

6 average _____

7 kindness _____

8 정보, 자료 _____

9 (종합) 대학교 _____

10 관계 _____

11 갓 태어난 _____

12 화학 _____

13 서류, 문서 _____

14 강철 _____

[15-18] 우리말에 맞게 빈칸에 알맞은 말을 넣으세요.

15 We beat the team with _____. (우리는 그 팀을 쉽게 이겼다.)

16 Sunlight is important for a plant's _____. (햇빛은 식물의 성장에 중요하다.)

17 He _____ his father and became king. (그는 아버지의 뒤를 이어 왕이 되었다.)

18 He _____ very _____ _____ this area. (그는 이 지역에 매우 익숙하다.)

DAY 43
PREVIEW

A 아는 단어/숙어에 체크(V)해보세요.

0841	**value**	☐	0851	**experience**	☐
0842	**cast**	☐	0852	**instant**	☐
0843	**fame**	☐	0853	**bacteria**	☐
0844	**object**	☐	0854	**appropriate**	☐
0845	**recycle**	☐	0855	**comment**	☐
0846	**schedule**	☐	0856	**apology**	☐
0847	**stare**	☐	0857	**magnet**	☐
0848	**probably**	☐	0858	**tap**	☐
0849	**supply**	☐	0859	**hang on**	☐
0850	**debt**	☐	0860	**get used to**	☐

B 사진을 보고 알맞은 단어/숙어를 써보세요.

_____ _____ _____ _____

0841 value
[vǽljuː]

명 1 (금전적) 가치, 가격 2 가치, 유용성 ⊕worth

The value of the house doubled. 그 집의 가격은 두 배가 되었다.

He stressed the value of education. 그는 교육의 가치를 강조했다.

⊞ valuable 형 유용한, 귀중한; 값비싼

0842 cast
[kæst]

동 (cast-cast) 1 내던지다 2 (미소 등을) 보내다 3 캐스팅하다

He cast a stone into the pond. 그는 연못에 돌을 던졌다.

She cast a smile at him. 그녀는 그에게 미소를 보냈다.

The director cast me for the leading role.
그 감독은 나를 주인공으로 캐스팅했다.

0843 fame
[feim]

명 명성, 명예

She gained both wealth and fame. 그녀는 부와 명예를 모두 얻었다.

⊞ famous 형 유명한

0844 object
[ábdʒikt]

명 1 물건, 물체 2 목표, 목적 동 [əbdʒékt] 반대하다

I saw a strange object in the sky. 하늘에서 이상한 물체를 보았다.

Our object is to cut down on costs.
우리의 목표는 비용을 줄이는 것이다.

My parents objected to my plan. 부모님은 내 계획에 반대하셨다.

0845 recycle
[riːsáikl]

동 (폐품을) 재활용하다, 재생하여 이용하다

They recycle all their bottles. 그들은 병을 모두 재활용한다.

참고 reuse 재사용하다

0846 schedule
[skédʒuːl]

명 1 일정, 예정 2 시간표

She has a busy schedule today. 그녀는 오늘 일정이 바쁘다.

I'll check my class schedule. 나는 내 수업 시간표를 확인하겠다.

0847 stare
[stɛər]

동 응시하다, 빤히 쳐다보다

Why are you staring at me? 왜 너는 나를 빤히 쳐다보고 있니?

0848 probably
[prábəbli]

부 아마도 ⊕maybe

It will probably snow tomorrow. 내일은 아마 눈이 올 것이다.

0849 supply
[səplái]

명 1 공급(량) 2 (-s) 공급품, 물자 동 공급하다

The factory needs large supplies of water.
그 공장은 많은 양의 물 공급이 필요하다.

medical supplies 의료 물자

They supplied us with food. 그들은 우리에게 음식을 공급했다.

0850 debt
[det]

명 1 빚, 부채 2 빚진 상태

I don't have money to pay my debt. 나는 빚을 갚을 돈이 없다.

She didn't want to be in debt to him.
그녀는 그에게 빚을 지고 싶지 않았다.

0851 experience
[ikspíəriəns]

명 경험 동 경험하다, 겪다

She has some work experience. 그녀는 업무 경험이 좀 있다.

He experienced health problems. 그는 건강상의 문제를 겪었다.

0852 instant
[ínstənt]

형 1 즉각적인, 당장의 2 즉석의, 인스턴트의 명 순간 ⊕moment

The book was an instant success. 그 책은 즉각적인 성공을 거뒀다.

Don't eat too much instant food. 즉석 식품을 너무 많이 먹지 마라.

for an instant 잠시 동안, 일순간

0853 bacteria
[bæktíəriə]

명 [복수] 박테리아, 세균(단수형 bacterium)

Some bacteria cause diseases. 어떤 박테리아는 질병을 일으킨다.

0854 appropriate
[əpróupriət]

형 적절한, 적합한 ⊜inappropriate

This TV show is not appropriate for teenagers.
이 TV 쇼는 십 대들에게 적합하지 않다.

0855 comment
[kámənt]

명 논평, 의견 동 논평하다

He made a helpful comment. 그는 도움이 되는 논평을 해주었다.

They commented on the film. 그들은 그 영화에 대해 논평했다.

0856 apology
[əpálədʒi]

명 사과, 사죄

I made an apology for being late. 나는 늦은 것에 대해 사과했다.

Please accept my apology. 부디 제 사과를 받아주세요.

⊞ apologize 동 사과하다

0857 magnet

[mǽgnit]

명 자석

Iron sticks to magnets. 쇠붙이는 자석에 붙는다.

0858 tap

[tæp]

명 수도꼭지 동 톡톡 치다

Did you turn off the tap? 너는 수도꼭지를 잠갔니?

He tapped on my shoulder. 그는 내 어깨를 톡톡 쳤다.

0859 hang on

1 매달리다, 붙잡다 2 (전화를) 끊지 않고 기다리다

Hang on tight to the rope. 밧줄을 꽉 붙잡고 있어라.

Can you hang on for a while? 끊지 말고 잠시 기다려 주실래요?

0860 get used to

~에 익숙해지다

You'll get used to life here. 너는 이곳 생활에 익숙해질 것이다.

DAY 43 CHECK-UP

정답 p.293

[1-14] 영어는 우리말로, 우리말은 영어로 쓰세요.

1 recycle _____

2 experience _____

3 object _____

4 supply _____

5 instant _____

6 probably _____

7 value _____

8 명성, 명예 _____

9 수도꼭지; 톡톡 치다 _____

10 응시하다, 빤히 쳐다보다 _____

11 사과, 사죄 _____

12 빚, 부채; 빚진 상태 _____

13 논평, 의견; 논평하다 _____

14 적절한, 적합한 _____

[15-18] 우리말에 맞게 빈칸에 알맞은 말을 넣으세요.

15 She _____ a smile at him. (그녀는 그에게 미소를 보냈다.)

16 She has a busy _____ today. (그녀는 오늘 일정이 바쁘다.)

17 Can you _____ _____ for a while? (끊지 말고 잠시 기다려 주실래요?)

18 You'll _____ _____ _____ life here. (너는 이곳 생활에 익숙해질 것이다.)

DAY 44
PREVIEW

A 아는 단어/숙어에 체크(V)해보세요.

0861 **blame**	☐	0871 **moonlight**	☐
0862 **realize**	☐	0872 **pity**	☐
0863 **tend**	☐	0873 **discuss**	☐
0864 **college**	☐	0874 **education**	☐
0865 **comfortable**	☐	0875 **pardon**	☐
0866 **scold**	☐	0876 **wisdom**	☐
0867 **freedom**	☐	0877 **afterward**	☐
0868 **hardly**	☐	0878 **slip**	☐
0869 **lay**	☐	0879 **one another**	☐
0870 **separate**	☐	0880 **take part in**	☐

B 사진을 보고 알맞은 단어/숙어를 써보세요.

_____ _____ _____ _____

0861 blame

[bleim]

동 탓하다, 비난하다

They blamed him for losing the game.
그들은 경기에 진 것에 대해 그를 탓했다.

0862 realize

[ríːəlàiz]

동 1 깨닫다, 인식하다 2 (목표 등을) 실현[달성]하다

You should realize the importance of a healthy diet.
너는 건강에 좋은 식사의 중요성을 깨달아야 한다.

You will be able to realize your dream.
너는 네 꿈을 실현할 수 있을 것이다.

0863 tend

[tend]

동 (~ to-v) ~하는 경향이 있다, ~하기 쉽다

He tends to gain weight easily. 그는 쉽게 살이 찌는 경향이 있다.

0864 college

[kálidʒ]

명 (단과) 대학

She entered college this year. 그녀는 올해 대학에 입학했다.

참고 university (종합) 대학

0865 comfortable

[kʌ́mfərtəbl]

형 편안한, 안락한 ⊕uncomfortable

This sofa is so comfortable. 이 소파는 아주 편안하다.

➕ comfort 명 안락, 편안함

0866 scold

[skould]

동 꾸짖다, 야단치다

The teacher scolded them for talking in class.
선생님은 수업 시간에 떠든 것에 대해 그들을 꾸짖었다.

0867 freedom

[fríːdəm]

명 자유 ⊕liberty

You have the freedom to choose any color.
너는 어떤 색깔이든 선택할 자유가 있다.

freedom of expression 표현의 자유

0868 hardly

[háːrdli]

부 거의 ~ 않다[아니다], 도저히 ~할 수 없다

She hardly knows your friends. 그녀는 네 친구들을 거의 모른다.

I can hardly believe it. 나는 그것을 도저히 믿을 수 없다.

0869 lay
[lei]

图 (laid-laid) 1 놓다, 두다 2 (알을) 낳다

I laid my keys on the table. 나는 열쇠를 탁자 위에 놓았다.

The fish lay their eggs in spring. 그 물고기들은 봄에 알을 낳는다.

0870 separate
[séparət]

형 1 분리된 2 다른, 별개의 图 [sépərèit] 분리되다, 분리하다

We have separate bedrooms. 우리는 분리된 침실을 쓴다.

a separate matter 별개의 문제

They separated the puppies from their mothers.
그들은 강아지들을 어미들과 분리했다.

0871 moonlight
[mú:nlàit]

图 달빛

Moonlight shone between the clouds. 달빛이 구름 사이로 빛났다.

0872 pity
[píti]

图 동정, 연민 图 동정하다

She felt no pity for him. 그녀는 그에게 동정을 느끼지 않았다.

I pitied the little child. 나는 그 어린아이를 동정했다.

⊞ pitiful 형 가엾은

0873 discuss
[diskʌ́s]

图 토론하다, 논의하다

We discussed our future plans. 우리는 미래 계획에 대해 논의했다.

⊞ discussion 图 토론, 논의

0874 education
[èdʒukéiʃən]

图 교육

His son got a good education. 그의 아들은 좋은 교육을 받았다.

public education 공교육

⊞ educate 图 교육하다

0875 pardon
[pá:rdn]

图图 1 용서(하다) 2 사면(하다)

I begged her pardon for being rude.
나는 무례하게 군 것에 대해 그녀에게 용서를 구했다.

The queen pardoned him. 그 여왕은 그를 사면했다.

0876 wisdom
[wízdəm]

图 현명함, 지혜

The old man is respected for his wisdom.
그 노인은 그의 지혜로 존경받는다.

⊞ wise 형 현명한, 지혜로운

0877 **afterward**
[ǽftərwərd]

(부) (그) 후에, 나중에

She called me and arrived soon afterward.
그녀는 나에게 전화한 후에 곧 도착했다.

0878 **slip**
[slip]

(동) 미끄러지다

He slipped in the bathroom. 그는 욕실에서 미끄러졌다.

0879 **one another**

(셋 이상) 서로

They tried to help one another. 그들은 서로 도우려고 노력했다.

0880 **take part in**

~에 참여[참가]하다

We took part in the marathon. 우리는 그 마라톤에 참가했다.

DAY 44 CHECK-UP

정답 p.293

[1-14] 영어는 우리말로, 우리말은 영어로 쓰세요.

1 freedom _____

2 realize _____

3 hardly _____

4 scold _____

5 blame _____

6 tend _____

7 afterward _____

8 편안한, 안락한 _____

9 교육 _____

10 놓다, 두다; (알을) 낳다 _____

11 현명함, 지혜 _____

12 토론하다, 논의하다 _____

13 동정, 연민; 동정하다 _____

14 (단과) 대학 _____

[15-18] 우리말에 맞게 빈칸에 알맞은 말을 넣으세요.

15 He _____ in the bathroom. (그는 욕실에서 미끄러졌다.)

16 They tried to help _____ _____. (그들은 서로 도우려고 노력했다.)

17 We _____ _____ _____ the marathon. (우리는 그 마라톤에 참가했다.)

18 They _____ the puppies from their mothers. (그들은 강아지들을 어미들과 분리했다.)

DAY 45
PREVIEW

A 아는 단어/숙어에 체크(V)해보세요.

0881 **figure**	☐	
0882 **gap**	☐	
0883 **satisfy**	☐	
0884 **valuable**	☐	
0885 **closet**	☐	
0886 **diligent**	☐	
0887 **consume**	☐	
0888 **flash**	☐	
0889 **improve**	☐	
0890 **attract**	☐	

0891 **position**	☐
0892 **tease**	☐
0893 **exhibition**	☐
0894 **narrow**	☐
0895 **brief**	☐
0896 **restroom**	☐
0897 **shut**	☐
0898 **stretch**	☐
0899 **pull out**	☐
0900 **keep in mind**	☐

B 사진을 보고 알맞은 단어/숙어를 써보세요.

_____ _____ _____ _____

0881 figure
[fígjər]

명 1 수치 2 숫자 3 (중요한) 인물

Last year's sales figures were good. 작년 매출 수치는 좋았다.

He wrote the full amount in figures. 그는 총액을 숫자로 적었다.

a public figure 공인(公人)

0882 gap
[gæp]

명 1 갈라진 틈 2 (시간적) 공백 3 격차, 차이

He filled the gap in the wall. 그는 벽에 난 틈을 메웠다.

There is a gap in his work history. 그의 이력에는 공백이 있다.

the gap between rich and poor 빈부 격차

0883 satisfy
[sǽtisfài]

동 1 (사람을) 만족시키다 2 (요구 등을) 채우다, 충족시키다

Her job doesn't satisfy her. 그녀의 직업은 그녀를 만족시키지 못한다.

His answer satisfied my curiosity. 그의 대답은 내 호기심을 충족시켰다.

⊞ satisfying 형 만족시키는; 충분한 satisfied 형 만족한, 충족된

0884 valuable
[vǽljuəbl]

형 1 유용한, 귀중한 2 값비싼

He gave me valuable information. 그는 내게 유용한 정보를 주었다.

The watch is very valuable. 그 시계는 매우 비싸다.

⊞ value 명 (금전적) 가치, 가격; 유용성

0885 closet
[klázit]

명 벽장

The closet is full of new clothes. 그 벽장은 새 옷으로 가득 차 있다.

0886 diligent
[dílidʒənt]

형 부지런한, 성실한

He is a very diligent student. 그는 매우 성실한 학생이다.

0887 consume
[kənsú:m]

동 소비[소모]하다

This car consumes too much gas. 이 차는 너무 많은 기름을 소비한다.

⊞ consumer 명 소비자

0888 flash
[flæʃ]

동 번쩍이다

A light flashed in the dark. 어둠 속에서 불빛이 번쩍였다.

0889 **improve**
[imprúːv]

동 나아지다, 개선하다, 향상시키다

Your health will improve soon. 너의 건강은 곧 나아질 것이다.
improve one's skills 기량을 향상시키다

0890 **attract**
[ətrǽkt]

동 1 (관광객 등을) 끌어들이다 2 (주의·흥미를) 끌다

The event attracts young people. 그 행사는 젊은 사람들을 끌어들인다.
attract a lot of interest 많은 관심을 끌다
⊞ attractive 형 매력적인

0891 **position**
[pəzíʃən]

명 1 위치 2 (몸의) 자세 3 입장, 처지

The position of the sun changes throughout the day.
태양의 위치는 낮 동안 죽 변한다.
Take a seat in a comfortable position. 편안한 자세로 앉아라.
He was put in a difficult position. 그는 어려운 입장에 처해졌다.

0892 **tease**
[tiːz]

동 1 놀리다 2 (동물을) 괴롭히다

Stop teasing your little sister. 네 여동생을 그만 놀려라.
The kids teased a dog. 그 아이들이 개를 괴롭혔다.

0893 **exhibition**
[èksəbíʃən]

명 1 전시회, 박람회 2 전시

The museum is holding an art exhibition.
그 미술관은 미술 전시회를 열고 있다.
Her works are on exhibition. 그녀의 작품들이 전시 중이다.
⊞ exhibit 동 전시하다

0894 **narrow**
[nǽrou]

형 1 (폭이) 좁은 ⊕wide 2 (범위 등이) 제한된, 한정된 ⊕broad

I was walking down the narrow street. 나는 좁은 길을 걷고 있었다.
He has a narrow circle of friends. 그는 교제 범위가 좁다.

0895 **brief**
[briːf]

형 1 (시간이) 짧은 2 (말·글이) 간결한, 간단한

We had a brief meeting. 우리는 짧은 회의를 가졌다.
She left a brief note. 그녀는 간단한 메모를 남겼다.

0896 **restroom**
[réstrùːm]

명 (공공장소의) 화장실

I washed my hands in the restroom. 나는 화장실에서 손을 씻었다.
참고 bathroom 욕실, 화장실

0897 **shut**
[ʃʌt]

동 (shut-shut) 닫히다, 닫다 형 닫힌

She shut the door quietly. 그녀는 조용히 문을 닫았다.

Keep the window shut. 창문을 닫아 두어라.

0898 **stretch**
[stretʃ]

동 1 늘어나다, 늘이다 2 (팔·다리를) 뻗다

These pants stretch easily. 이 바지는 잘 늘어난다.

Stretch out your arms and legs. 팔과 다리를 쭉 뻗어라.

0899 **pull out**

1 (이·마개 등을) 빼다, 뽑다 2 (사업 등에서) 손을 떼다

The dentist pulled out my tooth. 그 치과의사는 내 이를 뽑았다.

He pulled out of the project. 그는 그 프로젝트에서 손을 뗐다.

0900 **keep in mind**

~을 명심하다, ~을 기억하다

Please keep these tips in mind. 이 조언들을 명심하세요.

DAY 45 CHECK-UP

정답 p.293

[1-14] 영어는 우리말로, 우리말은 영어로 쓰세요.

1 gap _____

2 exhibition _____

3 brief _____

4 tease _____

5 stretch _____

6 figure _____

7 position _____

8 벽장 _____

9 닫히다, 닫다; 닫힌 _____

10 유용한, 귀중한; 값비싼 _____

11 번쩍이다 _____

12 소비[소모]하다 _____

13 부지런한, 성실한 _____

14 (공공장소의) 화장실 _____

[15-18] 우리말에 맞게 빈칸에 알맞은 말을 넣으세요.

15 I was walking down the _____ street. (나는 좁은 길을 걷고 있었다.)

16 His answer _____ my curiosity. (그의 대답은 내 호기심을 충족시켰다.)

17 The event _____ young people. (그 행사는 젊은 사람들을 끌어들인다.)

18 The dentist _____ _____ my tooth. (그 치과의사는 내 이를 뽑았다.)

A 우리말에 맞게 빈칸에 알맞은 말을 넣으세요.

1 public _____ (공교육)

2 a sad _____ (슬픈 추억)

3 collect _____ (정보를 수집하다)

4 _____ a lot of interest (많은 관심을 끌다)

5 the _____ of international trade (국제무역의 증가)

6 His voice is _____ to me. (그의 목소리는 나에게 익숙하다.)

7 She felt no _____ for him. (그녀는 그에게 동정을 느끼지 않았다.)

8 I don't have money to pay my _____. (나는 빚을 갚을 돈이 없다.)

9 The museum is holding an art _____. (그 미술관은 미술 전시회를 열고 있다.)

10 They _____ _____ the big tree. (그들은 그 큰 나무를 베어 쓰러뜨렸다.)

11 The _____ age of my family members is 25.
   (우리 가족 구성원의 평균 나이는 25세이다.)

12 I saw him _____ _____ _____ to school.
   (나는 학교로 가는 도중에 그를 보았다.)

B 밑줄 친 말에 유의하여 다음 문장을 해석하세요.

1 She hardly knows your friends.

   _____

2 She forced me to buy it.

   _____

3 Our object is to cut down on costs.

   _____

4 He tends to gain weight easily.

   _____

5 Please keep these tips in mind.

   _____

C 밑줄 친 단어와 반대인 뜻을 가진 단어를 고르세요.

1 How's his physical condition?

① separate   ② mental   ③ newborn   ④ average

2 Does this price include tax?

① research   ② ease   ③ satisfy   ④ exclude

3 I like the ancient history class.

① modern   ② valuable   ③ crazy   ④ brief

4 This TV show is not appropriate for teenagers.

① comfortable   ② shut   ③ blame   ④ inappropriate

5 He has a narrow circle of friends.

① silly   ② diligent   ③ successful   ④ broad

D 보기 에서 빈칸에 공통으로 들어갈 단어를 골라 쓰세요.

보기   realize   tease   apology   instant   ease   delight

1 The children laughed with _____.

His call will _____ his parents.

2 We beat the team with _____.

This medicine will _____ your pain.

3 The book was a(n) _____ success.

Don't eat too much _____ food.

4 I made a(n) _____ for being late.

Please accept my _____.

5 You should _____ the importance of a healthy diet.

You will be able to _____ your dream.

DAY 46

PREVIEW

A 아는 단어/숙어에 체크(V)해보세요.

0901 fuel	☐	
0902 spread	☐	
0903 analyze	☐	
0904 bullet	☐	
0905 dislike	☐	
0906 engineer	☐	
0907 frame	☐	
0908 astronaut	☐	
0909 wisely	☐	
0910 several	☐	

0911 height	☐	
0912 nervous	☐	
0913 spot	☐	
0914 pollution	☐	
0915 cotton	☐	
0916 instrument	☐	
0917 certainly	☐	
0918 typhoon	☐	
0919 pull up	☐	
0920 run across	☐	

B 사진을 보고 알맞은 단어/숙어를 써보세요.

1 _____ 2 _____ 3 _____ 4 _____

DAY 46

0901 fuel
[fjúːəl]

명 연료

The car uses a lot of fuel. 그 차는 연료를 많이 소모한다.
We're running out of fuel. 우리는 연료가 다 떨어져 간다.

0902 spread
[spred]

동 (spread-spread) 1 펼치다 2 (팔 등을) 벌리다 3 퍼지다, 퍼뜨리다

He spread the map on the floor. 그는 바닥에 그 지도를 펼쳤다.
Spread your arms wide. 두 팔을 넓게 벌려라.
The disease spread rapidly. 그 질병은 빠르게 퍼졌다.

0903 analyze
[ǽnəlàiz]

동 분석하다

I tried to analyze the problem. 나는 그 문제점을 분석하려고 노력했다.
⊞ analysis 명 분석

0904 bullet
[búlit]

명 총알

His left shoulder was hit by a bullet. 그의 왼쪽 어깨가 총알에 맞았다.

0905 dislike
[disláik]

동 싫어하다 ⊞hate 명 싫어함, 반감

I really dislike the cold weather. 나는 추운 날씨를 정말 싫어한다.
She has a dislike of sweets. 그녀는 단 것을 싫어한다.

0906 engineer
[èndʒəníər]

명 기사, 기술자

The engineer fixed the television. 그 기술자가 텔레비전을 수리했다.

0907 frame
[freim]

명 1 틀, 액자 2 뼈대, 프레임 동 틀[액자]에 넣다

She painted the window frame. 그녀는 창틀을 페인트칠했다.
a bicycle frame 자전거의 뼈대
The picture of his family was framed.
그의 가족 사진이 액자에 넣어져 있었다.

0908 astronaut
[ǽstrənɔ̀ːt]

명 우주비행사

My dream is to be an astronaut. 나의 꿈은 우주비행사가 되는 것이다.

0909 wisely
[wáizli]

🔤 현명하게

You should spend your money wisely. 너는 현명하게 돈을 써야 한다.

⊞ wise 혱 현명한, 지혜로운

0910 several
[sévərəl]

혱 몇몇의

She stayed home for several days. 그녀는 며칠 동안 집에 있었다.

0911 height
[hait]

명 1 키, 높이 2 고도

He is 180 cm in height. 그는 키가 180cm이다.

The plane reached a height of 12,000 meters.
그 비행기는 12,000미터의 고도에 도달했다.

참고 weight 무게

0912 nervous
[nə́ːrvəs]

혱 1 긴장한, 불안한 2 신경(성)의

I always get nervous before tests. 나는 시험 전에 항상 긴장한다.

a nervous disease 신경 질환

0913 spot
[spɑt]

명 1 장소, 지점 2 반점 동 발견하다

I found a great spot for camping. 나는 캠핑하기 좋은 장소를 찾았다.

She has a red spot on her leg. 그녀는 다리에 붉은 반점이 있다.

They spotted a shark coming. 그들은 상어가 오는 것을 발견했다.

0914 pollution
[pəlúːʃən]

명 오염, 공해

Water pollution is getting worse in this area.
이 지역의 수질 오염이 점점 심해지고 있다.

⊞ pollute 동 더럽히다, 오염시키다

0915 cotton
[kátn]

명 1 면, 면직물 2 목화

He likes to wear cotton pants. 그는 면바지를 입는 것을 좋아한다.

cotton fields 목화밭

0916 instrument
[ínstrəmənt]

명 1 기구, 도구 ㉮tool 2 악기 ㉯musical instrument

A pen is a writing instrument. 펜은 필기도구이다.

My favorite instrument is the violin.
내가 가장 좋아하는 악기는 바이올린이다.

0917 certainly

[sə́ːrtnli]

图 확실히, 틀림없이

I certainly told the truth. 나는 틀림없이 진실을 말했다.

0918 typhoon

[taifúːn]

图 태풍

The typhoon changed its course. 그 태풍은 진로를 바꾸었다.

참고 hurricane 허리케인

0919 pull up

(차 등이) 멈추다[서다]

A car pulled up in front of his house. 차 한 대가 그의 집 앞에 멈췄다.

0920 run across

~을 우연히 마주치다

I ran across my old friend on the street.
나는 길에서 옛 친구와 우연히 마주쳤다.

DAY 46 CHECK-UP

정답 p.293

[1-14] 영어는 우리말로, 우리말은 영어로 쓰세요.

1	fuel	_____	8	기구, 도구; 악기	_____
2	nervous	_____	9	키, 높이; 고도	_____
3	astronaut	_____	10	몇몇의	_____
4	cotton	_____	11	오염, 공해	_____
5	dislike	_____	12	총알	_____
6	certainly	_____	13	현명하게	_____
7	engineer	_____	14	태풍	_____

[15-18] 우리말에 맞게 빈칸에 알맞은 말을 넣으세요.

15 She painted the window _____. (그녀는 창틀을 페인트칠했다.)

16 I found a great _____ for camping. (나는 캠핑하기 좋은 장소를 찾았다.)

17 A car _____ _____ in front of his house. (차 한 대가 그의 집 앞에 멈췄다.)

18 I _____ _____ my old friend on the street.

(나는 길에서 옛 친구와 우연히 마주쳤다.)

DAY 47
PREVIEW

A 아는 단어/숙어에 체크(V)해보세요.

0921	**liberty**	☐	0931	**bless**	☐
0922	**feather**	☐	0932	**heaven**	☐
0923	**compass**	☐	0933	**purpose**	☐
0924	**deliver**	☐	0934	**inform**	☐
0925	**earthquake**	☐	0935	**neighborhood**	☐
0926	**strength**	☐	0936	**regret**	☐
0927	**treasure**	☐	0937	**various**	☐
0928	**unlike**	☐	0938	**canal**	☐
0929	**announcer**	☐	0939	**make it**	☐
0930	**state**	☐	0940	**sign up for**	☐

B 사진을 보고 알맞은 단어/숙어를 써보세요.

1 _____ 2 _____ 3 _____ 4 _____

0921 liberty
[líbərti]

명 자유 ⑨freedom

They fought to defend liberty. 그들은 자유를 지키기 위해 싸웠다.

0922 feather
[féðər]

명 (새의) 털, 깃털

The bird has black feathers. 그 새는 검은 털을 가지고 있다.

0923 compass
[kʌ́mpəs]

명 1 나침반 2 (제도용) 컴퍼스

The needle of our compass is pointing north.
우리 나침반의 바늘이 북쪽을 가리키고 있다.

Draw a circle with a compass. 컴퍼스로 원을 그려라.

0924 deliver
[dilívər]

동 1 배달하다 2 (연설 · 강연 등을) 하다

I deliver newspapers every morning.
나는 매일 아침 신문을 배달한다.

She delivered a short speech. 그녀는 짧은 연설을 했다.

⊞ delivery 명 (우편물 등의) 배달, 배송

0925 earthquake
[ə́ːrθkwèik]

명 지진

Many buildings were destroyed by the earthquake.
많은 건물들이 그 지진으로 인해 파괴되었다.

0926 strength
[streŋθ]

명 1 (육체적 · 정신적) 힘 2 강점, 장점 ⑪weakness

I don't even have the strength to walk. 나는 걸을 힘도 없다.

What is your greatest strength? 너의 가장 큰 장점은 무엇이니?

참고 power 힘, 능력

0927 treasure
[tréʒər]

명 보물

They buried the treasure in the ground. 그들은 보물을 땅에 묻었다.

0928 unlike
[ənláik]

전 1 ~와 다른[달리] ⑪like 2 ~답지 않은

He is friendly, unlike his brother. 그는 형과 달리 친절하다.

It is unlike you to skip class. 수업을 빼먹다니 너답지 않다.

0929 announcer
[ənáunsər]

뗑 방송 진행자, 아나운서

She is a television announcer. 그녀는 TV 아나운서이다.

⊕ announce 동 발표하다, 알리다

0930 state
[steit]

뗑 1 상태 2 (미국 등의) 주(州)

I'm worried about the state of your health.
나는 너의 건강 상태가 걱정된다.

There are 50 states in America. 미국에는 50개의 주가 있다.

0931 bless
[bles]

동 축복하다, (신의) 축복을 빌다

God bless you! 당신에게 신의 축복이 있기를!

0932 heaven
[hévən]

뗑 1 천국 2 낙원

They believe he went to heaven. 그들은 그가 천국에 갔다고 믿는다.

a heaven on earth 지상 낙원

0933 purpose
[pɔ́ːrpəs]

뗑 1 목적 2 (-s) 용도

What is the purpose of the campaign? 그 캠페인의 목적은 무엇이니?

We use this car for business purposes.
우리는 이 차를 업무 용도로 사용한다.

0934 inform
[infɔ́ːrm]

동 알리다, 통지하다

The police informed me of his death.
경찰이 나에게 그의 죽음을 알려주었다.

⊕ information 뗑 정보, 자료

0935 neighborhood
[néibərhùd]

뗑 1 (도시의) 지역, 동네 2 (the ~) 인근, 근처, 이웃

We moved to a quiet neighborhood.
우리는 조용한 지역으로 이사를 갔다.

in the neighborhood 인근에, 근처에

⊕ neighbor 뗑 이웃

0936 regret
[rigrét]

동 후회하다 뗑 후회, 유감

I don't regret my decision. 나는 내 결정을 후회하지 않는다.

He expressed deep regret at the loss of life.
그는 인명 손실에 대해 깊은 유감을 표했다.

0937 various
[vέəriəs]

형 여러 가지의, 다양한

This shop sells various kinds of flowers.
이 가게는 다양한 종류의 꽃을 판다.

⊞ vary 됭 (서로) 다르다, 다양하다; 바꾸다, 변화를 주다

0938 canal
[kənǽl]

명 운하, 수로

The ship passed through the canal. 그 배는 운하를 통과했다.

0939 make it

1 성공하다, 해내다 2 시간 맞춰 가다

He finally made it as a singer. 그는 마침내 가수로 성공했다.

I made it to the party. 나는 그 파티 시간에 맞게 도착했다.

0940 sign up for

~을 신청하다

She signed up for a yoga class. 그녀는 요가 수업을 신청했다.

DAY 47 CHECK-UP

정답 p.294

[1-14] 영어는 우리말로, 우리말은 영어로 쓰세요.

1 strength _____
2 heaven _____
3 deliver _____
4 neighborhood _____
5 state _____
6 liberty _____
7 unlike _____

8 보물 _____
9 목적; 용도 _____
10 여러 가지의, 다양한 _____
11 알리다, 통지하다 _____
12 후회하다; 후회, 유감 _____
13 (새의) 털, 깃털 _____
14 지진 _____

[15-18] 우리말에 맞게 빈칸에 알맞은 말을 넣으세요.

15 The ship passed through the _____. (그 배는 운하를 통과했다.)

16 He finally _____ _____ as a singer. (그는 마침내 가수로 성공했다.)

17 The needle of our _____ is pointing north. (나침반의 바늘이 북쪽을 가리키고 있다.)

18 She _____ _____ _____ a yoga class. (그녀는 요가 수업을 신청했다.)

DAY 48
PREVIEW

A 아는 단어/숙어에 체크(V)해보세요.

0941 **spray**	☐	
0942 **delivery**	☐	
0943 **friendship**	☐	
0944 **horror**	☐	
0945 **climbing**	☐	
0946 **justice**	☐	
0947 **concern**	☐	
0948 **extra**	☐	
0949 **appearance**	☐	
0950 **original**	☐	

0951 **infection**	☐
0952 **counsel**	☐
0953 **waste**	☐
0954 **spoil**	☐
0955 **polar**	☐
0956 **relate**	☐
0957 **vet**	☐
0958 **tragedy**	☐
0959 **such as**	☐
0960 **give away**	☐

B 사진을 보고 알맞은 단어/숙어를 써보세요.

_____   _____   _____   _____

DAY 48

학습일 | 1차: 월 일 | 2차: 월 일

0941 spray
[sprei]

동 뿌려지다, 뿌리다   명 분무기, 스프레이

He sprayed perfume on his neck. 그는 목에 향수를 뿌렸다.

a hair spray 헤어 스프레이

0942 delivery
[dilívəri]

명 (우편물 등의) 배달, 배송

The store offers free delivery. 그 상점은 무료 배송을 제공한다.

➕ deliver 동 배달하다

0943 friendship
[frénʃip]

명 교우 관계, 우정

She formed a close friendship with them.
그녀는 그들과 돈독한 우정을 쌓았다.

0944 horror
[hɔ́:rər]

명 공포

The boy screamed in horror. 그 소년은 공포에 질려 소리쳤다.

horror movies 공포 영화

0945 climbing
[kláimiŋ]

명 등반, 등산

I went rock climbing with them. 나는 그들과 함께 암벽 등반을 갔다.

➕ climb 동 오르다, 등반하다

0946 justice
[dʒʌ́stis]

명 1 정의, 공정 2 사법, 재판

He has a strong sense of justice. 그는 정의감이 강하다.

a justice system 사법 제도

0947 concern
[kənsə́:rn]

명 1 우려, 걱정 2 관심사

They had concerns about our safety. 그들은 우리의 안전을 걱정했다.

His main concern is to find a good job.
그의 주된 관심사는 좋은 일자리를 찾는 것이다.

0948 extra
[ékstrə]

형 추가의, 여분의   부 추가로

I often work extra hours. 나는 종종 추가 시간을 근무한다.

You have to pay extra for this menu item.
너는 이 메뉴를 먹으려면 추가로 돈을 내야 한다.

0949 appearance
[əpíːərəns]

형 1 외모, 겉모습 2 등장, 출현

They are similar in appearance. 그들은 외모가 비슷하다.

I was surprised by his sudden appearance.
나는 그의 갑작스러운 등장에 놀랐다.

⊞ appear 통 나타나다

0950 original
[ərídʒənl]

형 1 원래[본래]의 2 독창적인 3 원본[원작]의

Tell me about your original plan. 나에게 너의 원래 계획을 말해봐라.

She is full of original ideas. 그녀는 매우 독창적인 생각을 많이 한다.

the original work 원작

⊞ origin 명 기원, 유래; 태생, 출신

0951 infection
[infékʃən]

명 1 (병의) 전염, 감염 2 전염병

White blood cells defend the body against infection.
백혈구는 신체를 감염으로부터 보호해준다.

spread an infection 전염병을 퍼뜨리다

0952 counsel
[káunsəl]

동 (전문적으로) 상담하다

She counsels students on school violence.
그녀는 학교 폭력에 관해 학생들을 상담한다.

⊞ counselor 명 상담사

0953 waste
[weist]

명 1 낭비 2 쓰레기, 폐기물 동 낭비하다

It is a waste of money to buy it. 그것을 사는 것은 돈 낭비이다.

food waste 음식물 쓰레기

Don't waste water and energy. 물과 에너지를 낭비하지 마라.

0954 spoil
[spɔil]

동 1 망치다, 버려 놓다 2 (아이를) 버릇없게 키우다

The rain spoiled our picnic. 비가 우리의 소풍을 망쳐 놓았다.

He spoiled his son. 그는 아들을 버릇없게 키웠다.

0955 polar
[póulər]

형 남[북]극의, 극지방의

The polar ice is melting fast. 극지방의 얼음이 빠르게 녹고 있다.

0956 relate
[riléit]

동 관련짓다, 관련시키다

It is difficult to relate the two subjects. 그 두 주제를 관련짓기 어렵다.

0957 vet
[vet]

명 수의사 ⑤veterinarian

I took my dog to the vet. 나는 내 개를 수의사에게 데려갔다.

0958 tragedy
[trǽdʒədi]

명 비극(적인 사건)

His death was a tragedy for her. 그의 죽음은 그녀에게 비극이었다.

0959 such as

~와 같은

We enjoy sports such as soccer and baseball.
우리는 축구나 야구와 같은 스포츠를 즐긴다.

0960 give away

1 (비밀을) 폭로하다 2 거저 주다, 줘버리다

They gave away the secret. 그들은 그 비밀을 폭로했다.

I gave away my books to her. 나는 그녀에게 내 책들을 줘버렸다.

참고 giveaway 증정품

DAY 48 CHECK-UP

정답 p.294

[1-14] 영어는 우리말로, 우리말은 영어로 쓰세요.

1 original _____

2 waste _____

3 extra _____

4 delivery _____

5 infection _____

6 tragedy _____

7 justice _____

8 (전문적으로) 상담하다 _____

9 교우 관계, 우정 _____

10 등반, 등산 _____

11 관련짓다, 관련시키다 _____

12 외모, 겉모습; 등장, 출현 _____

13 우려, 걱정; 관심사 _____

14 남[북]극의, 극지방의 _____

[15-18] 우리말에 맞게 빈칸에 알맞은 말을 넣으세요.

15 The rain _____ our picnic. (비가 우리의 소풍을 망쳐 놓았다.)

16 The boy screamed in _____. (그 소년은 공포에 질려 소리쳤다.)

17 They _____ _____ the secret. (그들은 그 비밀을 폭로했다.)

18 We enjoy sports _____ _____ soccer and baseball.
(우리는 축구나 야구와 같은 스포츠를 즐긴다.)

DAY 49
PREVIEW

0961	anytime	☐	0971	mount	☐
0962	business	☐	0972	photographer	☐
0963	credit	☐	0973	string	☐
0964	describe	☐	0974	cardboard	☐
0965	forgive	☐	0975	supper	☐
0966	stroke	☐	0976	terrible	☐
0967	humble	☐	0977	evidence	☐
0968	upon	☐	0978	riddle	☐
0969	idiom	☐	0979	put up	☐
0970	launch	☐	0980	be related to	☐

B 사진을 보고 알맞은 단어/숙어를 써보세요.

_____ _____ _____ _____

0961 anytime

[énitàim]

튀 언제든지

You can call me anytime. 너는 내게 언제든지 전화해도 된다.

참고 anywhere 어디든지

0962 business

[bíznis]

명 1 사업, 거래 2 업무

I want to do business with you. 저는 당신과 거래를 하고 싶습니다.

She is out on business. 그녀는 업무로 외출 중이다.

0963 credit

[krédit]

명 1 외상[신용] 거래 2 칭찬, 인정

The store doesn't sell things on credit.
그 가게는 외상 거래로 물건들을 팔지 않는다.

We gave him credit for the victory. 우리는 우승에 대해 그를 칭찬했다.

0964 describe

[diskráib]

동 (특징 등을) 말하다, 묘사하다

Can you describe the girl to me?
그 소녀가 어떻게 생겼는지 내게 말해 주겠니?

➕ description 명 설명, 묘사

0965 forgive

[fərgív]

동 (forgave-forgiven) 용서하다 ⊕pardon

Please forgive my mistakes. 제 실수를 용서해주세요.

0966 stroke

[strouk]

명 1 (공을 치는) 타격, 스트로크 2 뇌졸중

He won the match with a beautiful stroke.
그는 멋진 스트로크로 시합에서 이겼다.

The man died of a stroke. 그 남자는 뇌졸중으로 죽었다.

0967 humble

[hámbl]

형 1 겸손한 ⊕proud 2 (신분 등이) 비천한, 낮은

He was humble about his success. 그는 자신의 성공에 대해 겸손했다.

She came from humble origins. 그녀는 미천한 태생 출신이다.

0968 upon

[əpán]

전 1 [격식] ~ 위에 ⊛on 2 가까이에, 임박한

Place the dishes upon the table. 접시들을 식탁 위에 놓아라.

The end of the year is upon us. 연말이 가까이 왔다.

0969 idiom

[ídiəm]

명 관용구, 숙어

I learn five English idioms every day.
나는 매일 다섯 개의 영어 숙어를 배운다.

0970 launch

[lɔ:ntʃ]

명 동 1 시작(하다) 2 출시(하다) 3 발사(하다)

The enemy launched an attack first. 적군이 먼저 공격을 시작했다.

Our company launched a new product.
우리 회사는 신제품을 출시했다.

a rocket launch 로켓 발사

0971 mount

[maunt]

동 1 증가하다 2 (계단 등을) 오르다 3 (말 등에) 올라타다

My debts are mounting. 내 빚이 증가하고 있다.

They slowly mounted the stairs. 그들은 천천히 계단을 올랐다.

mount a bicycle 자전거에 올라타다

0972 photographer

[fətágrəfər]

명 사진가, 사진작가

She is a famous fashion photographer.
그녀는 유명한 패션 사진작가이다.

⊞ photograph 명 사진

0973 string

[striŋ]

명 끈, 줄

Tie the box up with a string. 그 상자를 끈으로 묶어라.

0974 cardboard

[ká:rdbɔ̀:rd]

명 판지, 마분지

It was hard to cut the thick cardboard.
그 두꺼운 판지를 자르는 것은 어려웠다.

0975 supper

[sʌ́pər]

명 (간단한) 저녁 식사

I usually have supper at 6 p.m.
나는 보통 오후 6시에 저녁 식사를 한다.

0976 terrible

[térəbl]

형 1 끔찍한 ⊜awful 2 형편없는

I saw a terrible car accident. 나는 끔찍한 교통사고를 목격했다.

The food in the restaurant was terrible. 그 식당의 음식은 형편없었다.

⊞ terribly 부 몹시

0977 evidence

[évədəns]

명 증거, 근거 ⊕proof

We collected evidence of the crime.
우리는 그 범죄의 증거를 모았다.

0978 riddle

[rídl]

명 수수께끼

I can't solve this riddle. 나는 이 수수께끼를 못 풀겠다.

0979 put up

~을 (높이) 올리다

Put your hand up if you can answer the question.
질문에 답할 수 있다면 손을 들어라.

0980 be related to

~와 관계가 있다

Headaches are related to stress. 두통은 스트레스와 관계가 있다.

DAY 49 CHECK-UP

정답 p.294

[1-14] 영어는 우리말로, 우리말은 영어로 쓰세요.

1 business _____

2 photographer _____

3 upon _____

4 idiom _____

5 humble _____

6 credit _____

7 supper _____

8 판지, 마분지 _____

9 끔찍한; 형편없는 _____

10 언제든지 _____

11 수수께끼 _____

12 끈, 줄 _____

13 용서하다 _____

14 증거, 근거 _____

[15-18] 우리말에 맞게 빈칸에 알맞은 말을 넣으세요.

15 They slowly _____ the stairs. (그들은 천천히 계단을 올랐다.)

16 Our company _____ a new product. (우리 회사는 신제품을 출시했다.)

17 Can you _____ the girl to me? (그 소녀가 어떻게 생겼는지 내게 말해 주겠니?)

18 Headaches _____ _____ _____ stress. (두통은 스트레스와 관계가 있다.)

DAY 50

PREVIEW

A 아는 단어/숙어에 체크(V)해보세요.

0981 **bet**	☐	0991 **environment**	☐
0982 **script**	☐	0992 **totally**	☐
0983 **recommend**	☐	0993 **narrator**	☐
0984 **career**	☐	0994 **uneasy**	☐
0985 **advantage**	☐	0995 **route**	☐
0986 **float**	☐	0996 **portrait**	☐
0987 **champion**	☐	0997 **motto**	☐
0988 **local**	☐	0998 **slave**	☐
0989 **difficulty**	☐	0999 **give off**	☐
0990 **suffer**	☐	1000 **work out**	☐

B 사진을 보고 알맞은 단어/숙어를 써보세요.

1	2	3	4
_____	_____	_____	_____

DAY 50

학습일 | 1차: 월 일 | 2차: 월 일

0981 bet
[bet]

⑧ (bet-bet) (내기 등에) 돈을 걸다 ⑲ 내기, 내기 돈[물건]

I bet five dollars on the game. 나는 그 경기에 5달러를 걸었다.

My sister won her bet. 내 여동생이 내기에서 이겼다.

0982 script
[skript]

⑲ 대본, 각본

He is writing a film script. 그는 영화 대본을 쓰고 있다.

0983 recommend
[rèkəménd]

⑧ 1 추천하다 ⑩suggest 2 권(장)하다

Can you recommend a movie? 영화를 한 편 추천해주겠니?

I recommend that you see a doctor.
나는 네가 의사를 만나보기를 권한다.

⊞ recommendation ⑲ 추천; 권고

0984 career
[kəríər]

⑲ 1 직업 2 경력, 이력

The man chose acting as a career.
그 남자는 연기를 직업으로 선택했다.

She has had a long teaching career. 그녀는 오랜 교직 경력을 가졌다.

0985 advantage
[ədvǽntidʒ]

⑲ 유리한 점, 장점 ⑪disadvantage

Low price is the advantage of our product.
저렴한 가격이 우리 제품의 장점이다.

0986 float
[flout]

⑧ 1 (물 위에) 뜨다, 띄우다 ⑪sink 2 (공중에) 떠다니다

I can't float in the water. 나는 물에 뜨지 못한다.

A balloon floated across the sky. 풍선 하나가 하늘을 떠다녔다.

0987 champion
[tʃǽmpiən]

⑲ 챔피언, 우승자

He is the world swimming champion. 그는 세계 수영 챔피언이다.

0988 local
[lóukəl]

⑲ (특정) 지역의, 현지의

I work at the local hospital. 나는 지역 병원에서 일한다.

a local newspaper 지역 신문

230

0989 difficulty
[dífikʌ̀lti]

명 곤란, 어려움

She has difficulty in walking. 그녀는 걷는 데 어려움이 있다.

with difficulty 어렵게, 간신히

⊕ difficult 형 어려운, 힘든

0990 suffer
[sʌ́fər]

동 1 고통 받다, (병을) 앓다 2 (어려운 일을) 겪다

She is suffering from diabetes. 그녀는 당뇨병을 앓고 있다.

The company suffered a huge loss. 그 회사는 큰 손실을 겪었다.

0991 environment
[inváiərənmənt]

명 1 (the ~) 자연환경 2 (주변의) 환경

We should protect the environment. 우리는 자연환경을 보호해야 한다.

a working environment 작업[노동] 환경

⊕ environmental 형 환경의, 환경과 관련된

0992 totally
[tóutəli]

부 완전히, 전적으로

I totally forgot about her birthday.
나는 그녀의 생일에 대해 완전히 잊고 있었다.

⊕ total 형 총, 전체의

0993 narrator
[nǽreitər]

명 (소설의) 서술자, (영화 등의) 내레이터

The narrator of this novel is a little girl.
이 소설의 서술자는 어린 소녀이다.

⊕ narrate 동 이야기를 하다[들려주다]

0994 uneasy
[ʌníːzi]

형 1 불안한, 걱정되는 ⑪anxious 2 불편한

He felt uneasy about his future. 그는 자신의 장래가 걱정되었다.

an uneasy silence 불편한 침묵

0995 route
[ruːt]

명 길, 경로

This is the quickest route to the office.
이것이 사무실로 가는 가장 빠른 길이다.

0996 portrait
[pɔ́ːrtrit]

명 초상(화), 인물 사진

He painted a portrait of his dad. 그는 아버지의 초상화를 그렸다.

a family portrait 가족 사진

0997 motto
[mátou]

명 좌우명, 모토

My motto is "I can do it." 나의 좌우명은 "나는 할 수 있다."이다.

0998 slave
[sleiv]

명 노예

He worked all day like a slave. 그는 온종일 노예처럼 일했다.

0999 give off

(냄새·빛 등을) 내뿜다, 발산하다

The garbage gave off a bad smell. 그 쓰레기는 악취를 내뿜었다.

1000 work out

1 운동하다 ⊕exercise 2 (일이) 잘 풀리다

Try to work out regularly. 규칙적으로 운동하려고 노력해라.
Everything will work out well. 모든 일이 잘 풀릴 것이다.

DAY 50 CHECK-UP

정답 p.294

[1-14] 영어는 우리말로, 우리말은 영어로 쓰세요.

1	script	_____	8	완전히, 전적으로	_____
2	narrator	_____	9	직업; 경력, 이력	_____
3	recommend	_____	10	노예	_____
4	uneasy	_____	11	자연환경; (주변의) 환경	_____
5	bet	_____	12	유리한 점, 장점	_____
6	local	_____	13	곤란, 어려움	_____
7	portrait	_____	14	길, 경로	_____

[15-18] 우리말에 맞게 빈칸에 알맞은 말을 넣으세요.

15 She is _____ from diabetes. (그녀는 당뇨병을 앓고 있다.)

16 A balloon _____ across the sky. (풍선 하나가 하늘을 떠다녔다.)

17 Try to _____ _____ regularly. (규칙적으로 운동하려고 노력해라.)

18 The garbage _____ _____ a bad smell. (그 쓰레기는 악취를 내뿜었다.)

REVIEW TEST

DAY 46-50

정답 p.294

A 우리말에 맞게 빈칸에 알맞은 말을 넣으세요.

1 the _____ work (원작)

2 a rocket _____ (로켓 발사)

3 in the _____ (인근에, 근처에)

4 a(n) _____ disease (신경 질환)

5 a(n) _____ newspaper (지역 신문)

6 I _____ told the truth. (나는 틀림없이 진실을 말했다.)

7 I don't _____ my decision. (나는 내 결정을 후회하지 않는다.)

8 Everything will _____ _____ well. (모든 일이 잘 풀릴 것이다.)

9 He was _____ about his success. (그는 자신의 성공에 대해 겸손했다.)

10 She has had a long teaching _____. (그녀는 오랜 교직 경력을 가졌다.)

11 Low price is the _____ of our product. (저렴한 가격이 우리 제품의 장점이다.)

12 _____ your hand _____ if you can answer the question.
(질문에 답할 수 있다면 손을 들어라.)

B 밑줄 친 말에 유의하여 다음 문장을 해석하세요.

1 She <u>delivered</u> a short speech.

_____

2 He is friendly, <u>unlike</u> his brother.

_____

3 It is a <u>waste</u> of money to buy it.

_____

4 The store doesn't sell things on <u>credit</u>.

_____

5 I <u>gave away</u> my books to her.

_____

C 밑줄 친 단어와 가장 비슷한 뜻을 가진 단어를 고르세요.

1 They fought to defend liberty.
① freedom   ② strength   ③ state   ④ justice

2 Please forgive my mistakes.
① describe   ② pardon   ③ bet   ④ recommend

3 We collected evidence of the crime.
① motto   ② riddle   ③ script   ④ proof

4 He felt uneasy about his future.
① original   ② several   ③ anxious   ④ wisely

5 A pen is a writing instrument.
① frame   ② tool   ③ route   ④ bullet

D 보기 에서 빈칸에 들어갈 단어를 골라 쓰세요.

보기   various   pollution   float   inform   extra   fuel   relate   totally

1 I often work ＿＿＿＿＿＿ hours.

2 I can't ＿＿＿＿＿＿ in the water.

3 The police ＿＿＿＿＿＿(e)d me of his death.

4 I ＿＿＿＿＿＿ forgot about her birthday.

5 This shop sells ＿＿＿＿＿＿ kinds of flowers.

6 It is difficult to ＿＿＿＿＿＿ the two subjects.

7 Water ＿＿＿＿＿＿ is getting worse in this area.

CROSSWORD PUZZLE

DAY 41-50

정답 p.294

Across

4 후회하다; 후회, 유감
6 적절한, 적합한
9 성공하다; 뒤를 잇다
10 수치; 숫자; (중요한) 인물
11 겸손한; (신분 등이) 비천한, 낮은
12 분석하다

Down

1 명성, 명예
2 (폭이) 좁은; (범위 등이) 제한된, 한정된
3 (육체적 · 정신적) 힘; 강점, 장점
5 끔찍한; 형편없는
7 목적; 용도
8 포함하다

YOUR FUTURE JOBS   HOSPITAL

Doctor 의사

- physician 내과 의사
- surgeon 외과 의사
- dentist 치과 의사
- psychiatrist 정신과 의사

Nurse 간호사

- assist doctors 의사를 돕다
- help prepare for treatments 치료 준비를 돕다
- give shots to patients 환자에게 주사를 놓다

Pharmacist 약사

- prepare and give medicine 약을 조제하여 주다
- give advice on taking medicine 약 복용에 대한 조언을 해 주다

Physical Therapist 물리치료사

- help injured people recover their physical abilities through exercise 부상을 당한 사람들이 운동을 통해 신체 능력을 회복하도록 돕다

Caregiver 간병인

- look after patients 환자를 돌보다
- keep patients company 환자의 친구가 되어 주다

DAY 51

PREVIEW

A 아는 단어/숙어에 체크(V)해보세요.

1001 **treat**	☐	1011 **individual**	☐
1002 **classic**	☐	1012 **serve**	☐
1003 **account**	☐	1013 **bit**	☐
1004 **partner**	☐	1014 **sneeze**	☐
1005 **collaborate**	☐	1015 **material**	☐
1006 **expert**	☐	1016 **generally**	☐
1007 **situation**	☐	1017 **vivid**	☐
1008 **within**	☐	1018 **rubber**	☐
1009 **distance**	☐	1019 **use up**	☐
1010 **favor**	☐	1020 **make a decision**	☐

B 사진을 보고 알맞은 단어/숙어를 써보세요.

1	2	3	4
_____	_____	_____	_____

1001 treat
[triːt]

동 1 대하다 2 치료하다 3 대접하다, 한턱내다

She treats me like a child. 그녀는 나를 아이처럼 대한다.
The doctor treats cancer patients. 그 의사는 암환자들을 치료한다.
I'll treat you to lunch today. 내가 오늘 너에게 점심을 대접할 것이다.

1002 classic
[klǽsik]

형 1 (작품 등이) 고전적인, 걸작의 2 전형적인, 대표적인 명 고전

Beauty and the Beast is a classic novel.
「미녀와 야수」는 걸작 소설이다.
a classic mistake 전형적인 실수
The movie is a classic. 그 영화는 고전이다.

1003 account
[əkáunt]

명 1 (예금) 계좌 2 설명, 기술

He opened a bank account. 그는 은행 계좌를 개설했다.
give an account of ~에 대해 설명하다

1004 partner
[páːrtnər]

명 1 동료, 동업자 2 (스포츠 · 댄스 등의) 상대, 파트너

We met our business partner. 우리는 사업 동업자를 만났다.
He is my badminton partner. 그는 내 배드민턴 파트너이다.

1005 collaborate
[kəlǽbərèit]

동 협력[협동]하다

He will collaborate with other artists to make a new song.
그는 새로운 곡을 만들기 위해 다른 예술가들과 협력할 것이다.

1006 expert
[ékspəːrt]

명 전문가 형 전문가의, 전문적인

She is a medical expert. 그녀는 의학 전문가이다.
expert advice 전문가의 조언

1007 situation
[sìtʃuéiʃən]

명 상황, 처지

We are in a difficult situation. 우리는 어려운 상황에 처해 있다.

1008 within
[wiðín]

전 1 [기간] ~ 이내에, ~ 안에 2 [거리] ~ 범위 내에

I'll call you within 30 minutes. 내가 너에게 30분 안에 전화하겠다.
There are three banks within 10 km of the station.
그 역에서 10 km 내에 은행이 세 개 있다.

1009 distance
[dístəns]

명 1 거리 2 먼 곳

What is the distance from here to Seoul?
여기서 서울까지 거리가 얼마나 되니?

I saw a light from a distance. 나는 먼 곳으로부터 불빛을 보았다.

⊞ distant 형 (거리가) 먼

1010 favor
[féivər]

명 1 호의, 친절, 부탁 2 지지, 인정

Can I ask you a favor? 제가 당신에게 부탁 하나 해도 될까요?

gain favor with ~의 지지를 얻다

1011 individual
[indəvídʒuəl]

형 개인의 명 개인

We respect individual choice. 우리는 개인의 선택을 존중한다.

the freedom of the individual 개인의 자유

1012 serve
[sə:rv]

동 1 (음식을) 제공하다 2 (손님을) 응대하다 3 일하다, 복무하다

Dinner is served at seven. 저녁 식사는 7시에 제공된다.

I was serving many customers. 나는 많은 손님을 응대하고 있었다.

He served as president for five years. 그는 대통령으로 5년간 일했다.

1013 bit
[bit]

부 1 (a ~) 조금, 약간 2 (a ~) 잠시 명 작은 조각

I feel a bit better. 나는 기분이 조금 나아졌다.

Please wait a bit. 잠시만 기다려주세요.

a bit of glass 유리 한 조각

1014 sneeze
[sni:z]

동 재채기하다

I coughed and sneezed all night. 나는 밤새 기침과 재채기를 했다.

1015 material
[mətíəriəl]

명 1 (물건의) 재료 2 (책 등의) 소재

Wood is used as a building material. 나무는 건축 재료로 사용된다.

material for a novel 소설을 위한 소재

1016 generally
[dʒénərəli]

부 1 일반적[전반적]으로 2 대개, 보통 ⑨usually

Generally, men are taller than women.
일반적으로, 남성이 여성보다 키가 크다.

I generally go to bed at 10 p.m. 나는 보통 밤 10시에 잔다.

⊞ general 형 전반[전체]적인; 일반적인, 일반의

1017 vivid

[vívid]

형 1 (기억·묘사 등이) 생생한 2 (색 등이) 선명한

I had a vivid dream yesterday. 나는 어제 생생한 꿈을 꿨다.

a vivid color 선명한 색깔

1018 rubber

[rʌ́bər]

명 고무

This balloon is made of rubber. 이 풍선은 고무로 만들어졌다.

1019 use up

~을 다 쓰다

He used up all his money. 그는 자신의 돈을 모두 써 버렸다.

1020 make a decision

결정하다

I made a decision to marry her. 나는 그녀와 결혼하기로 결심했다.

DAY 51 CHECK-UP

정답 p.295

[1-14] 영어는 우리말로, 우리말은 영어로 쓰세요.

1	classic _____	8	개인의; 개인 _____
2	favor _____	9	(예금) 계좌; 설명, 기술 _____
3	generally _____	10	상황, 처지 _____
4	vivid _____	11	협력[협동]하다 _____
5	material _____	12	재채기하다 _____
6	treat _____	13	고무 _____
7	within _____	14	거리; 먼 곳 _____

[15-18] 우리말에 맞게 빈칸에 알맞은 말을 넣으세요.

15 She is a medical _____. (그녀는 의학 전문가이다.)

16 Dinner is _____ at seven. (저녁 식사는 7시에 제공된다.)

17 He _____ _____ all his money. (그는 자신의 돈을 모두 써 버렸다.)

18 I _____ _____ _____ to marry her.

(나는 그녀와 결혼하기로 결심했다.)

DAY 52

PREVIEW

A 아는 단어/숙어에 체크(V)해보세요.

1021	**exist**	☐	1031	**truly**	☐
1022	**relative**	☐	1032	**disadvantage**	☐
1023	**apologize**	☐	1033	**filter**	☐
1024	**virtual**	☐	1034	**independence**	☐
1025	**maximum**	☐	1035	**positive**	☐
1026	**complain**	☐	1036	**suggest**	☐
1027	**spirit**	☐	1037	**arrest**	☐
1028	**since**	☐	1038	**unexpected**	☐
1029	**harm**	☐	1039	**account for**	☐
1030	**crowded**	☐	1040	**be about to-v**	☐

B 사진을 보고 알맞은 단어/숙어를 써보세요.

_____ _____ _____ _____

1021 exist
[igzíst]

동 존재하다

They believe that ghosts exist. 그들은 유령이 존재한다고 믿는다.

1022 relative
[rélətiv]

명 친척 　형 상대적인, 비교 상의

He is one of my close relatives. 그는 내 가까운 친척 중 한 명이다.

a relative value 상대적 가치

＋ relatively 뷔 상대적으로, 비교적

1023 apologize
[əpálədʒàiz]

동 사과하다

I apologize for my late reply. 늦은 답장에 대해 사과드립니다.

＋ apology 명 사과, 사죄

1024 virtual
[və́:rtʃuəl]

형 1 사실상의, 실질적인　2 가상의

The war came to a virtual end. 그 전쟁은 사실상 끝이 났다.

a virtual world 가상 세계

1025 maximum
[mǽksəməm]

형 최대[최고]의　명 최대, 최대량[수] ⊕minimum (형/명)

The car reached its maximum speed. 그 차는 최대 속력에 도달했다.

I'll stay for a maximum of a week. 나는 최대 일주일 동안 머물 것이다.

1026 complain
[kəmpléin]

동 불평하다, 항의하다

He complained about the food. 그는 음식에 대해 불평했다.

＋ complaint 명 불평, 불만

1027 spirit
[spírit]

명 1 마음, 정신　2 (-s) 기분　3 영혼 ⊕soul

They are still young in spirit. 그들은 아직 마음은 젊다.

She is in good spirits today. 그녀는 오늘 기분이 좋다.

His spirit will be with us. 그의 영혼은 우리와 함께할 것이다.

1028 since
[sins]

전 [시점] ~ 이후　접 1 [시점] ~한 이래로[이후]　2 [이유] ~이므로

I've lived here since last year. 나는 작년부터 여기에 살고 있다.

It has been cold since you left. 네가 떠난 후로 계속 추웠다.

I ate a lot since I was hungry. 나는 배가 고파서 많이 먹었다.

1029 harm
[ha:rm]

명 해, 손해　동 해치다, 손상시키다

These chemicals cause no harm. 그 화학 물질들은 무해하다.

Soil pollution harms the environment. 토양 오염은 환경을 해친다.

＋ harmful 형 해로운

1030 crowded
[kráudid]

형 붐비는

The street was crowded with people. 그 거리는 사람들로 붐볐다.

＋ crowd 명 군중, 사람들　동 (사람이) 모여들다

1031 truly
[trú:li]

부 1 정말로, 참으로 ⑨really　2 진심으로

The show was truly amazing. 그 공연은 정말로 놀라웠다.

I am truly sorry. 진심으로 죄송합니다.

1032 disadvantage
[dìsədvǽntidʒ]

명 불리한 점, 약점 ⑪advantage

The major disadvantage of this plan is the cost.

이 계획의 주된 약점은 비용이다.

1033 filter
[fíltər]

명 여과 장치, 필터　동 여과하다, 거르다

Did you clean the air filter? 너는 공기 여과 장치를 청소했니?

This machine filters seawater. 이 기계는 바닷물을 여과한다.

1034 independence
[indipéndəns]

명 독립

We gained independence from Japan in 1945.

우리는 1945년에 일본으로부터 독립했다.

＋ independent 형 독립적인

1035 positive
[pázətiv]

형 1 (태도가) 낙관[긍정]적인　2 (영향이) 긍정적인, 좋은 ⑪negative

Positive thinking makes your life happier.

낙관적인 사고는 네 삶을 더 행복하게 만든다.

have a positive effect on ~에 긍정적인 영향을 미치다

1036 suggest
[sədʒést]

동 1 제안하다　2 추천하다 ⑨recommend　3 시사[암시]하다

She suggested some changes. 그녀는 약간의 변화들을 제안했다.

Can you suggest a nice restaurant? 좋은 식당을 추천해주시겠어요?

The evidence suggested that he had lied.

그 증거는 그가 거짓말했다는 것을 시사했다.

1037 arrest
[ərést]

동 체포하다, 구속하다　명 체포, 구속

The police arrested him last night. 경찰은 어젯밤 그를 체포했다.
He was under arrest for stealing a car. 그는 차를 훔쳐서 구속되었다.

1038 unexpected
[ənikspéktid]

형 예기치 않은, 뜻밖의

It was an unexpected result. 그것은 뜻밖의 결과였다.

1039 account for

1 ~에 대해 설명하다　2 (비율 등을) 차지하다

Can you account for your actions? 네 행동에 대해 설명해주겠니?
This test will account for 40% of the grade.
이 시험이 성적의 40%를 차지할 것이다.

1040 be about to-v

막 ~하려고 하다

The train is about to leave. 그 기차는 막 떠나려고 한다.

DAY 52　CHECK-UP

정답 p.295

[1-14] 영어는 우리말로, 우리말은 영어로 쓰세요.

1	maximum _____	8	사과하다 _____
2	complain _____	9	사실상의, 실질적인; 가상의 _____
3	suggest _____	10	예기치 않은, 뜻밖의 _____
4	spirit _____	11	존재하다 _____
5	arrest _____	12	친척; 상대적인, 비교상의 _____
6	positive _____	13	해, 손해; 해치다, 손상시키다 _____
7	since _____	14	불리한 점, 약점 _____

[15-18] 우리말에 맞게 빈칸에 알맞은 말을 넣으세요.

15 The street was _____ with people. (그 거리는 사람들로 붐볐다.)

16 Can you _____ _____ your actions? (네 행동에 대해 설명해주겠니?)

17 We gained _____ from Japan in 1945. (우리는 1945년에 일본으로부터 독립했다.)

18 The train _____ _____ _____ leave. (그 기차는 막 떠나려고 한다.)

DAY 53

PREVIEW

A 아는 단어/숙어에 체크(V)해보세요.

1041 **chain**	☐	1051 **lid**	☐
1042 **former**	☐	1052 **twisted**	☐
1043 **minimum**	☐	1053 **survey**	☐
1044 **opposite**	☐	1054 **respond**	☐
1045 **disappoint**	☐	1055 **environmental**	☐
1046 **slightly**	☐	1056 **strip**	☐
1047 **artificial**	☐	1057 **priest**	☐
1048 **bunch**	☐	1058 **vary**	☐
1049 **communicate**	☐	1059 **most of all**	☐
1050 **interpret**	☐	1060 **give a hand**	☐

B 사진을 보고 알맞은 단어/숙어를 써보세요.

1 _____

2 _____

3 _____

4 _____

1041 chain
[tʃein]

몡 1 사슬, 체인 2 연쇄, 연속 3 (상점·호텔 등의) 체인(점)

She kept the dog on a chain. 그녀는 그 개를 사슬에 묶어 놓았다.

a chain of events 일련의 사건

a hotel chain 호텔 체인점

1042 former
[fɔ́:rmər]

휑 1 (이)전의, 전임의 2 과거의, 옛날의

He is the former president. 그는 전직 대통령이다.

in former times 옛날에는

1043 minimum
[mínəməm]

휑 최소의, 최저의 몡 최소, 최저 ⊕maximum (휑/몡)

The minimum age to vote is 18. 투표할 수 있는 최저 나이는 18살이다.

Keep the cost of the trip to a minimum. 여행 경비를 최소화해라.

1044 opposite
[ápəzit]

젼 반대편[맞은편]에 휑 1 (정)반대의 2 반대편[맞은편]의

He was sitting opposite us. 그는 우리 맞은편에 앉아 있었다.

We have opposite opinions about that.
우리는 그것에 반대되는 의견을 가지고 있다.

on the opposite side 반대편에

1045 disappoint
[dìsəpɔ́int]

동 실망시키다

I don't want to disappoint her. 나는 그녀를 실망시키고 싶지 않다.

⊕ disappointing 휑 실망스러운 disappointed 휑 실망한

1046 slightly
[sláitli]

뷔 약간, 조금

The sauce is slightly spicy. 그 소스는 약간 맵다.

⊕ slight 휑 약간의, 조금의

1047 artificial
[à:rtəfíʃəl]

휑 1 인공[인조]의 2 꾸민, 거짓의

We grow flowers with artificial light. 우리는 인공 조명으로 꽃을 키운다.

artificial tears 거짓 눈물

1048 bunch
[bʌntʃ]

몡 다발, 송이

I bought a bunch of bananas. 나는 바나나 한 송이를 샀다.

1049 communicate

[kəmjúːnəkèit]

동 의사소통하다

They communicate with each other by email.
그들은 이메일로 서로 의사소통한다.

+ communication 명 연락, 의사소통

1050 interpret

[intə́ːrprit]

동 1 해석하다, 설명하다 2 통역하다 ⊕translate

We can interpret this poem in various ways.
우리는 이 시를 다양한 방식으로 해석할 수 있다.

The guide will interpret for me. 그 가이드는 나를 위해 통역할 것이다.

+ interpreter 명 통역사

1051 lid

[lid]

명 뚜껑

I closed the lid of the pot. 나는 그 냄비 뚜껑을 닫았다.

1052 twisted

[twístid]

형 꼬인, 뒤틀린

The ropes are twisted. 줄들이 꼬여 있다.

1053 survey

[sə́ːrvei]

동 설문 조사하다 명 설문 조사

I surveyed 500 people about the topic.
나는 그 주제에 관해 500명에게 설문 조사를 했다.

conduct a survey 설문 조사를 하다

1054 respond

[rispánd]

동 1 대답[응답]하다 ⊕reply 2 반응[대응]하다 ⊕react

She called him, but he didn't respond.
그녀는 그를 불렀지만, 그는 대답하지 않았다.

They responded well to the change. 그들은 그 변화에 잘 대응했다.

1055 environmental

[invàiərnméntl]

형 환경의, 환경과 관련된

Air pollution is a major environmental problem.
공기 오염은 중대한 환경 문제이다.

+ environment 명 환경

1056 strip

[strip]

동 (옷을) 벗다, 벗기다 명 가늘고 긴 조각

He stripped and jumped into the sea.
그는 옷을 벗고 바다로 뛰어들었다.

a strip of bacon 긴 베이컨 한 조각

1057 priest

[priːst]

명 성직자, 신부

The priest volunteered in Sudan. 그 신부는 수단에서 자원봉사를 했다.

1058 vary

[vέəri]

동 1 (서로) 다르다, 다양하다 2 바꾸다, 변화를 주다

The price varies from store to store. 가격은 가게마다 다르다.

She often varies her hairstyle. 그녀는 머리 모양을 자주 바꾼다.

⊞ various 형 여러 가지의, 다양한

1059 most of all

무엇보다도

Most of all, I like his voice. 무엇보다도, 나는 그의 목소리가 좋다.

1060 give a hand

도와주다

Can you give me a hand with my homework?
너 내 숙제를 도와줄 수 있니?

DAY 53 CHECK-UP

정답 p.295

[1-14] 영어는 우리말로, 우리말은 영어로 쓰세요.

1	interpret	_____	8	실망시키다	_____
2	artificial	_____	9	뚜껑	_____
3	survey	_____	10	꼬인, 뒤틀린	_____
4	strip	_____	11	약간, 조금	_____
5	respond	_____	12	의사소통하다	_____
6	environmental	_____	13	성직자, 신부	_____
7	minimum	_____	14	다발, 송이	_____

[15-18] 우리말에 맞게 빈칸에 알맞은 말을 넣으세요.

15 He is the _____ president. (그는 전직 대통령이다.)

16 The price _____ from store to store. (가격은 가게마다 다르다.)

17 We have _____ opinions about that. (우리는 그것에 반대되는 의견을 가지고 있다.)

18 _____ _____ _____, I like his voice.

(무엇보다도, 나는 그의 목소리가 좋다.)

DAY 54
PREVIEW

A 아는 단어/숙어에 체크(V)해보세요.

1061 cheat	☐	
1062 achieve	☐	
1063 creature	☐	
1064 extreme	☐	
1065 reduce	☐	
1066 feature	☐	
1067 knit	☐	
1068 whenever	☐	
1069 graduate	☐	
1070 background	☐	

1071 stripe	☐	
1072 movement	☐	
1073 option	☐	
1074 personality	☐	
1075 shame	☐	
1076 suppose	☐	
1077 decorate	☐	
1078 rhythm	☐	
1079 in case of	☐	
1080 on one's own	☐	

B 사진을 보고 알맞은 단어/숙어를 써보세요.

_____ _____ _____ _____

1061 cheat
[tʃiːt]

동 1 부정행위를 하다 2 속이다

Don't cheat on the exam. 시험에서 부정행위를 하지 마라.

The store cheated its customers. 그 상점은 고객들을 속였다.

1062 achieve
[ətʃíːv]

동 성취하다, 이루다

Did you achieve your goal? 너는 네 목표를 성취했니?

⊞ achievement 명 업적, 달성

1063 creature
[kríːtʃər]

명 생물, 생명체

Many creatures live in the jungle. 정글에는 많은 생물들이 살고 있다.

⊞ create 동 창조하다, 만들다   creative 형 창의적인, 창조적인

1064 extreme
[ikstríːm]

형 극도의, 극심한

I felt extreme pain in my knee. 나는 무릎에 극심한 통증을 느꼈다.

⊞ extremely 부 극도로, 극히

1065 reduce
[ridjúːs]

동 줄이다, 감소시키다

You should reduce your speed in the rain.
너는 비가 올 때 속력을 줄여야 한다.

⊞ reduction 명 축소, 감소

1066 feature
[fíːtʃər]

명 특징, 특색   동 특징을 이루다

What is the main feature of this car? 이 차의 주된 특징은 무엇이니?

That house features a big living room. 저 집은 큰 거실이 특징이다.

1067 knit
[nit]

동 (옷 등을) 뜨다, 뜨개질하다

I knitted a sweater for him. 나는 그에게 줄 스웨터를 떴다.

1068 whenever
[wenévər]

접 1 ~할 때마다 2 ~할 때는 언제든지

I listen to music whenever I have time.
나는 시간이 날 때마다 음악을 듣는다.

Visit us whenever you want. 원할 때 언제든지 저희를 방문하세요.

참고 wherever 어디에나, 어디든지

1069 graduate
[grǽdʒuət]

명 졸업생 동 [grǽdʒuèit] 졸업하다

They are graduates of the same school.
그들은 같은 학교 졸업생들이다.

She graduated from Harvard University. 그녀는 하버드대를 졸업했다.

1070 background
[bǽkgràund]

명 1 (사람의) 배경 2 (일의) 배경, 전후 사정 3 (그림 등의) 배경

He has a good family background. 그는 집안 배경이 좋다.

The teacher explained the background of the war.
선생님은 그 전쟁의 배경을 설명하셨다.

I took a photo with trees in the background.
나는 나무를 배경으로 사진을 찍었다.

1071 stripe
[straip]

명 줄무늬

He wore a white shirt with black stripes.
그는 검은색 줄무늬들이 있는 흰 셔츠를 입었다.

1072 movement
[múːvmənt]

명 1 (신체의) 동작, 움직임 2 (사회적) 운동, 활동

The movements of the dancer were beautiful.
그 무용수의 동작들은 아름다웠다.

the movement for independence 독립 운동

⊞ move 동 움직이다

1073 option
[ápʃən]

명 선택(할 수 있는 것), 선택권

You have the option of going there or not.
그곳에 가느냐 안 가느냐는 네 선택이다.

1074 personality
[pə̀ːrsənǽləti]

명 1 성격, 인격 2 특성, 개성

My mom has a very warm personality. 엄마는 성격이 매우 온화하시다.
The main character has no personality. 그 주인공은 개성이 없다.

1075 shame
[ʃeim]

명 1 부끄러움, 수치심 2 안타까운[유감스러운] 일

I turned red with shame. 나는 부끄러워서 얼굴이 빨개졌다.
It's a shame that you can't come. 네가 오지 못한다니 유감이다.

1076 suppose
[səpóuz]

동 1 생각하다, 추측하다 2 가정하다

Do you suppose he will leave? 너는 그가 떠날 것이라고 생각하니?
Let's suppose that it is true. 그것이 사실이라고 가정해보자.

1077 decorate
[dékərèit]

동 장식하다, 꾸미다

I decorated the cake with fruit. 나는 그 케이크를 과일로 장식했다.

1078 rhythm
[ríðm]

명 1 리듬 2 규칙적인 변화[운동]

He danced to the rhythm of the music.
그는 음악의 리듬에 맞춰 춤을 추었다.

the rhythm of the seasons 계절의 규칙적인 변화

1079 in case of

~의 경우에는

Call this number in case of a fire. 화재 시에는 이 번호로 전화해라.

1080 on one's own

스스로, 혼자 힘으로

I finished the work on my own. 나는 혼자 힘으로 그 일을 끝마쳤다.

DAY 54 CHECK-UP

정답 p.295

[1-14] 영어는 우리말로, 우리말은 영어로 쓰세요.

1 feature _____

2 suppose _____

3 option _____

4 knit _____

5 achieve _____

6 movement _____

7 rhythm _____

8 줄이다, 감소시키다 _____

9 성격, 인격; 특성, 개성 _____

10 극도의, 극심한 _____

11 장식하다, 꾸미다 _____

12 생물, 생명체 _____

13 졸업생; 졸업하다 _____

14 줄무늬 _____

[15-18] 우리말에 맞게 빈칸에 알맞은 말을 넣으세요.

15 He has a good family _____. (그는 집안 배경이 좋다.)

16 I turned red with _____. (나는 부끄러워서 얼굴이 빨개졌다.)

17 Visit us _____ you want. (원할 때 언제든지 저희를 방문하세요.)

18 I finished the work _____ _____ _____.
(나는 혼자 힘으로 그 일을 끝마쳤다.)

DAY 55
PREVIEW

A 아는 단어/숙어에 체크(V)해보세요.

1081	layer	☐	1091	transfer	☐
1082	survive	☐	1092	slight	☐
1083	ashamed	☐	1093	require	☐
1084	behave	☐	1094	strike	☐
1085	competition	☐	1095	well-known	☐
1086	deny	☐	1096	fantasy	☐
1087	necessary	☐	1097	envelope	☐
1088	clever	☐	1098	ordinary	☐
1089	presentation	☐	1099	hold out	☐
1090	method	☐	1100	pass away	☐

B 사진을 보고 알맞은 단어/숙어를 써보세요.

1 _____ 2 _____ 3 _____ 4 _____

학습일 | 1차: 월 일 | 2차: 월 일

1081 layer

[léiər]

명 층, 겹

I wear several layers of clothing in winter.
나는 겨울에 옷을 여러 겹 입는다.

1082 survive

[sərváiv]

동 살아남다, 생존하다

She survived the plane crash.
그녀는 그 비행기 추락 사고에서 살아남았다.

+ survival 명 생존

1083 ashamed

[əʃéimd]

형 부끄러워하는

He is not ashamed of being poor.
그는 가난한 것을 부끄러워하지 않는다.

1084 behave

[bihéiv]

동 행동하다, 처신하다

She behaves like a child. 그녀는 어린아이처럼 행동한다.

+ behavior 명 행동, 처신

1085 competition

[kàmpətíʃən]

명 1 경쟁 2 대회, 시합

There is strong competition between the companies.
그 회사들 간의 경쟁이 치열하다.

We took part in the competition. 우리는 그 대회에 참가했다.

+ compete 동 경쟁하다

1086 deny

[dinái]

동 부인[부정]하다, 인정하지 않다 ⊕admit

He denied that he had made a mistake.
그는 자신이 실수했다는 것을 부인했다.

1087 necessary

[nésəsèri]

형 필요한, 필수의

Water is necessary for life. 물은 생명에 필수적이다.

+ necessity 명 필요(성); 필수품

1088 clever

[klévər]

형 영리한, 똑똑한 ⊕smart

She is a very clever student. 그녀는 매우 영리한 학생이다.

1089 presentation
[preːzəntéiʃən]

명 1 증정, 수여(식) 2 발표

The presentation of prizes will be on Monday.
그 시상식은 월요일에 있을 예정이다.

I made a short presentation. 나는 짧은 발표를 했다.

1090 method
[méθəd]

명 방법, 방식

Let's think about methods of recycling paper.
종이를 재활용하는 방법들에 대해 생각해보자.

1091 transfer
[trænsfər]

동 1 (다른 곳으로) 이동하다 2 환승하다   명 [trǽnsfər] 이동

He transferred to another school. 그는 다른 학교로 옮겼다[전학갔다].
You have to transfer at Incheon. 너는 인천에서 환승해야 한다.
I'll ask for a transfer to Busan. 나는 부산으로 전근을 요청할 것이다.

1092 slight
[slait]

형 약간의, 조금의

There is a slight change in the plan. 그 계획에 약간의 변동이 있다.
⊞ slightly 부 약간, 조금

1093 require
[rikwáiər]

동 1 필요로 하다 2 (법·규칙 등으로) 요구하다

The plant requires plenty of sunlight.
그 식물은 충분한 햇빛을 필요로 한다.

All the students are required to attend class.
모든 학생들에게 수업 출석이 요구된다.

1094 strike
[straik]

동 (struck-struck) 치다, 부딪치다   명 1 파업 2 (군사) 공격

A golf ball struck me in the face. 골프 공이 내 얼굴을 쳤다.
Bus drivers are on strike. 버스 기사들은 파업 중이다.
launch an air strike 공습을 시작하다

1095 well-known
[welnoun]

형 유명한, 잘 알려진 ⊕famous

He is a well-known writer. 그는 유명한 작가이다.

1096 fantasy
[fǽntəsi]

명 1 공상, 환상 2 (소설·영화 등) 공상적인 작품, 판타지

She has had a fantasy about becoming a model.
그녀는 모델이 되는 것에 대해 환상을 가지고 있었다.

a fantasy novel 공상[판타지] 소설

1097	**envelope**	몡 봉투
	[énvəlòup]	Stick a stamp on the envelope. 그 봉투에 우표를 붙여라.

1098	**ordinary**	혱 보통의, 평범한
	[ɔ́:rdənèri]	She is an ordinary office worker. 그녀는 평범한 회사원이다.

1099	**hold out**	저항하다, 버티다
		The enemy held out against the attack. 적군은 그 공격을 버텨냈다.

1100	**pass away**	사망하다, 돌아가시다
		His grandfather passed away at the age of 90. 그의 할아버지는 90세의 나이에 돌아가셨다.

DAY 55   CHECK-UP

정답 p.295

[1-14] 영어는 우리말로, 우리말은 영어로 쓰세요.

1 deny _____

2 transfer _____

3 clever _____

4 require _____

5 ordinary _____

6 survive _____

7 well-known _____

8 경쟁; 대회, 시합 _____

9 약간의, 조금의 _____

10 부끄러워하는 _____

11 행동하다, 처신하다 _____

12 봉투 _____

13 필요한, 필수의 _____

14 방법, 방식 _____

[15-18] 우리말에 맞게 빈칸에 알맞은 말을 넣으세요.

15 I made a short _____. (나는 짧은 발표를 했다.)

16 Bus drivers are on _____. (버스 기사들은 파업 중이다.)

17 I wear several _____ of clothing in winter. (나는 겨울에 옷을 여러 겹 입는다.)

18 His grandfather _____ _____ at the age of 90.

   (그의 할아버지는 90세의 나이에 돌아가셨다.)

A 우리말에 맞게 빈칸에 알맞은 말을 넣으세요.

1 _____ advice (전문가의 조언)

2 on the _____ side (반대편에)

3 a(n) _____ color (선명한 색깔)

4 a(n) _____ value (상대적 가치)

5 the _____ for independence (독립 운동)

6 The movie is a(n) _____. (그 영화는 고전이다.)

7 It was a(n) _____ result. (그것은 뜻밖의 결과였다.)

8 I _____ for my late reply. (늦은 답장에 대해 사과드립니다.)

9 I _____ the cake with fruit. (나는 그 케이크를 과일로 장식했다.)

10 They _____ with each other by email. (그들은 이메일로 서로 의사소통한다.)

11 Call this number _____ _____ _____ a fire.
  (화재 시에는 이 번호로 전화해라.)

12 This test will _____ _____ 40% of the grade.
  (이 시험이 성적의 40%를 차지할 것이다.)

B 밑줄 친 말에 유의하여 다음 문장을 해석하세요.

1 It has been cold <u>since</u> you left.

_____

2 The evidence <u>suggested</u> that he had lied.

_____

3 It's a <u>shame</u> that you can't come.

_____

4 Let's <u>suppose</u> that it is true.

_____

5 Can you <u>give</u> me <u>a hand</u> with my homework?

_____

C 밑줄 친 단어와 반대인 뜻을 가진 단어를 고르세요.

1 The car reached its <u>maximum</u> speed.

① virtual   ② ordinary   ③ minimum   ④ necessary

2 The major <u>disadvantage</u> of this plan is its cost.

① strike   ② method   ③ advantage   ④ fantasy

3 <u>Positive</u> thinking makes your life happier.

① twisted   ② negative   ③ ashamed   ④ clever

4 He <u>denied</u> that he had made a mistake.

① served   ② existed   ③ stripped   ④ admitted

D 보기 에서 빈칸에 공통으로 들어갈 단어를 골라 쓰세요.

보기   transfer   treat   interpret   harm   strike   feature

1 She _____s me like a child.

The doctor _____s cancer patients.

2 These chemicals cause no _____.

Soil pollution _____s the environment.

3 We can _____ this poem in various ways.

The guide will _____ for me.

4 What is the main _____ of this car?

That house _____s a big living room.

5 You have to _____ at Incheon.

I'll ask for a(n) _____ to Busan.

DAY 56
PREVIEW

A 아는 단어/숙어에 체크(V)해보세요.

1101 **edit**	☐	
1102 **receipt**	☐	
1103 **statue**	☐	
1104 **available**	☐	
1105 **banner**	☐	
1106 **apply**	☐	
1107 **digest**	☐	
1108 **congratulation**	☐	
1109 **depressed**	☐	
1110 **gradually**	☐	

1111 **hunger**	☐
1112 **insert**	☐
1113 **mission**	☐
1114 **system**	☐
1115 **tender**	☐
1116 **unfortunately**	☐
1117 **fountain**	☐
1118 **stove**	☐
1119 **put together**	☐
1120 **on the other hand**	☐

B 사진을 보고 알맞은 단어/숙어를 써보세요.

1 _____   2 _____   3 _____   4 _____

1101 edit
[édit]

동 1 교정하다, 수정하다　2 편집하다

The teacher edited my report. 그 선생님이 내 보고서를 수정했다.

She edits the medical journal. 그녀는 그 의학 잡지를 편집한다.

⊞ editor 명 편집자

1102 receipt
[risíːt]

명 영수증

Please keep the receipt. 영수증을 보관해주세요.

1103 statue
[stǽtʃuː]

명 상(像), 조각상

The statue stands in the center of the city.
그 조각상은 도시 한 가운데에 서 있다.

the Statue of Liberty 자유의 여신상

1104 available
[əvéiləbl]

형 이용할 수 있는, 구할 수 있는

This coupon is available online.
이 쿠폰은 온라인에서 이용할 수 있다.

easily available 쉽게 구할 수 있는

1105 banner
[bǽnər]

명 플래카드, 현수막

They hung the banner between the trees.
그들은 나무들 사이에 그 현수막을 걸었다.

1106 apply
[əplái]

동 1 지원하다, 신청하다　2 적용되다 ((to))

She applied for the job. 그녀는 그 일자리에 지원했다.

The rules apply to all of us. 그 규칙은 우리 모두에게 적용된다.

1107 digest
[dáidʒest]

동 (음식이) 소화되다, 소화시키다

I can't digest fried food well. 나는 튀긴 음식을 잘 소화시키지 못한다.

1108 congratulation
[kəngrætʃuléiʃən]

명 (-s) 축하 (인사)

Congratulations on winning the competition!
시합에서 이긴 것을 축하한다!

⊞ congratulate 동 축하하다

1109 depressed
[diprést]
형 우울한, 의기소침한

Bad weather makes me depressed.
안 좋은 날씨는 나를 우울하게 한다.

1110 gradually
[grǽdʒuəli]
부 서서히, 차츰 ⓦsuddenly

The patient is gradually getting better.
그 환자는 서서히 회복되고 있다.

1111 hunger
[hʌ́ŋɡər]
명 1 배고픔 2 갈망, 열망 ⓦdesire

An apple will satisfy your hunger. 사과가 네 배고픔을 달래줄 것이다.
She has a hunger for learning. 그녀는 배움에 대한 열망이 있다.
＋ hungry 형 배고픈

1112 insert
[insə́:rt]
동 1 (구멍 등에) 넣다, 삽입하다 2 (글 속에) 삽입하다, 끼워넣다

I inserted the key in the lock. 나는 열쇠를 자물쇠에 넣었다.
He inserted another paragraph into his essay.
그는 그의 수필에 단락을 하나 더 끼워 넣었다.

1113 mission
[míʃən]
명 1 (파견) 임무 2 (개인적) 사명

They completed their mission successfully.
그들은 임무를 성공적으로 완수했다.
Her mission in life was to help poor children.
그녀의 삶의 사명은 가난한 어린이들을 돕는 것이었다.

1114 system
[sístəm]
명 1 체계, 시스템 2 제도, 체제

The house has a good heating system.
그 집은 난방 체계가 잘 되어 있다.
the educational system 교육 제도

1115 tender
[téndər]
형 1 다정한, 애정 어린 2 (음식이) 연한

She looked at me with a tender smile.
그녀는 다정한 미소로 나를 바라보았다.
This steak is so tender. 이 스테이크는 정말 연하다.

1116 unfortunately
[ənfɔ́:rtʃənitli]
부 불행하게도, 유감스럽게도 ⓦfortunately

Unfortunately, he failed the exam.
유감스럽게도, 그는 그 시험에 떨어졌다.

1117 fountain 명 분수

[fáuntən]

There is a fountain in the park. 그 공원에는 분수가 있다.

1118 stove 명 1 난로, 스토브 2 조리기, 레인지

[stouv]

We sat around the stove. 우리는 난로 주변에 둘러 앉았다.

Put the pot on the gas stove. 그 냄비를 가스레인지 위에 올려라.

1119 put together ~을 조립하다, (모아서) 만들다

He put together a toy robot. 그는 장난감 로봇을 조립했다.

1120 on the other hand 반면에, 한편으로는

It's safe, but on the other hand, it's very expensive.
그것은 안전하지만, 반면에, 매우 비싸다.

DAY 56 CHECK-UP

정답 p.296

[1-14] 영어는 우리말로, 우리말은 영어로 쓰세요.

1 system _____

2 available _____

3 apply _____

4 edit _____

5 fountain _____

6 tender _____

7 digest _____

8 배고픔; 갈망, 열망 _____

9 축하(인사) _____

10 상(像), 조각상 _____

11 우울한, 의기소침한 _____

12 불행하게도, 유감스럽게도 _____

13 (파견) 임무; (개인적) 사명 _____

14 서서히, 차츰 _____

[15-18] 우리말에 맞게 빈칸에 알맞은 말을 넣으세요.

15 Please keep the _____. (영수증을 보관해주세요.)

16 I _____ the key in the lock. (나는 열쇠를 자물쇠에 넣었다.)

17 We sat around the _____. (우리는 난로 주변에 둘러 앉았다.)

18 He _____ _____ a toy robot. (그는 장난감 로봇을 조립했다.)

DAY 57
PREVIEW

A 아는 단어/숙어에 체크(V)해보세요.

1121 **forecast**	☐	1131 **invitation**	☐
1122 **awesome**	☐	1132 **migrate**	☐
1123 **consult**	☐	1133 **raw**	☐
1124 **deal**	☐	1134 **poverty**	☐
1125 **empire**	☐	1135 **station**	☐
1126 **satellite**	☐	1136 **grocery**	☐
1127 **upset**	☐	1137 **studio**	☐
1128 **communication**	☐	1138 **unbelievable**	☐
1129 **develop**	☐	1139 **be stuck in**	☐
1130 **escalate**	☐	1140 **tell ~ from ...**	☐

B 사진을 보고 알맞은 단어/숙어를 써보세요.

_____ _____ _____ _____

DAY 57

학습일 | 1차: 월 일 | 2차: 월 일

1121 forecast
[fɔ́:rkæ̀st]

동 (forecast-forecast) 예측[예보]하다 명 예측, 예보

Snow is forecast for next week. 다음 주에 눈이 올 것으로 예측된다.
a weather forecast 일기예보

1122 awesome
[ɔ́:səm]

형 어마어마한, 굉장한 ⊕amazing

The view from here is awesome! 여기서 보는 전망은 어마어마하다!

1123 consult
[kənsʌ́lt]

동 (전문가와) 상담하다

Did you consult your lawyer about the matter?
당신은 변호사와 그 문제에 관해 상담했나요?

1124 deal
[di:l]

동 (~ with) 다루다, 처리하다 명 1 거래, 합의 2 대우, 취급

Can you deal with the problem? 너는 그 문제를 처리할 수 있니?
I'll make a deal with the company. 나는 그 회사와 거래할 것이다.
a better deal 더 나은 대우

1125 empire
[émpaiər]

명 제국

He ruled over the Roman empire. 그는 로마제국을 다스렸다.

1126 satellite
[sǽtəlàit]

명 1 (행성의) 위성 2 인공위성

Saturn has a lot of satellites. 토성은 많은 위성을 가지고 있다.
a weather satellite 기상 위성

1127 upset
[ʌpsét]

형 화난, 속상한 동 (upset-upset) 속상하게 하다

I was upset about failing the test. 나는 시험에 떨어져서 속상했다.
His words upset me. 그의 말이 나를 속상하게 했다.

1128 communication
[kəmjù:nəkéiʃən]

명 연락, 의사소통

I'm in communication with him by email.
나는 그와 이메일로 연락을 주고받는다.
communication skills 의사소통 능력
⊞ communicate 동 의사소통하다

264

1129 develop
[divéləp]

통 1 발전[발달]하다, 발전[발달]시키다 2 개발하다

How can I develop my writing skills?
어떻게 내 작문 실력을 발달시킬 수 있을까?

They developed a new medicine. 그들은 신약을 개발했다.

1130 escalate
[éskəlèit]

통 1 (문제 등이) 확대[악화]되다 2 (비용 등이) 증가하다

The battle escalated into a war. 그 싸움은 전쟁으로 확대되었다.

The price of oil escalated suddenly. 석유 가격이 갑자기 올랐다.

1131 invitation
[ìnvitéiʃən]

명 초대(장), 초청(장)

Thank you for accepting my invitation.
제 초대에 응해주셔서 감사합니다.

I got an invitation to his party. 나는 그의 파티 초대장을 받았다.

⊞ invite 통 초대하다

1132 migrate
[máigreit]

통 1 (철새 등이) 이동하다 2 (다른 지역으로) 이주하다

The birds migrate south in winter. 그 새들은 겨울에 남쪽으로 이동한다.

They migrated to the city. 그들은 그 도시로 이주했다.

1133 raw
[rɔ:]

형 1 익히지 않은, 날것의 2 가공하지 않은

She cannot eat raw fish. 그녀는 날생선을 먹지 못한다.

raw rubber 생고무

1134 poverty
[pávərti]

명 가난, 빈곤

He lived all his life in poverty. 그는 평생을 가난하게 살았다.

extreme poverty 극심한 빈곤

1135 station
[stéiʃən]

명 1 역, 정류장 2 (특정 일을 하는) -소, -서

We're getting off at the next station.
우리는 다음 정류장에서 내릴 것이다.

a gas station 주유소

1136 grocery
[gróusəri]

명 1 (-s) 식료품 2 식료품 잡화점 ⓢgrocery store

We have to buy some groceries. 우리는 식료품을 좀 사야 한다.

I shopped for meat at the grocery. 나는 식료품점에서 고기를 샀다.

1137 studio

[stjúːdiòu]

명 (방송국의) 방송실, 스튜디오

The TV show is made in a studio. 그 TV 쇼는 스튜디오에서 만들어진다.

1138 unbelievable

[ənbəlíːvəbəl]

형 믿을 수 없는, 믿기 어려운

The story is unbelievable. 그 이야기는 믿기 어렵다.

1139 be stuck in

~에 갇히다, 꼼짝 못하다

We were stuck in traffic for three hours.
우리는 교통 체증에 3시간 동안 갇혀 있었다.

1140 tell ~ from ...

~와 …을 구분하다

I can't tell her from her sister.
나는 그녀와 그녀의 언니를 구분할 수가 없다.

DAY 57 CHECK-UP

정답 p.296

[1-14] 영어는 우리말로, 우리말은 영어로 쓰세요.

1 escalate _____

2 station _____

3 forecast _____

4 awesome _____

5 unbelievable _____

6 raw _____

7 upset _____

8 연락, 의사소통 _____

9 (전문가와) 상담하다 _____

10 초대(장), 초청(장) _____

11 (행성의) 위성; 인공위성 _____

12 제국 _____

13 가난, 빈곤 _____

14 식료품; 식료품 잡화점 _____

[15-18] 우리말에 맞게 빈칸에 알맞은 말을 넣으세요.

15 Can you _____ with the problem? (너는 그 문제를 처리할 수 있니?)

16 The birds _____ south in winter. (그 새들은 겨울에 남쪽으로 이동한다.)

17 How can I _____ my writing skills? (어떻게 내 작문 실력을 발달시킬 수 있을까?)

18 We _____ _____ _____ traffic for three hours.

(우리는 교통 체증에 3시간 동안 갇혀 있었다.)

DAY 58
PREVIEW

A 아는 단어/숙어에 체크(V)해보세요.

1141 **leap**	☐	1151 **encourage** ☐
1142 **support**	☐	1152 **harvest** ☐
1143 **proverb**	☐	1153 **miserable** ☐
1144 **argument**	☐	1154 **stranger** ☐
1145 **billion**	☐	1155 **concrete** ☐
1146 **organization**	☐	1156 **servant** ☐
1147 **following**	☐	1157 **waterproof** ☐
1148 **except**	☐	1158 **underground** ☐
1149 **tag**	☐	1159 **up to** ☐
1150 **responsible**	☐	1160 **come to mind** ☐

B 사진을 보고 알맞은 단어/숙어를 써보세요.

1

2

3

4

_____ _____ _____ _____

1141 leap
[liːp]

동 뛰다, 뛰어넘다

The children leaped over the rock. 아이들이 그 바위를 뛰어넘었다.

1142 support
[səpɔ́ːrt]

명 동 1 지지(하다) 2 부양(하다)

The plan got support from the public.
그 계획은 대중들부터 지지를 받았다.

She works to support her family. 그녀는 가족을 부양하기 위해 일한다.

1143 proverb
[právəːrb]

명 속담, 격언

A proverb says, "Time is money." 속담에 "시간은 금이다."라고 했다.

1144 argument
[áːrgjumənt]

명 1 논쟁, 언쟁 2 주장

He had an argument with her. 그는 그녀와 언쟁을 벌였다.

an argument for[against] ~을 지지하는[반대하는] 주장

⊞ argue 동 언쟁[논쟁]하다; 주장하다

1145 billion
[bíljən]

명 10억, 십억

Over one billion people live in India.
10억 명 넘는 사람들이 인도에 산다.

참고 million 100만, 백만

1146 organization
[ɔ̀rgənizéiʃən]

명 조직, 단체, 기구

This organization helps poor students.
이 단체는 가난한 학생들을 돕는다.

1147 following
[fálouiŋ]

형 1 (시간상으로) 다음의 2 다음에 나오는

I will visit Canada next week and France the following week.
나는 다음 주에 캐나다를, 그 다음 주에는 프랑스를 방문할 것이다.

Look at the following example. 다음의 예시를 보아라.

⊞ follow 동 따라가다[오다]; (순서상) 뒤를 잇다

1148 except
[iksépt]

전 ~을 제외하고, ~ 외에는

The store is open every day except Sunday.
그 상점은 일요일을 제외하고 매일 문을 연다.

1149 tag
[tæg]

명 꼬리표

They wore name tags on their uniforms.
그들은 유니폼에 이름표를 달았다.

a price tag 가격표

1150 responsible
[rispánsəbl]

형 1 (문제 등에 대해) 책임이 있는 2 (관리 등을) 책임지고 있는

He is responsible for our failure. 그는 우리의 실패에 책임이 있다.

Who is responsible for the whole project?
누가 전체 프로젝트를 책임지고 있습니까?

⊞ responsibility 명 책임(감)

1151 encourage
[inkɔ́:ridʒ]

동 1 격려하다, 자신감을 주다 2 장려[권장]하다

My mom always encourages me. 엄마는 항상 나를 격려해주신다.

I encourage students to read books. 나는 학생들에게 독서를 장려한다.

1152 harvest
[háːrvist]

명 수확(기), 추수 동 수확[추수]하다

Autumn is harvest time. 가을은 수확의 시기이다.

The farmer harvested rice this year. 그 농부는 올해 쌀을 수확했다.

1153 miserable
[mízərəbl]

형 비참한, 불행한

The accident made his life miserable.
그 사고는 그의 삶을 비참하게 만들었다.

1154 stranger
[stréindʒər]

명 1 낯선[모르는] 사람 2 (어떤 장소에) 처음 온 사람

That man is a stranger to me. 저 남자는 내가 모르는 사람이다.

I am a stranger in this town. 나는 이 마을에 처음 왔다.

⊞ strange 형 이상한; 낯선

1155 concrete
[kánkriːt]

형 1 구체적인 2 콘크리트로 된

I have concrete evidence to prove that fact.
나는 저 사실을 증명할 구체적 증거가 있다.

a concrete wall 콘크리트 벽

1156 servant
[sə́ːrvənt]

명 1 하인, 종 2 (조직 등의) 고용인, 종업원

The servant prepared food for his master.
그 하인은 주인을 위해 음식을 준비했다.

a civil servant 공무원

1157 waterproof

[wɔ́ːtərprùːf]

[형] 방수의

Is this jacket waterproof? 이 재킷은 방수가 됩니까?

1158 underground

[əndərgráund]

[형] 지하의 [부] 지하에[로]

He found an underground cave. 그는 지하 동굴을 발견했다.

These animals live underground. 이 동물들은 지하에 산다.

1159 up to

(특정한 시점 · 정도) ~까지

Read the book up to page 10. 그 책을 10페이지까지 읽어라.

1160 come to mind

생각이 떠오르다

A lot of questions came to mind. 많은 질문들이 떠올랐다.

DAY 58 CHECK-UP

[1-14] 영어는 우리말로, 우리말은 영어로 쓰세요.

1 following _____

2 encourage _____

3 underground _____

4 except _____

5 concrete _____

6 servant _____

7 harvest _____

8 꼬리표 _____

9 뛰다, 뛰어넘다 _____

10 속담, 격언 _____

11 논쟁, 언쟁; 주장 _____

12 방수의 _____

13 10억, 십억 _____

14 비참한, 불행한 _____

[15-18] 우리말에 맞게 빈칸에 알맞은 말을 넣으세요.

15 That man is a(n) _____ to me. (저 남자는 내가 모르는 사람이다.)

16 She works to _____ her family. (그녀는 가족을 부양하기 위해 일한다.)

17 Who is _____ for the whole project? (누가 전체 프로젝트를 책임지고 있습니까?)

18 A lot of questions _____ _____ _____. (많은 질문들이 떠올랐다.)

DAY 59

PREVIEW

A 아는 단어/숙어에 체크(V)해보세요.

1161 risk	☐	1171 suit	☐
1162 behavior	☐	1172 participate	☐
1163 amusement	☐	1173 faucet	☐
1164 consider	☐	1174 mysterious	☐
1165 nest	☐	1175 mud	☐
1166 embarrass	☐	1176 structure	☐
1167 clerk	☐	1177 hatch	☐
1168 observe	☐	1178 optimist	☐
1169 sightseeing	☐	1179 watch over	☐
1170 transport	☐	1180 to one's surprise	☐

B 사진을 보고 알맞은 단어/숙어를 써보세요.

_____   _____   _____   _____

1161 risk
[risk]

명 1 위험(성) 2 위험 요소

There is a high risk of infection. 감염의 위험성이 높다.

a health risk 건강상 위험 요소

1162 behavior
[bihéivjər]

명 행동, 처신

I got angry with him because of his rude behavior.
나는 그의 무례한 행동 때문에 그에게 화가 났다.

⊞ behave 동 행동하다, 처신하다

1163 amusement
[əmjúːzmənt]

명 즐거움, 재미

She laughed with great amusement. 그녀는 매우 즐거워하며 웃었다.

for amusement 재미로, 재미 삼아

1164 consider
[kənsídər]

동 1 잘 생각하다, 고려하다 2 ~로 여기다

I'm considering buying a new computer.
나는 새 컴퓨터를 한 대 살까 고려 중이다.

He considers himself lucky. 그는 자신이 운이 좋다고 여긴다.

1165 nest
[nest]

명 1 (새의) 둥지 2 (곤충 등의) 집, 보금자리

The bird laid its eggs in the nest. 그 새는 둥지에 알을 낳았다.

I found an ants' nest. 나는 개미집을 발견했다.

1166 embarrass
[imbǽrəs]

동 당황스럽게[난처하게] 만들다

He embarrassed me in front of my friends.
그는 내 친구들 앞에서 나를 당황스럽게 만들었다.

1167 clerk
[kləːrk]

명 직원, 점원

The bookstore clerk is very kind. 그 서점의 직원은 매우 친절하다.

1168 observe
[əbzə́ːrv]

동 1 관찰[관측]하다 2 (규칙 등을) 준수하다

He likes to observe the stars. 그는 별을 관측하는 것을 좋아한다.

You should observe the rules. 너는 규칙을 준수해야 한다.

1169 sightseeing
[sáitsì:iŋ]

명 관광

They went to Rome to go sightseeing.
그들은 관광을 하러 로마에 갔다.

1170 transport
[trænspɔ́:rt]

동 수송[운송]하다, 옮기다   명 [trǽnspɔ̀:rt] 수송, 운송, 이동

They transported the guests to the airport.
그들은 손님들을 공항으로 수송했다.

the transport of goods 상품의 운송

1171 suit
[su:t]

명 정장, 슈트   동 1 맞다, 적합하다   2 (옷·색 등이) 어울리다

Wear a suit for the job interview. 구직 면접을 위해 정장을 입어라.
This job doesn't suit me. 이 일은 나에게 맞지 않는다.
Blue suits you well. 파란색이 너에게 잘 어울린다.

1172 participate
[pɑ:rtísəpèit]

동 참가[참여]하다 ((in))

Many people will participate in the contest.
많은 사람들이 그 대회에 참가할 것이다.

⊞ participation 명 참가, 참여

1173 faucet
[fɔ́:sit]

명 수도꼭지 ⊛tap

She turned on the faucet. 그녀는 수도꼭지를 틀었다.

1174 mysterious
[mistíəriəs]

형 1 이해하기 힘든, 불가사의한   2 신비한

He died in a mysterious plane crash.
그는 불가사의한 비행기 추락 사고로 죽었다.

Space is very mysterious. 우주는 정말 신비롭다.

⊞ mystery 명 수수께끼; 신비

1175 mud
[mʌd]

명 진흙

He got the mud off his pants. 그는 바지에 묻은 진흙을 털어냈다.

1176 structure
[strʌ́ktʃər]

명 1 (사물 등의) 구조   2 (글 등의) 구성   3 (사회 등의) 구조

I studied the structure of the brain. 나는 뇌의 구조를 공부했다.

the structure of a novel 소설의 구성

a social structure 사회 구조

1177 **hatch**

[hætʃ]

동 (알 등이) 부화하다

The birds waited for their eggs to hatch.
그 새들은 알이 부화하기를 기다렸다.

1178 **optimist**

[áptəmist]

명 낙천주의자, 낙관론자

She is an optimist in all things. 그녀는 모든 일에 낙관적이다.

1179 **watch over**

~을 보살피다, ~을 보호하다

The nurse watched over her. 그 간호사는 그녀를 보살폈다.

1180 **to one's surprise**

놀랍게도

To my surprise, I won the game. 놀랍게도, 나는 그 게임에서 이겼다.

DAY 59 CHECK-UP

정답 p.296

[1-14] 영어는 우리말로, 우리말은 영어로 쓰세요.

1 nest   _____

2 transport   _____

3 hatch   _____

4 clerk   _____

5 mysterious   _____

6 observe   _____

7 embarrass   _____

8 즐거움, 재미   _____

9 수도꼭지   _____

10 참가[참여]하다   _____

11 낙천주의자, 낙관론자 _____

12 행동, 처신   _____

13 위험(성); 위험 요소 _____

14 관광   _____

[15-18] 리말에 맞게 빈칸에 알맞은 말을 넣으세요.

15 He _____ himself lucky. (그는 자신이 운이 좋다고 여긴다.)

16 I studied the _____ of the brain. (나는 뇌의 구조를 공부했다.)

17 The nurse _____ _____ her. (그 간호사는 그녀를 보살폈다.)

18 _____ _____ _____, I won the game.

    (놀랍게도, 나는 그 게임에서 이겼다.)

DAY 60
PREVIEW

A 아는 단어/숙어에 체크(V)해보세요.

1181 link	☐	1191 paralyze	☐
1182 description	☐	1192 construction	☐
1183 sincere	☐	1193 revolution	☐
1184 temperature	☐	1194 hurricane	☐
1185 feast	☐	1195 experiment	☐
1186 dew	☐	1196 performance	☐
1187 persuade	☐	1197 spaceship	☐
1188 operator	☐	1198 surprisingly	☐
1189 motivate	☐	1199 bring back	☐
1190 function	☐	1200 a variety of	☐

B 사진을 보고 알맞은 단어/숙어를 써보세요.

1 _____ 2 _____ 3 _____ 4 _____

1181 link
[liŋk]

[동] 1 **연결하다** 2 **관련시키다** ⊕connect [명] **관계, 관련성**

The new canal will link the two cities.
그 새로운 운하는 두 도시를 연결해줄 것이다.

His death is linked to the accident.
그의 죽음은 그 사고와 관련되어 있다.

the link between smoking and cancer 흡연과 암 사이의 관계

1182 description
[diskrípʃən]

[명] **설명, 묘사**

She gave a vivid description of the scene.
그녀는 그 장면을 생생하게 묘사했다.

⊞ describe [동] (특징 등을) 말하다, 묘사하다

1183 sincere
[sinsíər]

[형] **진실된, 진심 어린**

Please accept my sincere thanks. 제 진심 어린 감사를 받아주세요.

⊞ sincerely [부] 진심으로

1184 temperature
[témpərətʃər]

[명] 1 **온도, 기온** 2 **체온**

The temperature will rise to 35℃ today.
오늘 기온이 섭씨 35도까지 올라갈 것이다.

He took my temperature. 그가 내 체온을 쟀다.

1185 feast
[fiːst]

[명] **연회, 잔치**

I enjoyed a feast with my family. 나는 가족들과 연회를 즐겼다.

1186 dew
[duː]

[명] **이슬**

The leaves were wet with dew. 그 잎들은 이슬에 젖어 있었다.

1187 persuade
[pərswéid]

[동] **(~하도록) 설득하다**

They persuaded him to stay. 그들은 그가 머물도록 설득했다.

1188 operator
[ápərèitər]

[명] **(기계 등의) 조작자, 기사**

He works as a crane operator. 그는 기중기 기사로 일한다.

1189 motivate
[móutəvèit]

동 동기를 부여하다

She motivated him to help others.
그녀는 그가 다른 사람들을 돕도록 동기를 부여했다.

1190 function
[fʌ́ŋkʃən]

명 기능 동 (제대로) 작동하다

What is the function of the heart? 심장의 기능은 무엇인가?
The machine doesn't function well. 그 기계는 잘 작동하지 않는다.

1191 paralyze
[pǽrəlàiz]

동 마비시키다

The poison can paralyze a person's muscles.
그 독은 사람의 근육들을 마비시킬 수 있다.

1192 construction
[kənstrʌ́kʃən]

명 건설, 공사

The construction of the bridge will begin this year.
그 다리의 건설은 올해 시작될 예정이다.

under construction 공사 중인

⊕ construct 동 건설[건축]하다

1193 revolution
[rèvəlú:ʃən]

명 혁명

The French Revolution started in 1789.
프랑스 혁명은 1789년에 시작되었다.

1194 hurricane
[hə́:rəkèin]

명 허리케인

The hurricane hit the town and destroyed the roads.
허리케인이 마을을 강타하여 도로들을 파괴했다.

참고 typhoon 태풍

1195 experiment
[ikspérəmənt]

명 실험 동 실험[시험]하다

We did an experiment in science class.
우리는 과학 시간에 실험을 했다.

I think it is wrong to experiment on animals.
나는 동물들에게 실험하는 것은 잘못된 일이라고 생각한다.

1196 performance
[pərfɔ́:rməns]

명 1 공연, 연주, 연기 2 (일 등의) 성과, 실적

Her last performance was amazing.
그녀의 마지막 공연은 놀라웠다.

job performance 업무 능력[성과]

1197 spaceship

[spéisʃip]

명 우주선 ⊕spacecraft

The spaceship landed on Mars. 그 우주선은 화성에 착륙했다.

1198 surprisingly

[sərpráiziŋli]

부 놀랍게도, 의외로

The test was surprisingly difficult. 그 시험은 놀랄 정도로 어려웠다.

⊞ surprise 명 놀라운 일 동 놀라게 하다 surprising 형 놀라운

1199 bring back

1 ~을 가져다 주다 2 ~을 기억나게 하다

He brought back a gift for me. 그는 나에게 선물을 가져다 주었다.

This photo brings back happy memories.
이 사진은 행복한 기억들을 떠올리게 한다.

1200 a variety of

다양한, 여러 가지의

The shop sells a variety of shoes. 그 가게는 다양한 신발을 판다.

DAY 60 CHECK-UP

[1-14] 영어는 우리말로, 우리말은 영어로 쓰세요.

1 spaceship _____
2 sincere _____
3 dew _____
4 revolution _____
5 temperature _____
6 paralyze _____
7 link _____

8 동기를 부여하다 _____
9 (~하도록) 설득하다 _____
10 설명, 묘사 _____
11 놀랍게도, 의외로 _____
12 건설, 공사 _____
13 실험; 실험[시험]하다 _____
14 기능; (제대로) 작동하다 _____

[15-18] 우리말에 맞게 빈칸에 알맞은 말을 넣으세요.

15 Her last _____ was amazing. (그녀의 마지막 공연은 놀라웠다.)

16 I enjoyed a(n) _____ with my family. (나는 가족들과 연회를 즐겼다.)

17 He _____ _____ a gift for me. (그는 나에게 선물을 가져다 주었다.)

18 The shop sells _____ _____ _____ shoes.
(그 가게는 다양한 신발을 판다.)

A 우리말에 맞게 빈칸에 알맞은 말을 넣으세요.

1 _____ rubber (생고무)

2 under _____ (공사 중인)

3 a weather _____ (일기예보)

4 the _____ of goods (상품의 운송)

5 a health _____ (건강상 위험 요소)

6 They _____ him to stay. (그들은 그가 머물도록 설득했다.)

7 He lived all his life in _____. (그는 평생을 가난하게 살았다.)

8 This coupon is _____ online. (이 쿠폰은 온라인에서 이용할 수 있다.)

9 I'll make a(n) _____ with the company. (나는 그 회사와 거래할 것이다.)

10 She gave a vivid _____ of the scene. (그녀는 그 장면을 생생하게 묘사했다.)

11 Read the book _____ _____ page 10. (그 책을 10페이지까지 읽어라.)

12 It's safe, but _____ _____ _____ _____,
   it's very expensive. (그것은 안전하지만, 반면에, 매우 비싸다.)

B 밑줄 친 말에 유의하여 다음 문장을 해석하세요.

1 The store is open every day <u>except</u> Sunday.

   _____

2 He <u>embarrassed</u> me in front of my friends.

   _____

3 I have <u>concrete</u> evidence to prove that fact.

   _____

4 This job doesn't <u>suit</u> me.

   _____

5 I can't <u>tell</u> her <u>from</u> her sister.

   _____

279

C 밑줄 친 단어와 가장 비슷한 뜻을 가진 단어를 고르세요.

1 She has a <u>hunger</u> for learning.
  ① desire   ② link   ③ behavior   ④ argument

2 The view from here is <u>awesome</u>!
  ① mysterious   ② amazing   ③ miserable   ④ sincere

3 She turned on the <u>faucet</u>.
  ① stove   ② studio   ③ tag   ④ tap

4 The <u>spaceship</u> landed on Mars.
  ① satellite   ② operator   ③ spacecraft   ④ structure

D 보기 에서 빈칸에 들어갈 단어를 골라 쓰세요.

> 보기   encourage   function   responsible   miserable
> dew   digest   behavior   participate

1 He is _____ for our failure.

2 I can't _____ fried food well.

3 What is the _____ of the heart?

4 I _____ students to read books.

5 The accident made his life _____.

6 Many people will _____ in the contest.

7 I got angry with him because of his rude _____.

CROSSWORD PUZZLE

DAY 51-60

정답 p.297

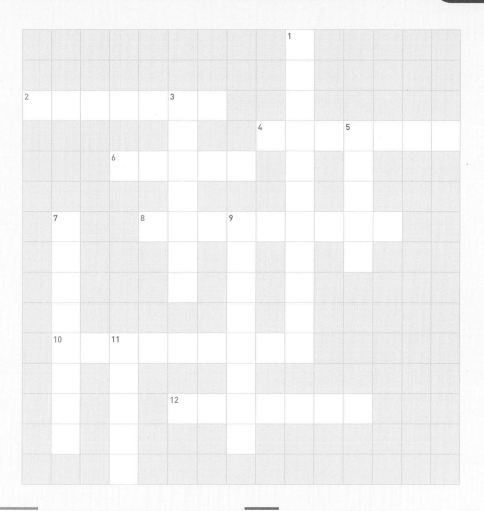

Across
- 2 10억, 십억
- 4 부끄러워하는
- 6 화난, 속상한; 속상하게 하다
- 8 서서히, 차츰
- 10 필요한, 필수의
- 12 (예금) 계좌; 설명, 기술

Down
- 1 성격, 인격; 특성, 개성
- 3 관찰[관측]하다; (규칙 등을) 준수하다
- 5 지원하다, 신청하다; 적용되다
- 7 보통의, 평범한
- 9 거리; 먼 곳
- 11 부정행위를 하다; 속이다

Sportscaster 스포츠 방송 진행자

· describe a
sports game
스포츠 경기를 묘사하다

Cheerleader 치어리더

· encourage people to cheer
사람들이 응원하도록 독려하다

Athlete 운동선수

· play sports 운동하다
· follow the coach's
game plan 코치의 작전에
따르다

Coach 코치

· train the athletes on a
team 팀의 선수들을 훈련시키다

Referee 심판

· make players follow
the rules 선수들이 규칙을
지키게 하다
· give signals 신호를 보내다

282

ANSWER KEY

D 1 total 2 taste 3 lend 4 female
  5 crash 6 among 7 borrow

13 course 14 flour 15 tired 16 Fill, in
17 wallet 18 is, different, from

DAY 06

PREVIEW   p. 29

1 soil 2 curl 3 pill 4 planet

CHECK-UP   p. 32

1 곱슬곱슬하다, 곱슬곱슬하게 하다; 곱슬머리
2 영리한, 똑똑한 3 가능성; 기회; 우연 4 행성
5 식사, 끼니; (식사에 먹는) 음식, 식사 6 영웅; (소설
등의) 남자 주인공 7 정기적으로, 규칙적으로
8 usual 9 dead 10 nobody 11 language
12 freeze 13 pill 14 teenager 15 bored
16 Take, care 17 soil 18 invented

DAY 07

PREVIEW   p. 33

1 weigh 2 alike 3 coin 4 rub

CHECK-UP   p. 36

1 꽤, 상당히 2 준비하다; (음식을) 준비[마련]하다
3 따르다, 붓다; (비가) 쏟아지다, 퍼붓다 4 모으다,
수집하다 5 무게가 ~이다; 무게를 재다[달다]
6 귀가 먹은, 청각 장애가 있는 7 비슷한; 비슷하게,
마찬가지로 8 teen 9 yet 10 freezing
11 law 12 main 13 important 14 rub
15 spicy 16 shower 17 blank 18 got, out,
of

DAY 08

PREVIEW   p. 37

1 flour 2 fill in 3 patient 4 soldier

CHECK-UP   p. 40

1 환자; 참을성[인내심] 있는 2 안내자, 가이드;
안내하다 3 요리법, 레시피 4 말이 없는, 침묵하는;
조용한, 고요한 5 나이가 지긋한, 연세가 드신
6 정돈된, 단정한 7 ~동안 (내내) 8 lawyer
9 ache 10 mistake 11 soldier 12 skill

DAY 09

PREVIEW   p. 41

1 soap 2 stick 3 help out 4 rail

CHECK-UP   p. 44

1 성인, 어른; 성인의, 다 자란 2 외로운, 쓸쓸한
3 종류, 유형; (문서) 서식; 형성하다, 이루다 4 비누
5 눈 먼, 맹인의; 알아차리지[깨닫지] 못하는 6 (여성용)
지갑, 핸드백 7 맛있는 8 share 9 curly
10 especially 11 gallery 12 mind
13 invention 14 wild 15 designed
16 couple 17 sticks 18 picked, up

DAY 10

PREVIEW   p. 45

1 suck 2 hand in hand 3 flow
4 breath

CHECK-UP   p. 48

1 실제의, 사실의 2 품목, 물품; (목록의) 항목, 사항
3 결과; (~의 결과로) 발생하다, 생기다 4 흥분시키다,
들뜨게 하다 5 디자이너; 디자이너 브랜드의 6 수다를
떨다, 담소를 나누다; 수다, 담소 7 빨아 먹다[마시다];
빨다 8 secret 9 culture 10 type 11 flow
12 prison 13 someday 14 breath
15 garbage 16 make, noise 17 Natural
18 lost

DAY 06-10

REVIEW TEST   pp. 49-50

A 1 language 2 breath 3 prison 4 flow
  5 main 6 pill 7 share 8 Nobody
  9 prepared 10 pick, up 11 lawyer
  12 hand, in, hand
B 1 나는 오늘 아침에 평소에 타던 기차를 놓쳤다.
  2 우리 부모님은 비슷하게 생각하신다. 3 비가 올
  가능성은 60%이다. 4 네가 그렇게 생각하는 것은
  당연하다. 5 여기서 나가자!

C 1 ② 2 ① 3 ④ 4 ③ 5 ②

D 1 weigh 2 alarm 3 patient 4 result
  5 mistake 6 excite 7 important

DAY 01-10

CROSSWORD PUZZLE   p. 51

Across

3 exact 5 noisy 8 regularly 10 adult
11 lost 12 root

Down

1 pure 2 actual 4 invention 6 silent
7 mind 9 rule

DAY 11

PREVIEW   p. 53

1 tear 2 captain 3 straw 4 burn

CHECK-UP   p. 56

1 살아 있는; 생활비, 생계 수단 2 보고(서); 보고하다,
발표하다; 보도하다 3 실제로, 정말로 4 생산하다;
(결과 등을) 낳다, 일으키다 5 짚, 밀짚; 빨대 6 태양의,
태양에 관한; 태양열의 7 (사람들이) 모이다, 모으다;
(정보 등을) 수집하다 8 upstairs 9 burn
10 captain 11 excited 12 tear 13 dialogue
14 special 15 melted 16 cheer 17 not,
anymore 18 takes, care, of

DAY 12

PREVIEW   p. 57

1 press 2 flat 3 beat 4 toothache

CHECK-UP   p. 60

1 (위험으로부터) 구하다; (돈을) 저축하다; (자원을)
절약하다 2 스트레스, 압박; 강조; 강조하다
3 (상태 · 정도가) 심각한, 진지한 4 운동; 훈련, 연습;
운동하다 5 원인; ~의 원인이 되다, 일으키다
6 평평한; (타이어 등이) 바람이 빠진, 펑크가 난
7 나중에, 후에; 더 늦은, 더 나중의 8 activity
9 greet 10 press 11 create 12 afraid
13 toothache 14 talent 15 returned

16 beat 17 member 18 no, longer

DAY 13

PREVIEW   p. 61

1 print 2 bare 3 pass through 4 mark

CHECK-UP   p. 64

1 이상한; 낯선 2 영향, 결과 3 가게, 상점; 물건을
사다, 쇼핑하다 4 창의적인, 창조적인 5 인쇄하다;
출판하다, 발행하다 6 벌거벗은, 살을 드러낸
7 검토(하다); 평론(하다), 비평(하다); 복습(하다)
8 mark 9 giant 10 talented 11 safely
12 usually 13 housework 14 dictionary
15 focus 16 allowed 17 passed, through
18 at, least

DAY 14

PREVIEW   p. 65

1 medicine 2 boil 3 cut into pieces
4 flight

CHECK-UP   p. 68

1 받아들이다, 수락하다 2 겁주다, 겁나게 하다
3 약, 약물; 의학, 의술 4 주제, 화제 5 끓다, 끓이다;
(끓는 물에) 삶다 6 (발)걸음; 조치; 단계 7 시트, 얇은
천; (종이) 한 장 8 village 9 anger 10 cooking
11 everywhere 12 hunter 13 dirt
14 pleasure 15 rises 16 powerful 17 flight
18 Look, up

DAY 15

PREVIEW   p. 69

1 scared 2 wooden 3 praise 4 coast

CHECK-UP   p. 72

1 두려워하는, 겁먹은 2 ~조차, ~까지, ~도; 훨씬, 더욱
3 위험(성) 4 눕다; 놓여 있다; 거짓말하다 5 거절하다,
거부하다 6 (일을) 빼다, 거르다; 건너뛰다, 생략하다
7 칭찬하다; 칭찬, 찬양 8 plate 9 own
10 wooden 11 foreign 12 traffic 13 alive
14 continue 15 beyond 16 meeting

17 stay, up 18 gets, along, with

DAY 11-15
REVIEW TEST
pp. 73-74

A 1 traffic 2 foreign 3 flat 4 living
5 flight 6 safely 7 produces 8 serious
9 lied 10 talent 11 looked, up 12 Cut,
into, pieces

B 1 그는 나보다 훨씬 키가 크다. 2 나는 새 차를
사려고 저축하고 있다. 3 그 이야기는 신문에
보도되었다. 4 그들은 더 늦은 비행기를 탈 것이다.
5 그들은 어려운 시기를 겪었다.

C 1 ① 2 ② 3 ④ 4 ② 5 ③

D 1 gather 2 stress 3 review 4 step
5 own

DAY 16
PREVIEW
p. 75

1 vote 2 reach 3 branch 4 path

CHECK-UP
p. 78

1 도움; 원조, 지원 2 표지판; 기미, 조짐; 서명하다
3 투표하다; 투표, 표결 4 경기, 시합; 성냥; 어울리다
5 흥미, 관심; 관심사; 관심을 끌다 6 (밟아서 생긴) 길,
오솔길; 경로, 방향 7 나뭇가지; 지점, 지사 8 per
9 reach 10 scary 11 owner 12 toward
13 tradition 14 common 15 core
16 foreigners 17 Sooner, or, later 18 at,
that, time

DAY 17
PREVIEW
p. 79

1 greenhouse 2 iron 3 self 4 drawer

CHECK-UP
p. 82

1 (글 등으로 남긴) 기록; (스포츠 등의) 기록; (정보
등을) 기록하다 2 철, 쇠; 다리미 3 도움이 되는,
유익한 4 탑 5 똑바로, 곧장; 곧은, 일직선의
6 기본적인, 기초적인; 기본, 기초 7 회사; 동료, 일행
8 drawer 9 self 10 greenhouse

11 mad 12 nation 13 agree 14 pleased
15 Either 16 control 17 solve 18 after, all

DAY 18
PREVIEW
p. 83

1 row 2 disagree 3 fry 4 aloud

CHECK-UP
p. 86

1 열, 줄; (극장 등의 좌석) 줄 2 잠기다, 잠그다;
자물쇠, 잠금장치 3 미끄러지다; 미끄럼틀
4 메달, 훈장 5 맨 아래, 바닥; 맨 아래의
6 (기름에) 튀기다, 볶다 7 소리 내어; 큰 소리로
8 festival 9 habit 10 abroad 11 tax
12 disagree 13 surprised 14 product
15 tough 16 shape 17 while 18 get, to

DAY 19
PREVIEW
p. 87

1 bow 2 sketch 3 metal 4 factory

CHECK-UP
p. 90

1 전반[전체]적인; 일반적인, 일반의 2 완전한,
완벽한; 완료하다; 완성하다 3 언젠가, 지금까지; 결코,
전혀 4 보통의, 평범한; (심신이) 정상적인
5 직접적인; 지휘[총괄]하다; (길을) 안내하다
6 면접; 인터뷰, 회견; 인터뷰하다 7 판매; 할인 판매,
세일 8 peer 9 factory 10 amazing
11 outdoor 12 clay 13 metal 14 though
15 bowed 16 royal 17 slow, down
18 After, a, while

DAY 20
PREVIEW
p. 91

1 cover 2 loose 3 director 4 signal

CHECK-UP
p. 94

1 헐거운, 느슨한; 헐렁한 2 보호하다, 지키다
3 친절한, 다정한 4 의미, 뜻 5 문장; 선고, 판결
6 맨 아랫부분, 밑바닥; (사상 등의) 기초, 기반
7 덮다; (책 등이) 다루다, 포함하다 8 awake
9 indoor 10 grade 11 evil 12 trash

13 worried 14 quickly 15 signal
16 director 17 Take, away 18 character

DAY 16-20
REVIEW TEST
pp. 95-96

A 1 abroad 2 sentence 3 interest
   4 awake 5 record 6 aloud 7 toward
   8 worried 9 vote 10 meaning
   11 come, true 12 have, in, common

B 1 티켓은 1인당 15달러이다. 2 너는 지금까지
   도쿄에 가 본 적 있니? 3 이 책은 다양한 수필들을
   다루고 있다. 4 사람들을 그들의 외모로 판단하지
   마라. 5 우리의 물과 음식이 떨어져가고 있다.

C 1 ④ 2 ③ 3 ② 4 ③ 5 ④

D 1 grade 2 friendly 3 While 4 direct
   5 shape 6 nation 7 aid

DAY 11-20
CROSSWORD PUZZLE
p. 97

Across
4 medicine 7 strange 9 creative
11 disagree 12 protect
Down
1 habit 2 praise 3 pleasure 5 normal
6 continue 8 product 10 allow

DAY 21
PREVIEW
p. 99

1 mixture 2 seed 3 shine 4 accident

CHECK-UP
p. 102

1 기침하다; 기침 2 유머, 익살스러움 3 빛나다,
반짝이다 4 고지서, 청구서; 지폐 5 진실, 사실
6 동쪽의, 동쪽에 있는 7 발견하다; 알게 되다, 깨닫다
8 courage 9 seed 10 wrap
11 fortune 12 reuse 13 mixture
14 peace 15 national 16 accident
17 junk 18 is, covered, with

DAY 22
PREVIEW
p. 103

1 race 2 throw away 3 pose 4 tight

CHECK-UP
p. 106

1 꼭 맞다; 적합하다, 어울리다 2 (노력해서) 얻다;
(체중 등이) 늘다, (경험 등을) 쌓다 3 (감정ㆍ의견
등을) 표현하다, 나타내다 4 (돈의) 금액; 합계;
요약하다 5 포즈를 취하다; 자세, 포즈 6 어리석은,
우둔한 7 독특한, 특별한; 유일한, 특유한
8 completely 9 symbol 10 illegal
11 race 12 adventure 13 breathe
14 mention 15 tight 16 looked, through
17 humorous 18 throw, away

DAY 23
PREVIEW
p. 107

1 diamond 2 fever 3 bite 4 order

CHECK-UP
p. 110

1 (둘 중) 어느 쪽도 ~아니다 2 연락; 접촉, 맞닿음;
연락하다 3 (표면이) 거친; 대강의; 힘든 4 누구나,
누구든지; 누군가; 아무도 5 순서; 명령(하다);
주문(하다) 6 동일한, 같은; 평등한; (수 등이) 같다,
~이다 7 원천; 근원, 원인; (정보의) 출처
8 scenery 9 none 10 journey 11 period
12 million 13 fever 14 society
15 ceiling 16 title 17 bite 18 hang, out,
with

DAY 24
PREVIEW
p. 111

1 shot 2 beard 3 surround 4 hug

CHECK-UP
p. 114

1 전체의, 모든; 전체, 전부 2 거의 3 땀; 땀을 흘리다
4 어디든지; 어딘가에; 아무 데도 5 턱수염 6 시력;
전망, 비전 7 껴안다, 포옹하다; 껴안기, 포옹
8 pimple 9 surround 10 imagine 11 ghost
12 upper 13 effort 14 century 15 followed
16 Raindrops 17 care, for 18 make, up

15 backward 16 on, time 17 host 18 Trade

DAY 25

PREVIEW p. 115

1 attack 2 pedal 3 master 4 huge

CHECK-UP p. 118

1 솔직히; 솔직히 말해서 2 연장, 도구 3 무례한,
버릇없는 4 흔들리다, 흔들다; (방망이 등을) 휘두르다
5 (크기가) 거대한; (수량·정도가) 막대한 6 그 밖의,
다른; 그 밖에, 달리 7 전투, 교전; 투쟁, 싸움
8 universe 9 social 10 death 11 code
12 global 13 fantastic 14 sudden
15 master 16 challenged 17 attack
18 Watch, out, for

DAY 21-25

REVIEW TEST pp. 119-120

A 1 national 2 effort 3 double 4 global
  5 follow 6 equal 7 coughed
  8 breathe 9 rude 10 courage
  11 gave, up 12 show, up

B 1 누구든지 그 동아리에 가입할 수 있다. 2 8과 5의
  합은 13이다. 3 우리 중 아무도 그 파티에 가지
  않았다. 4 솔직히 말해서, 나는 그의 생각이 마음에
  안 든다. 5 누가 그 이야기를 지어냈니?

C 1 ① 2 ③ 3 ④ 4 ③ 5 ②

D 1 bill 2 order 3 gain 4 source 5 race

DAY 26

PREVIEW p. 121

1 silence 2 comfort 3 make fun of
4 backward

CHECK-UP p. 124

1 안락, 편안함; 위로, 위안 2 타당한, 합당한; 공정한,
공평한 3 과정, 절차; (식품 등을) 가공하다; (서류
등을) 처리하다 4 잡지, 학술지; 일기, 일지
5 (일상에서 정기적으로 하는) 일 6 (TV·라디오 등의)
음량; 양, 용량 7 감동을 주다, (깊은) 인상을 주다
8 enemy 9 silence 10 daytime 11 action
12 suddenly 13 merry 14 sore

DAY 27

PREVIEW p. 125

1 footprint 2 relax 3 cloth 4 equally

CHECK-UP p. 128

1 쉬다; (몸의) 긴장을 풀다, 이완시키다 2 비율, –율;
속도; 요금 3 ~처럼 보이다, ~인 것 같다
4 비교하다, 견주다; 비유하다 5 증명[입증]하다;
(~임이) 드러나다 6 큰 소리로, 시끄럽게
7 (도덕적·법률적) 의무; 직무, 임무 8 pace
9 unfair 10 modern 11 equally
12 traditional 13 gorgeous 14 footprint
15 cloth 16 against 17 was, over
18 stop, by

DAY 28

PREVIEW p. 129

1 wheel 2 pole 3 stomach
4 examination

CHECK-UP p. 132

1 연결하다, 접속하다; 관련시키다 2 결정하다,
결심하다 3 막대기, 기둥; (지구의) 극 4 (맛이) 신;
(우유 등이) 상한 5 취소하다 6 시험; 조사, 검토;
(의료) 검진, 검사 7 경쟁자, 경쟁 상대 8 throat
9 wheel 10 stomach 11 passion
12 absent 13 golden 14 interested
15 mild 16 bumped 17 handed, out
18 tried, her, best

DAY 29

PREVIEW p. 133

1 chase 2 target 3 brick 4 divide

CHECK-UP p. 136

1 단 하나의, 단독의; 미혼의, 독신의; 1인용의
2 뒤쫓다, 추적[추격]하다; 추적, 추격 3 가장자리,
모서리; (칼 등의) 날 4 속력, 속도; 빨리 가다, 질주하다
5 (보호용) 마스크; 가면 6 나뉘다, 나누다;

분배[배분]하다 7 고치다, 수리하다; 수리, 보수
8 brick 9 western 10 impression
11 therefore 12 port 13 human 14 skin
15 target 16 fashionable 17 closely
18 for, the, first, time

DAY 30

PREVIEW   p. 137

1 wire 2 forward 3 peel 4 shoot

CHECK-UP   p. 140

1 전기의, 전기로 움직이는 2 (과일 등의) 껍질을
벗기다; 벗겨지다 3 주요 지형지물, 랜드마크
4 선택권; 선택(하는 행동) 5 앞(쪽)으로 6 발표하다,
알리다 7 (총 등을) 쏘다; (농구 등에서) 슛하다
8 goods 9 decision 10 wire 11 storm
12 beside 13 quietly 14 poem 15 Repeat
16 track 17 clearly 18 turned, into

DAY 26-30

REVIEW TEST   pp. 141-142

A 1 impression 2 wheel 3 host 4 throat
   5 rate 6 loudly 7 proved 8 enemy
   9 fair 10 absent 11 Peel 12 day, by,
   day

B 1 우유가 상했다. 2 너는 오늘 굉장히 행복해
   보인다. 3 그 가게는 저렴한 제품을 많이 판다.
   4 나는 그의 계획에 반대한다. 5 그녀를 그만
   놀려라.

C 1 ② 2 ① 3 ④ 4 ④

D 1 port 2 backward 3 duty 4 closely
   5 compare 6 divide 7 sore

DAY 21-30

CROSSWORD PUZZLE   p. 143

Across
1 comfort 3 daytime 6 express
7 universe 11 period 12 decide
Down
2 therefore 4 truth 5 fortune 8 nearly

9 silence 10 whole

DAY 31

PREVIEW   p. 145

1 defend 2 garage 3 wave 4 introduce

CHECK-UP   p. 148

1 방어하다, 지키다 2 가짜의, 위조의; 가짜,
모조[위조]품 3 분명한, 명백한; 꾸미지 않은; 평지,
평원 4 화학의, 화학적인; 화학 물질 5 의견, 견해
6 충고하다, 조언하다 7 (표면이) 매끈한, 부드러운;
(일이) 순조로운 8 bother 9 introduce
10 possible 11 salty 12 garage
13 victory 14 rapidly 15 waved 16 nor
17 checked, out 18 more, and, more

DAY 32

PREVIEW   p. 149

1 run away 2 subject 3 handle
4 monster

CHECK-UP   p. 152

1 (상황 · 문제 등을) 처리하다; (손으로) 만지다; 손잡이
2 의심하다; 의심, 의혹 3 젊은 시절; 젊은이들, 청년층
4 말투, 악센트 5 주제, 화제; 과목 6 탄생, 출생
7 사적인, 개인의; 사립의, 사유의 8 educate
9 lastly 10 forever 11 condition
12 impossible 13 task 14 public
15 stomachache 16 ran, away 17 site
18 at, the, same, time

DAY 33

PREVIEW   p. 153

1 injury 2 screen 3 balance 4 select

CHECK-UP   p. 156

1 공포, 두려움; 두려워하다, 무서워하다 2 삼각형
3 시(詩), 시가 4 축하하다, 기념하다 5 (바다 · 호수
등의) 해안, 해변, 기슭 6 도표, 차트 7 부상
8 haircut 9 weekday 10 select
11 electricity 12 damp 13 recent

14 publish 15 apart 16 balance 17 fill, out
18 more, than

DAY 34
PREVIEW
p. 157

1 entrance 2 powder 3 slice 4 fold

CHECK-UP
p. 160

1 구성 단위; (측정·계량의) 단위 2 문, (출)입구;
(박물관 등에) 입장; 입학, 입사 3 (종이·천 등을)
접다, 개다 4 영혼, 정신 5 (규칙적인) 패턴, 양식; 무늬
6 (맛이) 쓴; 쓰라린, 비통한 7 (얇게 썬) 조각; 얇게
썰다[자르다] 8 muscle 9 crime
10 powder 11 cancer 12 surface
13 theme 14 instead 15 downtown
16 address 17 respect 18 as, well

DAY 35
PREVIEW
p. 161

1 spin 2 bend 3 wavy 4 destroy

CHECK-UP
p. 164

1 (온도·각도의) 도; 정도, 수준 2 이유, 원인; 근거;
이성, 제정신 3 물결 모양의, 웨이브가 있는 4 돌다,
회전하다, 돌리다, 회전시키다 5 파괴하다; (인생 등을)
망가뜨리다, 파멸시키다 6 (몸을) 굽히다, 숙이다;
구부리다 7 손님, 하객; (호텔 등의) 투숙객 8 safety
9 visitor 10 asleep 11 southern
12 confident 13 fortunately 14 emotion
15 attend 16 took, place 17 instead, of
18 cycle

DAY 31-35
REVIEW TEST
pp. 165-166

A 1 guest 2 entrance 3 victory
  4 public 5 surface 6 condition
  7 crime 8 confident 9 chemical
  10 doubt 11 advised 12 recent
B 1 경찰이 위조 지폐를 발견했다. 2 네가 문제를 잘
  처리했구나! 3 그 소년은 빠르게 숨을 쉬고 있다.
  4 그녀는 우리와 떨어져 서 있었다.

5 그들은 보고서를 제시간에 제출했다.
C 1 ④ 2 ③ 3 ① 4 ②
D 1 fear 2 subject 3 net 4 offer
  5 reason

DAY 36
PREVIEW
p. 167

1 fabric 2 candle 3 customer 4 trick

CHECK-UP
p. 170

1 비록 ~일지라도 2 주요한, 중대한; (대학의) 전공;
전공하다 3 나타나다; ~인 것 같다, ~처럼 보이다
4 간청하다, 부탁하다; 구걸하다 5 (사건 등이)
일어나다, 발생하다; 우연히 ~하다 6 세부 사항; 자세한
내용[정보] 7 가라앉다; (부엌의) 싱크대, 개수대
8 origin 9 importance 10 steal
11 customer 12 plenty 13 remind
14 expect 15 fabric 16 trick 17 would,
like, to 18 ended, up, with

DAY 37
PREVIEW
p. 171

1 escape 2 pile 3 cell 4 blend

CHECK-UP
p. 174

1 섞이다, 섞다, 혼합하다 2 비명을 지르다; 소리치다;
비명 3 비슷한, 유사한 4 국제적인, 국제의 5 대답,
답장; 대답하다, 답장하다
6 어쨌든; 그건 그렇고, 그런데 7 (시야에서) 사라지다;
(존재가) 없어지다 8 curious
9 overcome 10 found 11 feed 12 cell
13 awful 14 provide 15 escaped
16 worth 17 get, together 18 shocked

DAY 38
PREVIEW
p. 175

1 sticky 2 locker 3 athlete 4 brain

CHECK-UP
p. 178

1 방식, 방법; 태도; 예의, 예절 2 (신문·잡지 등의) 글,

기사, 논문 3 아마, 어쩌면 4 수도; 자본(금), 자금;
(알파벳의) 대문자 5 잊다, 잊어버리다
6 숙련된, 능숙한 7 그러한, 그런; 매우 ~한
8 brain 9 explain 10 disease 11 navy
12 curiosity 13 sticky 14 athlete
15 Remember 16 locker 17 in, need
18 came, across

DAY 39

PREVIEW   p. 179

1 ladder 2 pillow 3 booth 4 remain

CHECK-UP   p. 182

1 경영[관리]하다; 간신히 해내다 2 수행하다;
지휘하다; 행위, 행동 3 차이(점) 4 성(城)
5 낫다, 치유하다 6 (감각 기관의) 감각; 느낌, −감
7 사다리 8 pillow 9 army 10 tomb
11 northern 12 exchange 13 success
14 fault 15 violent 16 remained 17 set, up
18 all, the, time

DAY 40

PREVIEW   p. 183

1 cage 2 poison 3 disappointed 4 grain

CHECK-UP   p. 186

1 (시간 · 물질 등의) 양; (돈의) 액수 2 탐험[답사]
하다; 조사[탐구]하다 3 (문제 등의) 해법, 해결책;
(퀴즈 등의) 해답, 정답 4 (일상적인) 식사; (치료 등을
위한) 규정식, 식이요법, 다이어트 5 독(약); (음식물
등에) 독을 넣다 6 분실, 상실; (금전적) 손해, 손실액;
죽음, 사망 7 알아차리다; 주의, 주목; 통지, 예고
8 represent 9 sight 10 disappointed
11 wealth 12 bold 13 failure 14 tribe
15 cage 16 series 17 ahead, of 18 In,
short

DAY 36-40

REVIEW TEST   pp. 187-188

A 1 manners 2 escape 3 capital
   4 sight 5 cells 6 failure 7 exchanged

8 similar 9 talking, to, herself
10 origin 11 article 12 set, up

B 1 우리는 그의 전화를 기다리고 있다. 2 그들은
   10년 전에 우리 학교를 설립했다. 3 그녀는 매우
   훌륭한 의사이다. 4 나는 소량의 설탕이 필요하다.
   5 그는 다른 사람들보다 앞서 걸었다.

C 1 ③ 2 ① 3 ④ 4 ② 5 ③

D 1 feed 2 international 3 brain
   4 heal 5 detail 6 loss 7 happen

DAY 31-40

CROSSWORD PUZZLE   p. 189

Across
2 curious 5 educate 6 bother
8 address 9 surface 12 worth
Down
1 salty 3 introduce 4 perhaps
7 respect 10 fault 11 bold

DAY 41

PREVIEW   p. 191

1 lean 2 spill 3 cable 4 be filled with

CHECK-UP   p. 194

1 (사회적 · 정치적) 운동, 캠페인 2 기쁨, 즐거움;
기쁘게 하다 3 신체의, 육체의; 물질의, 물질적인
4 연구, (자료) 조사; 연구하다, (자료 등을) 조사하다
5 전선, 케이블 6 언쟁[논쟁]하다; 주장하다
7 (생각 · 감정 등의) 표현; 표정; 표현, 말
8 familiar 9 zone 10 silly 11 honor
12 include 13 memory 14 successful
15 spilled 16 volunteers 17 leaned
18 is, filled, with

DAY 42

PREVIEW   p. 195

1 steel 2 growth 3 newborn
4 smoke

1 힘; 강요[강제]하다 2 고대의; 아주 오래된
3 더럽히다, 오염시키다 4 연기; 담배를 피우다,
흡연하다 5 정신 나간, 말도 안 되는; 열광하는, 푹 빠진
6 평균(의); 보통[평균] 수준(의) 7 친절, 상냥함
8 information 9 university 10 relationship
11 newborn 12 chemistry 13 document
14 steel 15 ease 16 growth 17 succeeded
18 is, familiar, with

DAY 43

PREVIEW   p. 199

1 magnet 2 hang on 3 recycle
4 schedule

CHECK-UP   p. 202

1 (폐품을) 재활용하다, 재생하여 이용하다 2 경험;
경험하다, 겪다 3 물건, 물체; 목표, 목적; 반대하다
4 공급(량); 공급품, 물자; 공급하다 5 즉각적인,
당장의; 즉석의, 인스턴트의; 순간 6 아마도
7 (금전적) 가치, 가격; 가치, 유용성 8 fame
9 tap 10 stare 11 apology 12 debt
13 comment 14 appropriate 15 cast
16 schedule 17 hang, on 18 get, used, to

DAY 44

PREVIEW   p. 203

1 scold 2 lay 3 slip 4 separate

CHECK-UP   p. 206

1 자유 2 깨닫다, 인식하다; (목표 등을) 실현[달성]하다
3 거의 ~ 않다[아니다], 도저히 ~할 수 없다 4 꾸짖다,
야단치다 5 탓하다, 비난하다 6 ~하는 경향이 있다,
~하기 쉽다 7 (그) 후에, 나중에 8 comfortable
9 education 10 lay 11 wisdom 12 discuss
13 pity 14 college 15 slipped 16 one,
another 17 took, part, in 18 separated

DAY 45

PREVIEW   p. 207

1 pull out 2 gap 3 stretch 4 closet

CHECK-UP   p. 210

1 갈라진 틈; (시간적) 공백; 격차, 차이 2 전시회,
박람회; 전시 3 (시간이) 짧은; (말·글이) 간결한,
간단한 4 놀리다; (동물을) 괴롭히다 5 늘어나다,
늘이다; (팔·다리를) 뻗다 6 수치; 숫자; (중요한) 인물
7 위치; (몸의) 자세; 입장, 처지 8 closet 9 shut
10 valuable 11 flash 12 consume
13 diligent 14 restroom 15 narrow
16 satisfied 17 attracts 18 pulled, out

DAY 41-45

REVIEW TEST   pp. 211-212

A 1 education 2 memory 3 information
4 attract 5 growth 6 familiar 7 pity
8 debt 9 exhibition 10 cut, down
11 average 12 on, my, way

B 1 그녀는 네 친구들을 거의 모른다. 2 그녀는 내게
그것을 사라고 강요했다. 3 우리의 목표는 비용을
줄이는 것이다. 4 그는 쉽게 살이 찌는 경향이 있다.
5 이 조언들을 명심하세요.

C 1 ② 2 ④ 3 ① 4 ④ 5 ④

D 1 delight 2 ease 3 instant 4 apology
5 realize

DAY 46

PREVIEW   p. 213

1 astronaut 2 instrument 3 spot
4 frame

CHECK-UP   p. 216

1 연료 2 긴장한, 불안한; 신경(성)의 3 우주비행사
4 면, 면직물; 목화 5 싫어하다; 싫어함, 반감
6 확실히, 틀림없이 7 기사, 기술자 8 instrument
9 height 10 several 11 pollution 12 bullet
13 wisely 14 typhoon 15 frame 16 spot
17 pulled, up 18 ran, across

1 (육체적 · 정신적) 힘; 강점, 장점 2 천국; 낙원
3 배달하다; (연설 · 강연 등을) 하다 4 (도시의) 지역,
동네; 인근, 근처, 이웃 5 상태; (미국 등의) 주(州)
6 자유 7 ~와 다른[달리]; ~답지 않은
8 treasure 9 purpose 10 various
11 inform 12 regret 13 feather
14 earthquake 15 canal 16 made, it
17 compass 18 signed, up, for

DAY 48
PREVIEW   p. 221

1 vet 2 spray 3 waste 4 climbing

CHECK-UP   p. 224

1 원래[본래]의; 독창적인; 원본[원작]의 2 낭비;
쓰레기, 폐기물; 낭비하다 3 추가의, 여분의; 추가로
4 (우편물 등의) 배달, 배송 5 (병의) 전염, 감염; 전염병
6 비극(적인 사건) 7 정의, 공정; 사법, 재판
8 counsel 9 friendship 10 climbing
11 relate 12 appearance 13 concern
14 polar 15 spoiled 16 horror 17 gave,
away 18 such, as

DAY 49
PREVIEW   p. 225

1 photographer 2 launch 3 cardboard
4 string

CHECK-UP   p. 228

1 사업, 거래; 업무 2 사진가, 사진작가 3 ~ 위에;
가까이에, 임박한 4 관용구, 숙어 5 겸손한; (신분
등이) 비천한, 낮은 6 외상[신용] 거래; 칭찬, 인정
7 (간단한) 저녁 식사 8 cardboard 9 terrible
10 anytime 11 riddle 12 string 13 forgive
14 evidence 15 mounted 16 launched

17 describe 18 are, related, to

DAY 50
PREVIEW   p. 229

1 champion 2 work out 3 float
4 portrait

CHECK-UP   p. 232

1 대본, 각본 2 (소설의) 서술자; (영화 등의) 내레이터
3 추천하다; 권(장)하다 4 불안한, 걱정되는; 불편한
5 (내기 등에) 돈을 걸다; 내기, 내기 돈[물건] 6 (특정)
지역의, 현지의 7 초상(화), 인물 사진 8 totally
9 career 10 slave 11 environment
12 advantage 13 difficulty 14 route
15 suffering 16 floated 17 work, out
18 gave, off

DAY 46-50
REVIEW TEST   pp. 233-234

A 1 original 2 launch 3 neighborhood
   4 nervous 5 local 6 certainly
   7 regret 8 work, out 9 humble
   10 career 11 advantage 12 Put, up

B 1 그녀는 짧은 연설을 했다. 2 그는 형과 달리
   친절하다. 3 그것을 사는 것은 돈 낭비이다.
   4 그 가게는 외상 거래로 물건들을 팔지 않는다.
   5 나는 그녀에게 내 책들을 줘버렸다.

C 1 ① 2 ② 3 ④ 4 ③ 5 ②

D 1 extra 2 float 3 inform 4 totally
   5 various 6 relate 7 pollution

DAY 41-50
CROSSWORD PUZZLE   p. 235

Across
4 regret 6 appropriate 9 succeed
10 figure 11 humble 12 analyze
Down
1 fame 2 narrow 3 strength 5 terrible
7 purpose 8 include

DAY 51

PREVIEW p. 237

1 sneeze 2 distance 3 treat 4 serve

CHECK-UP p. 240

1 (작품 등이) 고전적인, 걸작인; 전형적인, 대표적인;
고전 2 호의, 친절, 부탁; 지지, 인정
3 일반적[전반적]으로; 대개, 보통 4 (기억 · 묘사 등이)
생생한; (색 등이) 선명한 5 (물건의) 재료; (책 등의)
소재 6 대하다; 치료하다; 대접하다, 한턱내다
7 ~ 이내에, ~ 안에; ~ 범위 내에 8 individual
9 account 10 situation 11 collaborate
12 sneeze 13 rubber 14 distance
15 expert 16 served 17 used, up
18 made, a, decision

DAY 52

PREVIEW p. 241

1 filter 2 maximum 3 arrest 4 apologize

CHECK-UP p. 244

1 최대[최고]의; 최대, 최대량[수] 2 불평하다,
항의하다 3 제안하다; 추천하다; 시사[암시]하다
4 마음, 정신; 기분; 영혼 5 체포하다, 구속하다; 체포,
구속 6 (태도가) 낙관[긍정]적인; (영향이) 긍정적인,
좋은 7 ~ 이후; ~한 이래로[이후]; ~이므로
8 apologize 9 virtual 10 unexpected
11 exist 12 relative 13 harm
14 disadvantage 15 crowded
16 account, for 17 independence
18 is, about, to

DAY 53

PREVIEW p. 245

1 bunch 2 lid 3 twisted 4 chain

CHECK-UP p. 248

1 해석하다, 설명하다; 통역하다 2 인공[인조]의; 꾸민,
거짓의 3 설문 조사하다; 설문 조사 4 (옷을) 벗다,
벗기다; 가늘고 긴 조각 5 대답[응답]하다;
반응[대응]하다 6 환경의, 환경과 관련된

7 최소의, 최저의; 최소, 최저 8 disappoint
9 lid 10 twisted 11 slightly
12 communicate 13 priest 14 bunch
15 former 16 varies 17 opposite
18 Most, of, all

DAY 54

PREVIEW p. 249

1 knit 2 cheat 3 stripe 4 graduate

CHECK-UP p. 252

1 특징, 특색; 특징을 이루다 2 생각하다, 추측하다;
가정하다 3 선택(할 수 있는 것), 선택권 4 (옷 등을)
뜨다, 뜨개질하다 5 성취하다, 이루다
6 (신체의) 동작, 움직임; (사회적) 운동, 활동
7 리듬; 규칙적인 변화[운동] 8 reduce
9 personality 10 extreme 11 decorate
12 creature 13 graduate 14 stripe
15 background 16 shame 17 whenever
18 on, my, own

DAY 55

PREVIEW p. 253

1 envelope 2 layer 3 strike
4 presentation

CHECK-UP p. 256

1 부인[부정]하다, 인정하지 않다 2 (다른 곳으로)
이동하다; 환승하다; 이동 3 영리한, 똑똑한
4 필요로 하다; (법 · 규칙 등으로) 요구하다
5 보통의, 평범한 6 살아남다, 생존하다
7 유명한, 잘 알려진 8 competition 9 slight
10 ashamed 11 behave 12 envelope
13 necessary 14 method 15 presentation
16 strike 17 layers 18 passed, away

DAY 51-55

REVIEW TEST pp. 257-258

A 1 expert 2 opposite 3 vivid
   4 relative 5 movement 6 classic
   7 unexpected 8 apologize

9 decorated 10 communicate
11 in, case, of 12 account, for

B 1 네가 떠난 후로 계속 추웠다. 2 그 증거는 그가
거짓말했다는 것을 시사했다. 3 네가 오지 못한다니
유감이다. 4 그것이 사실이라고 가정해보자.
5 너 내 숙제를 도와줄 수 있니?

C 1 ③ 2 ③ 3 ② 4 ④

D 1 treat 2 harm 3 interpret 4 feature
5 transfer

1 statue 2 receipt 3 insert 4 fountain

CHECK-UP   p. 262

1 체계, 시스템; 제도, 체제 2 이용할 수 있는, 구할 수
있는 3 지원하다, 신청하다; 적용되다 4 교정하다,
수정하다; 편집하다 5 분수 6 다정한, 애정 어린;
(음식이) 연한 7 (음식이) 소화되다, 소화시키다
8 hunger 9 congratulation 10 statue
11 depressed 12 unfortunately 13 mission
14 gradually 15 receipt 16 inserted
17 stove 18 put, together

1 raw 2 satellite 3 grocery 4 station

CHECK-UP   p. 266

1 (문제 등이) 확대[악화]되다; (비용 등이) 증가하다
2 역, 정류장; (특정 일을 하는) -소, -서
3 예측[예보]하다; 예측, 예보 4 어마어마한, 굉장한
5 믿을 수 없는, 믿기 어려운 6 익히지 않은, 날것의;
가공하지 않은 7 화난, 속상한; 속상하게 하다
8 communication 9 consult 10 invitation
11 satellite 12 empire 13 poverty
14 grocery 15 deal 16 migrate 17 develop
18 were, stuck, in

1 tag 2 leap 3 harvest 4 argument

CHECK-UP   p. 270

1 (시간상으로) 다음의; 다음에 나오는 2 격려하다,
자신감을 주다; 장려[권장]하다 3 지하의; 지하에[로]
4 ~을 제외하고, ~ 외에는 5 구체적인; 콘크리트로 된
6 하인, 종; (조직 등의) 고용인, 종업원 7 수확(기),
추수; 수확[추수]하다 8 tag 9 leap 10 proverb
11 argument 12 waterproof 13 billion
14 miserable 15 stranger 16 support
17 responsible 18 came, to, mind

1 faucet 2 hatch 3 suit 4 nest

CHECK-UP   p. 274

1 (새의) 둥지; (곤충 등의) 집, 보금자리
2 수송[운송]하다, 옮기다; 수송, 운송, 이동
3 (알 등이) 부화하다 4 직원, 점원 5 이해하기 힘든,
불가사의한; 신비한 6 관찰[관측]하다; (규칙 등을)
준수하다 7 당황스럽게[난처하게] 만들다
8 amusement 9 faucet 10 participate
11 optimist 12 behavior 13 risk
14 sightseeing 15 considers 16 structure
17 watched, over 18 To, my, surprise

1 temperature 2 dew 3 link
4 construction

CHECK-UP   p. 278

1 우주선 2 진실된, 진심 어린 3 이슬 4 혁명
5 온도, 기온; 체온 6 마비시키다 7 연결하다;
관련시키다; 관계, 관련성 8 motivate
9 persuade 10 description
11 surprisingly 12 construction
13 experiment 14 function

15 performance 16 feast 17 brought, back
18 a, variety, of

REVIEW TEST   pp. 279-280

A 1 raw 2 construction 3 forecast
  4 transport 5 risk 6 persuaded
  7 poverty 8 available 9 deal
  10 description 11 up, to 12 on, the,
  other, hand

B 1 그 상점은 일요일을 제외하고 매일 문을 연다.
  2 그는 내 친구들 앞에서 나를 당황스럽게 만들었다.
  3 나는 저 사실을 증명할 구체적 증거가 있다.
  4 이 일은 나에게 맞지 않는다. 5 나는 그녀와
  그녀의 언니를 구분할 수가 없다.

C 1 ① 2 ② 3 ④ 4 ③

D 1 responsible 2 digest 3 function
  4 encourage 5 miserable
  6 participate 7 behavior

CROSSWORD PUZZLE   p. 281

Across
2 billion 4 ashamed 6 upset
8 gradually 10 necessary 12 account
Down
1 personality 3 observe 5 apply
7 ordinary 9 distance 11 cheat

INDEX

A

B

307

share	43	skip	71	spill	193
sharp	13	slave	232	spin	163
sheet	67	sleepy	16	spirit	243
shine	101	slice	159	spoil	223
shock	173	slide	84	spot	215
shoot	138	slight	255	spray	222
shop	63	slightly	246	spread	214
shore	156	slip	206	stage	10
shot	113	slow down	90	stamp	14
shout	24	smart	31	stare	200
show up	102	smoke	196	state	219
shower	34	smooth	146	station	265
shut	210	sneeze	239	statue	260
sight	184	soap	42	stay up	72
sightseeing	273	social	117	steal	170
sign	76	society	108	steel	198
sign up for	220	soil	32	step	67
signal	92	solar	54	stick	43
silence	123	soldier	39	sticky	178
silent	40	solution	185	still	9
silly	194	solve	81	stomach	131
similar	172	someday	46	stomachache	151
simple	16	sometime	21	stop by	128
since	242	sooner or later	78	storm	140
sincere	276	sore	122	stove	262
single	134	soul	159	straight	81
sink	169	sour	132	strange	63
site	150	source	109	stranger	269
situation	238	southern	163	straw	56
sketch	90	spaceship	278	strength	218
skill	38	special	54	stress	59
skillful	177	speed	136	stretch	210
skin	135	spicy	35	strike	255

Y

Z

MEMO

MEMO

MEMO

MEMO

MEMO

MEMO

지은이

NE능률 영어교육연구소

NE능률 영어교육연구소는 혁신적이며 효율적인 영어 교재를 개발하고
영어 학습의 질을 한 단계 높이고자 노력하는 NE능률의 연구조직입니다.

주니어 능률 VOCA 〈기본〉

펴 낸 이	주민홍
펴 낸 곳	서울특별시 마포구 월드컵북로 396(상암동) 누리꿈스퀘어 비즈니스타워 10층
	㈜NE능률 (우편번호 03925)
펴 낸 날	2023년 1월 5일 개정판 제1쇄 발행
	2024년 8월 15일 제11쇄
전 화	02 2014 7114
팩 스	02 3142 0356
홈 페 이 지	www.neungyule.com
등 록 번 호	제1-68호
I S B N	979-11-253-4051-5 53740
정 가	12,000원

NE 능률

고객센터

교재 내용 문의 : contact.nebooks.co.kr (별도의 가입 절차 없이 작성 가능)
제품 구매, 교환, 불량, 반품 문의 : 02-2014-7114
☎ 전화문의는 본사 업무시간 중에만 가능합니다.

NE능률 교재 MAP

어휘

아래 교재 MAP을 참고하여 본인의 현재 혹은 목표 수준에 따라 교재를 선택하세요.
NE능률 교재들과 함께 영어실력을 쑥쑥~ 올려보세요!
MP3 파일 등 교재 부가 학습 서비스 및 자세한 교재 정보는 www.nebooks.co.kr 에서 확인하세요.

초1-2	초3	초3-4	초4-5	초5-6
	초등영어 단어가 된다 1	초등영어 단어가 된다 2 주니어 능률VOCA Starter 1	초등영어 단어가 된다 3 주니어 능률VOCA Starter 2	초등영어 단어가 된다 4

초6·예비중	중1	중1-2	중2-3	중3
주니어 능률VOCA 입문		주니어 능률VOCA 기본 능률VOCA 어원편 Lite	주니어 능률VOCA 실력	주니어 능률VOCA 숙어

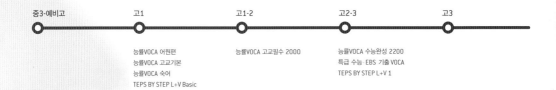

중3·예비고	고1	고1-2	고2-3	고3
	능률VOCA 어원편 능률VOCA 고교기본 능률VOCA 숙어 TEPS BY STEP L+V Basic	능률VOCA 고교필수 2000	능률VOCA 수능완성 2200 특급 수능·EBS 기출 VOCA TEPS BY STEP L+V 1	

수능 이상/ 토플 80-89· 텝스 327-384점	수능 이상/ 토플 90-99· 텝스 385-451점	수능 이상/ 토플 100· 텝스 452점 이상		

TEPS BY STEP L+V 2	능률VOCA 고난도	TEPS BY STEP L+V 3		

10분 만에 끝내는 영어 수업 준비!

NETutor

NE Tutor는 NE능률이 만든 대한민국 대표 **영어 티칭 플랫폼**으로
영어 수업에 필요한 모든 **콘텐츠와 서비스**를 제공합니다.

www.netutor.co.kr

NE Tutor
- 튜터 Mall
- 교재 / 수업자료
- 커리큘럼
- 스마트 문제뱅크
- E-Book
- 스마트 클래스

• 전국 영어 학원 선생님들이 뽑은 NE Tutor 서비스 TOP 4! •

교재 수업자료 ELT부터 초중고까지 수백여 종 교재의 부가자료, E-Book,
어휘 문제 마법사 등 믿을 수 있는 영어 수업 자료 제공

커리큘럼 대상별/영역별/수준별 교재 커리큘럼 & 영어 실력에 맞는
교재를 추천하는 레벨테스트 제공

한국 교육과정 기반의 IBT 영어 테스트 어휘+문법+듣기+독해 영역별 영어
실력을 정확히 측정하여, 전국 단위 객관적 지표 및 내신/수능 대비 약점 처방

문법 문제뱅크 NE능률이 엄선한 3만 개 문항 기반의 문법 문제 출제 서비스,
최대 50문항까지 간편하게 객관식&주관식 문제 출제

NE_Tutor

DAY 01

0001	fix	图 1 수리하다, 고치다 2 고정시키다 3 (날짜·장소 등을) 정하다
0002	shade	명 그늘
0003	bury	图 (땅에) 묻다, 매장하다
0004	cave	명 동굴, 굴
0005	useful	형 쓸모 있는, 유용한
0006	dot	명 (동그란) 점
0007	copy	명 복사(본) 图 1 복사[복제]하다 2 따라 하다, 모방하다
0008	through	전 1 (입구 등을) 통(과)하여 2 (장소를) 지나서
0009	oven	명 오븐
0010	lend	图 빌려주다
0011	moment	명 1 (특정한) 순간, 시점 2 잠깐, 잠시
0012	wing	명 날개
0013	neighbor	명 이웃
0014	piece	명 1 조각 2 한 개, 한 장
0015	still	부 아직도, 여전히
0016	twin	명 쌍둥이 형 쌍둥이의
0017	pure	형 1 (다른 것이 섞이지 않고) 순수한 2 맑은, 깨끗한
0018	stage	명 1 단계, 시기 2 무대
0019	at first	처음에는
0020	put on	~을 입다[신다, 쓰다]

DAY 02

0021	war	명 전쟁
0022	cash	명 현금, 현찰
0023	advice	명 충고, 조언
0024	lead	동 1 안내하다 2 지도하다, 이끌다
0025	perfect	형 1 (결함 없이) 완벽한 2 (목적에) 꼭 알맞은, 완벽한
0026	search	동 찾다, 수색하다 명 찾기, 수색
0027	contest	명 대회, 콘테스트
0028	display	동 전시하다, 진열하다
0029	tip	명 1 (뾰족한) 끝 2 팁, 봉사료 3 조언
0030	borrow	동 빌리다
0031	sharp	형 날카로운, 뾰족한
0032	machine	명 기계
0033	trouble	명 어려움, 문제
0034	roll	동 구르다, 굴리다 명 통, 두루마리
0035	exit	명 출구 동 나가다, 퇴장하다
0036	proud	형 1 자랑스러워하는, 자랑스러운 2 거만한
0037	flood	명 홍수
0038	stamp	명 1 우표 2 도장
0039	at last	마침내
0040	grow up	자라다, 성장하다

DAY 03

0041	mix	동 섞이다, 섞다
0042	healthy	형 1 건강한 2 건강에 좋은
0043	active	형 1 활동적인 2 적극적인
0044	dig	동 (구멍 등을) 파다
0045	simple	형 1 간단한, 단순한 2 소박한, 수수한
0046	view	명 1 경치, 전망 2 견해, 의견
0047	insect	명 곤충
0048	sleepy	형 졸리는
0049	root	명 1 (식물의) 뿌리 2 근원, 원인
0050	total	형 1 총, 전체의 2 완전한, 전적인 명 합계, 총액
0051	final	형 마지막의, 최후의 명 결승(전)
0052	scene	명 1 (연극 · 영화 등의) 장면 2 경치, 풍경
0053	prize	명 상, 상품
0054	nickname	명 별명
0055	pan	명 팬, 프라이팬
0056	cartoon	명 만화 (영화)
0057	leader	명 지도자, 리더
0058	coach	명 (스포츠 팀의) 코치, 감독
0059	find out	~을 알아내다
0060	be in trouble	어려움[곤경]에 처하다

3

DAY 04

0061	lift	통 (들어) 올리다
0062	pack	통 1 (짐을) 싸다 2 포장하다 명 한 갑[상자]
0063	score	명 득점, 점수 통 득점하다
0064	court	명 1 법정, 법원 2 (테니스 등의) 경기장, 코트
0065	desert	명 사막
0066	award	명 상 통 (상 등을) 수여하다, 주다
0067	elder	형 (둘 중에서) 나이가 더 많은 명 노인
0068	among	전 1 ~ 사이에, ~에 둘러싸여 2 (셋 이상) ~ 중에(서)
0069	male	형 남성의, 수컷의 명 남성, 수컷
0070	finally	부 1 마침내, 결국 2 마지막으로
0071	sometime	부 (과거·미래의) 언젠가
0072	rule	명 규칙, 규정 통 지배하다, 통치하다
0073	harmony	명 1 조화, 화합 2 화음
0074	bark	통 (개 등이) 짖다
0075	crash	통 충돌[추락]하다 명 (자동차의) 충돌, (비행기의) 추락
0076	nature	명 1 자연 2 천성, 본성
0077	valley	명 계곡, 골짜기
0078	wonder	통 궁금하다 명 경탄, 놀라움
0079	think up	~을 생각해내다
0080	be famous for	~로 유명하다

4

DAY 05

0081	hang	통 걸(리)다, 매달(리)다
0082	able	형 1 ~할 수 있는 2 능력 있는, 유능한
0083	pain	명 (육체적 · 정신적) 통증, 고통
0084	uniform	명 제복, 유니폼 형 균일한
0085	beauty	명 1 아름다움, 미(美) 2 미인
0086	taste	명 맛 통 1 맛이 나다 2 맛보다
0087	shout	통 소리치다, 외치다
0088	without	전 1 ~ 없이 2 ~하지 않고
0089	care	명 1 주의, 조심 2 보살핌 통 상관하다, 신경 쓰다
0090	sunlight	명 햇빛, 햇살
0091	female	형 여성의, 암컷의 명 여성, 암컷
0092	lower	형 아래(쪽)의 통 낮추다, 내리다
0093	miss	통 1 놓치다, 빗나가다 2 (늦어서) 놓치다 3 그리워하다
0094	exact	형 정확한
0095	popular	형 1 인기 있는 2 대중의, 대중적인
0096	regular	형 1 정기적인, 규칙적인 2 (크기가) 보통의, 표준적인
0097	noisy	형 떠들썩한, 시끄러운
0098	dive	통 (물속으로) 뛰어들다, 다이빙하다
0099	before long	머지않아, 얼마 후에
0100	calm down	진정하다, ~을 진정시키다

DAY 06

0101	pill	몡 알약, 정제
0102	alarm	몡 1 경보(기) 2 자명종, 알람
0103	bored	혱 지루한, 지겨운
0104	freeze	동 얼다, 얼리다
0105	nobody	덷 아무도 ~않다
0106	language	몡 언어, 말
0107	teenager	몡 십 대
0108	usual	혱 평소의, 보통의
0109	chance	몡 1 가능성 2 기회 3 우연
0110	hero	몡 1 영웅 2 (소설 등의) 남자 주인공
0111	curl	동 곱슬곱슬하다, 곱슬곱슬하게 하다 몡 곱슬머리
0112	planet	몡 행성
0113	regularly	붐 정기적으로, 규칙적으로
0114	invent	동 발명하다
0115	smart	혱 영리한, 똑똑한
0116	dead	혱 죽은
0117	soil	몡 흙, 토양
0118	meal	몡 1 식사, 끼니 2 (식사에 먹는) 음식, 식사
0119	take care	조심하다
0120	because of	~ 때문에

6

DAY 07

0121	coil	명 동전
0122	prepare	동 1 준비하다 2 (음식을) 준비[마련]하다
0123	quite	부 꽤, 상당히
0124	collect	동 모으다, 수집하다
0125	main	형 주된, 주요한
0126	shower	명 1 샤워 2 소나기
0127	alike	형 비슷한 부 비슷하게, 마찬가지로
0128	blank	형 공백의, 빈 명 빈칸, 공란
0129	freezing	형 몹시 추운
0130	important	형 중요한
0131	spicy	형 매콤한, 자극적인
0132	teen	명 십 대 형 십 대의
0133	weigh	동 1 무게가 ~이다 2 무게를 재다[달다]
0134	deaf	형 귀가 먹은, 청각 장애가 있는
0135	law	명 법, 법률
0136	rub	동 비비다, 문지르다
0137	pour	동 1 따르다, 붓다 2 (비가) 쏟아지다, 퍼붓다
0138	yet	부 1 [부정문] 아직 2 [의문문] 벌써
0139	take out	1 ~을 꺼내다 2 ~을 데리고 나가다
0140	get out of	1 (장소에서) 나가다 2 (차에서) 내리다

7

0141	skill	몡 1 기량, 솜씨 2 기술
0142	neat	혱 정돈된, 단정한
0143	ache	동 아프다, 쑤시다 몡 아픔, 통증
0144	patient	몡 환자 혱 참을성[인내심] 있는
0145	elderly	혱 나이가 지긋한, 연세가 드신
0146	mistake	몡 실수, 잘못
0147	channel	몡 (TV 등의) 채널
0148	during	전 ~동안 (내내)
0149	flour	몡 밀가루
0150	lawyer	몡 변호사
0151	tire	동 지치다, 지치게 하다 몡 (자동차 등의) 타이어
0152	bar	몡 1 막대기, (창문 등의) 살 2 (막대기 모양의) 바
0153	soldier	몡 군인, 병사
0154	recipe	몡 요리법, 레시피
0155	course	몡 1 강의, 강좌 2 항로, 방향
0156	wallet	몡 지갑
0157	guide	몡 안내자, 가이드 동 안내하다
0158	silent	혱 1 말이 없는, 침묵하는 2 조용한, 고요한
0159	fill in	1 (빈칸 등에) 기입하다, 써넣다 2 (구멍 등을) 메우다
0160	be different from	~와 다르다

DAY 09

0161	rail	명 1 (철도의) 레일 2 철도, 기차
0162	adult	명 성인, 어른 형 성인의, 다 자란
0163	tasty	형 맛있는
0164	couple	명 1 한 쌍, 두 개 2 부부, 커플
0165	especially	부 1 특히 2 특별히, 각별히
0166	soap	명 비누
0167	lonely	형 외로운, 쓸쓸한
0168	mind	명 마음, 정신 동 꺼리다, 싫어하다
0169	invention	명 발명(품)
0170	blind	형 1 눈 먼, 맹인의 2 알아차리지[깨닫지] 못하는
0171	curly	형 곱슬곱슬한
0172	stick	명 1 나뭇가지, 막대기 2 채, 스틱 동 붙다, 붙이다
0173	purse	명 (여성용) 지갑, 핸드백
0174	share	동 1 함께 쓰다, 공유하다 2 나누다
0175	design	명 디자인 동 디자인하다, 설계하다
0176	form	명 1 종류, 유형 2 (문서) 서식 동 형성하다, 이루다
0177	wild	형 야생의
0178	gallery	명 미술관, 화랑
0179	pick up	1 ~을 집어 들다 2 ~을 (차에) 태우러 가다[오다]
0180	help out	도와주다

DAY 10

0181	chat	통 수다를 떨다, 담소를 나누다 명 수다, 담소
0182	designer	명 디자이너 형 디자이너 브랜드의
0183	result	명 결과 통 (~의 결과로) 발생하다, 생기다
0184	type	명 종류, 유형
0185	someday	부 (미래의) 언젠가
0186	actual	형 실제의, 사실의
0187	culture	명 문화
0188	lost	형 1 길을 잃은 2 잃어버린, 분실된
0189	item	명 1 물품, 품목 2 (목록의) 항목, 사항
0190	natural	형 1 자연의 2 당연한, 자연스러운 3 타고난, 선천적인
0191	secret	형 비밀의 명 비밀
0192	breath	명 숨, 호흡
0193	excite	통 흥분시키다, 들뜨게 하다
0194	online	형 온라인의 부 온라인으로
0195	garbage	명 쓰레기
0196	suck	통 1 빨아 먹다[마시다] 2 빨다
0197	prison	명 교도소, 감옥
0198	flow	통 흐르다 명 흐름
0199	make noise	소란을 피우다, 떠들다
0200	hand in hand	서로 손을 잡고

DAY 11

0201	solar	형 1 태양의, 태양에 관한 2 태양열의
0202	captain	명 1 선장, 기장 2 (팀의) 주장
0203	dialogue	명 (소설 · 영화 등의) 대화, 회화
0204	fail	동 1 실패하다 2 (시험에) 떨어지다
0205	actually	부 실제로, 정말로
0206	special	형 특별한
0207	tear	명 눈물 동 찢어지다, 찢다
0208	however	부 그러나, 그렇지만
0209	burn	동 (불에) 타다, 태우다
0210	upstairs	부 위층에[으로] 명 위층
0211	living	형 살아 있는 명 생활비, 생계 수단
0212	report	명 보고(서) 동 1 보고하다, 발표하다 2 보도하다
0213	produce	동 1 생산하다 2 (결과 등을) 낳다, 일으키다
0214	cheer	명 환호(성) 동 1 환호[응원]하다 2 격려[위로]하다
0215	excited	형 신이 난, 흥분한
0216	gather	동 1 (사람들이) 모이다, 모으다 2 (정보 등을) 수집하다
0217	melt	동 녹다, 녹이다
0218	straw	명 1 짚, 밀짚 2 빨대
0219	take care of	~을 돌보다
0220	not ~ anymore	더 이상 ~않다

DAY 12

0221 save 　　　圐 1 (위험으로부터) 구하다　2 (돈을) 저축하다
　　　　　　　　　3 (자원을) 절약하다

0222 cause 　　　圐 원인　圐 ~의 원인이 되다, 일으키다

0223 exercise 　　圐 1 운동　2 훈련, 연습　圐 운동하다

0224 member 　　　圐 회원, 일원

0225 press 　　　圐 누르다　圐 신문, 언론

0226 serious 　　　圐 1 (상태 · 정도가) 심각한　2 진지한

0227 talent 　　　圐 (타고난) 재능, 재주

0228 greet 　　　圐 맞이하다, 환영하다

0229 beat 　　　圐 1 때리다, 두드리다　2 이기다

0230 stress 　　　圐 1 스트레스, 압박　2 강조　圐 강조하다

0231 later 　　　圐 나중에, 후에　圐 더 늦은, 더 나중의

0232 create 　　　圐 창조하다, 만들다

0233 flat 　　　圐 1 평평한　2 (타이어 등이) 바람이 빠진, 펑크가 난

0234 return 　　　圐 1 돌아가다[오다]　2 돌려주다, 반납하다　圐 돌아감, 귀환

0235 activity 　　　圐 (즐기기 위한) 활동

0236 afraid 　　　圐 1 두려워하는　2 걱정하는

0237 dessert 　　　圐 디저트, 후식

0238 toothache 　　圐 치통

0239 in fact 　　　사실은

0240 no longer 　　더 이상 ~않다

DAY 13

0241	effect	명 영향, 결과
0242	focus	동 집중하다, 집중시키다 명 초점, 중점
0243	dictionary	명 사전
0244	allow	동 허락하다, 허용하다
0245	print	동 1 인쇄하다 2 출판하다, 발행하다
0246	safely	부 안전하게, 무사히
0247	giant	명 거인 형 거대한, 특대의
0248	usually	부 보통, 대개
0249	creative	형 창의적인, 창조적인
0250	review	명동 1 검토(하다) 2 평론(하다), 비평(하다) 3 복습(하다)
0251	kiss	동 키스하다, 입맞추다 명 키스, 입맞춤
0252	strange	형 1 이상한 2 낯선
0253	comic	형 1 웃기는 2 코미디의, 희극의 명 만화책
0254	mark	명 1 얼룩, 자국 2 표시 동 표시하다
0255	shop	명 가게, 상점 동 물건을 사다, 쇼핑하다
0256	talented	형 재능 있는, 유능한
0257	bare	형 벌거벗은, 살을 드러낸
0258	housework	명 집안일, 가사
0259	at least	적어도, 최소한
0260	pass through	1 지나가다, 통과하다 2 겪다, 경험하다

DAY 14

0261	rise	동 1 오르다, 상승하다 2 일어나다 3 (해·달이) 뜨다
0262	accept	동 받아들이다, 수락하다
0263	topic	명 주제, 화제
0264	flight	명 1 (비행기) 여행, 비행 2 항공편, 항공기
0265	hunter	명 사냥꾼
0266	medicine	명 1 약, 약물 2 의학, 의술
0267	text	명 1 (책 등의) 글, 본문 2 (컴퓨터의) 텍스트, 문서
0268	boil	동 1 끓다, 끓이다 2 (끓는 물에) 삶다
0269	pleasure	명 즐거움, 기쁨
0270	dirt	명 1 먼지, 때 2 흙
0271	everywhere	부 모든 곳에, 어디든지
0272	sheet	명 1 시트, 얇은 천 2 (종이) 한 장
0273	village	명 (시골) 마을
0274	powerful	형 1 영향력 있는 2 강력한, 효과적인 3 (신체 등이) 강한
0275	scare	동 겁주다, 겁나게 하다
0276	step	명 1 (발)걸음 2 조치 3 단계
0277	cooking	명 요리(하기) 형 요리(용)의
0278	anger	명 화, 분노
0279	look up	1 (정보를) 찾아보다 2 올려다보다
0280	cut ~ into pieces	~을 여러 조각으로 자르다

14

DAY 15

0281	own	형 자기 자신의 동 소유하다
0282	praise	동 칭찬하다 명 칭찬, 찬양
0283	continue	동 계속되다, 계속하다
0284	wooden	형 나무로 된, 목재의
0285	coast	명 해안, 연안
0286	hike	명 하이킹, 도보 여행 동 하이킹[도보 여행]하다
0287	scared	형 두려워하는, 겁먹은
0288	beyond	전 1 [장소] ~ 저편[너머]에 2 [시간] ~을 지나서
0289	meeting	명 회의
0290	danger	명 위험(성)
0291	traffic	명 교통(량)
0292	even	부 1 ~조차, ~까지, ~도 2 [비교급 강조] 훨씬, 더욱
0293	foreign	형 외국의
0294	lie	동 1 눕다 2 놓여 있다 3 거짓말하다
0295	skip	동 1 (일을) 빼다, 거르다 2 건너뛰다, 생략하다
0296	refuse	동 거절하다, 거부하다
0297	plate	명 접시
0298	alive	형 살아 있는
0299	stay up	(늦게까지) 깨어 있다, 안 자다
0300	get along with	~와 잘 지내다

15

DAY 16

0301	**sign**	명 1 표지판 2 기미, 조짐 동 서명하다
0302	**branch**	명 1 나뭇가지 2 지점, 지사
0303	**reach**	동 1 도착[도달]하다 2 (손이) 닿다
0304	**common**	형 1 흔한 2 공통의, 공동의
0305	**path**	명 1 (밟아서 생긴) 길, 오솔길 2 경로, 방향
0306	**core**	명 핵심, 중심부 형 핵심적인, 가장 중요한
0307	**foreigner**	명 외국인
0308	**toward**	전 ~ 쪽으로, ~을 향하여
0309	**vote**	동 투표하다 명 투표, 표결
0310	**headache**	명 두통
0311	**interest**	명 1 흥미, 관심 2 관심사 동 관심을 끌다
0312	**match**	명 1 경기, 시합 2 성냥 동 어울리다
0313	**owner**	명 주인, 소유자
0314	**scary**	형 무서운, 두려운
0315	**aid**	명 1 도움 2 원조, 지원
0316	**tradition**	명 전통, 관습
0317	**per**	전 ~당, ~마다
0318	**wax**	명 밀랍, 왁스 동 왁스를 발라 광을 내다
0319	**at that time**	그때, 그 당시
0320	**sooner or later**	조만간, 곧

DAY 17

0321	judge	명 1 판사 2 심판, 심사위원 동 판단하다, 평가하다
0322	agree	동 동의하다
0323	basic	형 기본적인, 기초적인 명 기본, 기초
0324	drawer	명 서랍
0325	greenhouse	명 온실
0326	iron	명 1 철, 쇠 2 다리미
0327	tower	명 탑
0328	either	대 (둘 중) 어느 한 쪽 부 [부정문] ~도 또한 (…않다)
0329	mad	형 1 화가 난 2 미친
0330	straight	부 똑바로, 곧장 형 곧은, 일직선의
0331	record	명 1 (글 등으로 남긴) 기록 2 (스포츠 등의) 기록 동 (정보 등을) 기록하다
0332	solve	동 (문제를) 풀다, 해결하다
0333	company	명 1 회사 2 동료, 일행
0334	nation	명 국가, 나라
0335	pleased	형 기쁜, 만족스러운
0336	control	명 통제(력), 지배(력) 동 통제하다, 지배하다
0337	helpful	형 도움이 되는, 유익한
0338	self	명 자신, 자아
0339	run out	(시간·돈 등이) 다 되다, 다 떨어지다
0340	after all	결국, 어쨌든

DAY 18

0341	fry	동 (기름에) 튀기다, 볶다
0342	habit	명 버릇, 습관
0343	tax	명 세금
0344	surprised	형 놀란, 놀라는
0345	abroad	부 해외에, 해외로
0346	slide	동 미끄러지다 명 미끄럼틀
0347	disagree	동 동의하지 않다
0348	while	접 1 ~하는 동안 2 ~에 반하여 명 잠깐, 잠시
0349	row	명 1 열, 줄 2 (극장 등의 좌석) 줄
0350	festival	명 축제
0351	aloud	부 1 소리 내어 2 큰 소리로
0352	shape	명 1 형태, 모양 2 (건강) 상태, 몸매
0353	tough	형 1 힘든, 어려운 2 강인한, 굳센
0354	cafeteria	명 카페테리아, 구내식당
0355	lock	동 잠기다, 잠그다 명 자물쇠, 잠금장치
0356	bottom	명 맨 아래, 바닥 형 맨 아래의
0357	product	명 생산품, 제품
0358	medal	명 메달, 훈장
0359	get to	~에 도착하다, ~에 이르다
0360	come true	이루어지다, 실현되다

DAY 19

0361	sale	몡 1 판매 2 할인 판매, 세일
0362	metal	몡 금속
0363	complete	혱 완전한, 완벽한 동 1 완료하다 2 완성하다
0364	general	혱 1 전반[전체]적인 2 일반적인, 일반의
0365	parade	몡 퍼레이드, 행진
0366	royal	혱 왕실의, 왕족의
0367	ever	튀 1 [의문문 · 조건문] 언젠가, 지금까지 2 [부정문] 결코, 전혀
0368	though	쩝 비록 ~이지만
0369	direct	혱 직접적인 동 1 지휘[총괄]하다 2 (길을) 안내하다
0370	amazing	혱 놀라운, 굉장한
0371	clay	몡 점토, 찰흙
0372	bow	동 (허리를 굽혀) 인사하다, 절하다 몡 1 인사, 절 2 활
0373	interview	몡 1 면접 2 인터뷰, 회견 동 인터뷰하다
0374	outdoor	혱 야외의
0375	normal	혱 1 보통의, 평범한 2 (심신이) 정상적인
0376	factory	몡 공장
0377	peer	몡 또래, 동료
0378	sketch	몡 스케치, 밑그림 동 스케치하다
0379	after a while	잠시 후에
0380	slow down	(속도를) 늦추다

DAY 20

0381	base	명 1 맨 아랫부분, 밑바닥 2 (사상 등의) 기초, 기반
0382	grade	명 1 등급 2 학년 3 성적
0383	signal	명 신호
0384	meaning	명 의미, 뜻
0385	cover	통 1 덮다 2 (책 등이) 다루다, 포함하다
0386	awake	형 깨어 있는
0387	quickly	부 빨리, 빠르게
0388	trash	명 쓰레기
0389	protect	통 보호하다, 지키다
0390	evil	형 사악한 명 악
0391	character	명 1 성격, 성질 2 특징, 특색 3 등장인물
0392	friendly	형 친절한, 다정한
0393	worried	형 걱정스러운
0394	director	명 1 (회사의) 이사, 임원 2 책임자, 관리자 3 (영화 등의) 감독
0395	sentence	명 1 문장 2 선고, 판결
0396	loose	형 1 헐거운, 느슨한 2 헐렁한
0397	indoor	명 실내(용)의
0398	puzzle	명 1 퍼즐 2 (이해하기 힘든) 수수께끼, 미스터리
0399	take away	~을 치우다
0400	have ~ in common	공통적으로 ~을 가지다

DAY 21

0401	bill	명 1 고지서, 청구서 2 지폐
0402	cough	동 기침하다 명 기침
0403	image	명 1 이미지, 인상 2 (거울 등에 비친) 상(像), 모습
0404	national	형 1 국가의, 국가적인 2 국립의, 국영의
0405	seed	명 씨앗, 종자
0406	truth	명 진실, 사실
0407	mixture	명 혼합(물)
0408	reuse	동 재사용하다
0409	discover	동 1 발견하다 2 알게 되다, 깨닫다
0410	junk	명 쓸모 없는 물건, 쓰레기
0411	courage	명 용기
0412	shine	동 빛나다, 반짝이다
0413	eastern	형 동쪽의, 동쪽에 있는
0414	peace	명 평화, 평온함
0415	fortune	명 1 부(富), 재산 2 운
0416	accident	명 1 사고 2 우연(한 사건)
0417	humor	명 유머, 익살스러움
0418	wrap	동 1 싸다, 포장하다 2 두르다
0419	show up	나타나다, 모습을 드러내다
0420	be covered with	~로 덮여 있다

DAY 22

0421	breathe	통 숨 쉬다, 호흡하다
0422	gain	통 1 (노력해서) 얻다 2 (체중 등이) 늘다, (경험 등을) 쌓다
0423	fit	통 1 꼭 맞다 2 적합하다, 어울리다
0424	chief	형 1 (지위가) 최고의, 수석의 2 주요한 명 우두머리, 장(長)
0425	humorous	형 재미있는, 유머가 풍부한
0426	unique	형 1 독특한, 특별한 2 유일한, 특유한
0427	completely	부 완전히, 완벽하게
0428	pose	통 포즈를 취하다 명 자세, 포즈
0429	adventure	명 모험
0430	tight	형 1 (옷이) 꽉 끼는 2 빡빡한 부 단단히, 꽉
0431	stupid	형 어리석은, 우둔한
0432	double	형 1 이중의 2 2인용의 통 두 배로 되다[만들다]
0433	race	명 1 경주, 경기 2 인종
0434	express	통 (감정·의견 등을) 표현하다, 나타내다
0435	illegal	형 불법의, 불법적인
0436	symbol	명 1 상징(물) 2 기호, 부호
0437	mention	통 (간단히) 말하다, 언급하다
0438	sum	명 1 (돈의) 금액 2 합계 통 요약하다
0439	look through	~을 훑어보다
0440	throw away	~을 버리다

DAY 23

0441	bite	동 물다 명 1 한 입 2 물린 상처
0442	society	명 1 사회 2 협회, 학회, 단체
0443	title	명 제목, 표제
0444	anybody	대 1 [긍정문] 누구나, 누구든지 2 [의문문] 누군가 3 [부정문] 아무도
0445	fever	명 열
0446	scenery	명 풍경, 경치
0447	order	명 순서 명 동 1 명령(하다) 2 주문(하다)
0448	neither	대 (둘 중) 어느 쪽도 ~ 아니다
0449	diamond	명 1 다이아몬드 2 마름모꼴
0450	source	명 1 원천 2 근원, 원인 3 (정보의) 출처
0451	contact	명 1 연락 2 접촉, 맞닿음 동 연락하다
0452	equal	형 1 동일한, 같은 2 평등한 동 (수 등이) 같다, ~이다
0453	none	대 아무[하나]도 ~않다
0454	period	명 1 기간 2 (역사의) 시대
0455	journey	명 여행
0456	rough	형 1 (표면이) 거친 2 대강의 3 힘든
0457	million	명 1 100만, 백만 2 다수, 무수
0458	ceiling	명 천장
0459	give up	포기하다, 그만두다
0460	hang out with	~와 어울리다, ~와 함께 다니다

DAY 24

0461	hug	통 껴안다, 포옹하다 명 껴안기, 포옹
0462	vision	명 1 시력 2 전망, 비전
0463	century	명 1 세기 2 1세기, 100년
0464	anywhere	부 1 [긍정문] 어디든지 2 [의문문] 어딘가에 3 [부정문] 아무 데도
0465	nearly	부 거의
0466	beard	명 턱수염
0467	surround	통 둘러싸다, 에워싸다
0468	upper	형 더 위의, 위쪽의
0469	dynasty	명 왕조, 시대
0470	whole	형 전체의, 모든 명 전체, 전부
0471	follow	통 1 따라가다[오다] 2 (순서상) 뒤를 잇다 3 (규칙 등을) 따르다
0472	effort	명 노력, 수고
0473	imagine	통 상상하다
0474	shot	명 1 (총기의) 발사 2 (농구 등에서) 슛
0475	pimple	명 여드름, 뾰루지
0476	raindrop	명 빗방울
0477	ghost	명 유령, 귀신
0478	sweat	명 땀 통 땀을 흘리다
0479	care for	1 ~을 돌보다 2 ~을 좋아하다
0480	make up	1 이루다, 구성하다 2 지어내다

DAY 25

0481 huge
형 1 (크기가) 거대한 2 (수량·정도가) 막대한

0482 tool
명 연장, 도구

0483 attack
명 공격 동 공격하다

0484 battle
명 1 전투, 교전 2 투쟁, 싸움

0485 universe
명 우주

0486 global
형 세계적인, 지구 전체의

0487 sudden
형 갑작스러운

0488 rude
형 무례한, 버릇없는

0489 challenge
명 도전, 난제 동 1 도전하다 2 이의를 제기하다

0490 frankly
부 1 솔직히 2 [문장 수식] 솔직히 말해서

0491 death
명 죽음

0492 else
형 그 밖의, 다른 부 그 밖에, 달리

0493 fantastic
형 환상적인, 멋진

0494 swing
동 1 흔들리다, 흔들다 2 (방망이 등을) 휘두르다

0495 master
명 1 대가, 명수 2 주인 동 숙달하다, 마스터하다

0496 social
형 1 사회의, 사회적인 2 사교의

0497 code
명 암호, 부호

0498 pedal
명 (자전거·자동차 등의) 페달

0499 watch out (for)
(~을) 주의하다, 조심하다

0500 not ~ at all
전혀 ~ 아니다

DAY 26

0501	action	명 1 행동, 조치 2 행위, 동작
0502	backward	부 1 뒤로, 뒤쪽으로 2 (순서상) 거꾸로, 반대로
0503	sore	형 아픈, 따가운
0504	daytime	명 낮, 주간
0505	chore	명 (일상에서 정기적으로 하는) 일
0506	impress	동 감동을 주다, (깊은) 인상을 주다
0507	fair	형 1 타당한, 합당한 2 공정한, 공평한
0508	process	명 과정, 절차 동 1 (식품 등을) 가공하다 2 (서류 등을) 처리하다
0509	comfort	명 1 안락, 편안함 2 위로, 위안
0510	suddenly	부 갑자기, 별안간
0511	host	명 1 (손님을 초대한) 주인 2 (TV · 라디오의) 진행자 3 주최자
0512	graphic	형 그래픽의, 도표의 명 (컴퓨터의) 도형, 그래픽
0513	merry	형 명랑한, 즐거운
0514	silence	명 1 고요, 정적 2 침묵
0515	trade	명 동 1 무역(하다), 교역(하다) 2 교환(하다)
0516	enemy	명 1 적 2 (전쟁 시의) 적국, 적군
0517	volume	명 1 (TV · 라디오 등의) 음량 2 양, 용량
0518	journal	명 1 잡지, 학술지 2 일기, 일지
0519	on time	시간을 어기지 않고, 제시간에
0520	make fun of	~을 놀리다

DAY 27

0521	pace	명 1 속도 2 한 걸음, 보폭
0522	compare	동 1 비교하다, 견주다 2 비유하다
0523	cloth	명 1 옷감 2 천, 헝겊
0524	novel	명 소설
0525	rate	명 1 비율, -율 2 속도 3 요금
0526	gorgeous	형 멋진, 우아한
0527	relax	동 1 쉬다 2 (몸의) 긴장을 풀다, 이완시키다
0528	against	전 1 ~에 반대하여, ~에 반(反)하는 2 ~에 맞서[대항하여]
0529	duty	명 1 (도덕적 · 법률적) 의무 2 직무, 임무
0530	unfair	형 불공평한, 불공정한
0531	traditional	형 1 전통의 2 전통적인
0532	prove	동 1 증명[입증]하다 2 (~임이) 드러나다
0533	seem	동 ~처럼 보이다, ~인 것 같다
0534	equally	부 1 똑같이, 동등하게 2 균등하게
0535	modern	형 1 현대의, 근대의 2 최신의
0536	footprint	명 발자국
0537	loudly	부 큰 소리로, 시끄럽게
0538	seafood	명 해산물
0539	stop by	잠시 들르다
0540	be over	끝나다

DAY 28

0541	mild	형 1 (정도가) 가벼운, 약한 2 (날씨가) 따뜻한 3 (사람이) 온화한
0542	absent	형 1 결석한 2 없는, 부재의
0543	connect	동 1 연결하다, 접속하다 2 관련시키다
0544	fur	명 1 (동물의 부드러운) 털 2 모피
0545	interested	형 흥미 있는, 관심 있는
0546	rival	명 경쟁자, 경쟁 상대
0547	decide	동 결정하다, 결심하다
0548	throat	명 목구멍, 목
0549	examination	명 1 시험 2 조사, 검토 3 (의료) 검진, 검사
0550	bump	동 부딪치다, 충돌하다
0551	golden	형 1 금색의, 금빛의 2 금으로 된
0552	swimsuit	명 수영복
0553	cancel	동 취소하다
0554	passion	명 열정, 열망
0555	stomach	명 위, 배
0556	wheel	명 1 바퀴 2 (자동차 등의) 핸들
0557	sour	형 1 (맛이) 신 2 (우유 등이) 상한
0558	pole	명 1 막대기, 기둥 2 (지구의) 극(極)
0559	hand out	~을 나눠주다
0560	try one's best	최선을 다하다

0561	brick	명 벽돌
0562	edge	명 1 가장자리, 모서리 2 (칼 등의) 날
0563	chase	동 뒤쫓다, 추적[추격]하다 명 추적, 추격
0564	fashionable	형 1 유행의, 유행하는 2 상류층이 애용하는, 고급의
0565	human	명 인간, 사람 형 인간[사람]의
0566	mask	명 1 (보호용) 마스크 2 가면
0567	single	형 1 단 하나의, 단독의 2 미혼의, 독신의 3 1인용의
0568	therefore	부 그러므로, 그 결과
0569	closely	부 1 면밀히, 자세히 2 밀접하게, 긴밀하게
0570	divide	동 1 나뉘다, 나누다 2 분배[배분]하다
0571	impression	명 인상, 감상
0572	animation	명 만화 (영화), 애니메이션
0573	target	명 1 목표 2 (공격 등의) 목표물, 표적 동 목표 대상으로 삼다
0574	repair	동 고치다, 수리하다 명 수리, 보수
0575	skin	명 피부
0576	western	형 서쪽의, 서쪽에 있는
0577	speed	명 속력, 속도 동 빨리 가다, 질주하다
0578	port	명 항구
0579	ask ~ for ...	~에게 …을 요청하다[부탁하다]
0580	for the first time	처음으로

DAY 30

0581	forward	閏 앞(쪽)으로
0582	track	뗑 1 (밟아서 생긴) 길 2 자취, 흔적 동 추적하다
0583	choice	뗑 1 선택권 2 선택(하는 행동)
0584	shoot	동 1 (총 등을) 쏘다 2 (농구 등에서) 슛하다
0585	peel	동 1 (과일 등의) 껍질을 벗기다 2 벗겨지다
0586	decision	뗑 결정, 결심
0587	quietly	閏 조용히, 살짝
0588	beside	전 ~ 옆에
0589	clearly	閏 1 명백하게, 분명히 2 또렷하게
0590	repeat	동 1 다시 말하다[쓰다] 2 반복[되풀이]하다
0591	switch	뗑 1 스위치 2 전환, 변경 동 전환하다, 바꾸다
0592	landmark	뗑 주요 지형지물, 랜드마크
0593	goods	뗑 상품, 제품
0594	announce	동 발표하다, 알리다
0595	poem	뗑 (한 편의) 시(詩), 운문
0596	electric	형 전기의, 전기로 움직이는
0597	storm	뗑 폭풍, 폭풍우
0598	wire	뗑 1 철사 2 (전화 등의) 선, 전선
0599	day by day	나날이, 서서히
0600	turn ~ into ...	~을 …으로 바꾸다

DAY 31

0601 advise 동 충고하다, 조언하다

0602 introduce 동 소개하다

0603 opinion 명 의견, 견해

0604 smooth 형 1 (표면이) 매끈한, 부드러운 2 (일이) 순조로운

0605 defend 동 방어하다, 지키다

0606 possible 형 가능한

0607 wave 명 파도, 물결 동 1 (손을) 흔들다 2 흔들다, 흔들리다

0608 nor 접 ~도 또한 아니다

0609 chemical 형 화학의, 화학적인 명 화학 물질

0610 fake 형 가짜의, 위조의 명 가짜, 모조[위조]품

0611 rapidly 부 빨리, 급속히

0612 trust 명 신뢰 동 1 (사람을) 신뢰하다 2 (사실 등을) 믿다

0613 garage 명 차고

0614 plain 형 1 분명한, 명백한 2 꾸미지 않은 명 평지, 평원

0615 bother 동 괴롭히다, 귀찮게 하다

0616 favorite 형 가장 좋아하는

0617 victory 명 승리

0618 salty 형 짠, 짭짤한

0619 check out 1 ~을 확인[점검]하다
2 (호텔에서) 나가다, 체크아웃하다

0620 more and more 점점 더 (많이)

DAY 32

0621	birth	명 탄생, 출생
0622	accent	명 말투, 악센트
0623	educate	동 교육하다
0624	forever	부 영원히
0625	handle	동 1 (상황·문제 등을) 처리하다 2 (손으로) 만지다 명 손잡이
0626	impossible	형 불가능한
0627	lastly	부 끝으로, 마지막으로
0628	site	명 1 (사고 등의) 현장 2 (건설) 현장, 부지
0629	condition	명 1 상태 2 환경, 상황 3 조건
0630	doubt	동 의심하다 명 의심, 의혹
0631	subject	명 1 주제, 화제 2 과목
0632	youth	명 1 젊은 시절 2 젊은이들, 청년층
0633	monster	명 괴물
0634	stomachache	명 위통, 복통
0635	public	형 1 대중의 2 공공의 명 대중
0636	private	형 1 사적인, 개인의 2 사립의, 사유의
0637	task	명 일, 과업
0638	circus	명 서커스, 곡예
0639	run away	달아나다, 도망치다
0640	at the same time	동시에, 한번에

DAY 33

0641	apart	凰 1 (공간 · 시간상으로) 떨어져 2 따로, 헤어져
0642	poetry	圀 시(詩), 시가
0643	balance	圀 1 (몸의) 균형 2 조화(로운 상태), 균형 凍 균형을 잡다
0644	chart	圀 도표, 차트
0645	damp	圀 축축한, 습기 찬
0646	publish	凍 발행하다, 출판하다
0647	weekday	圀 (주말이 아닌) 평일
0648	celebrate	凍 축하하다, 기념하다
0649	triangle	圀 삼각형
0650	electricity	圀 전기
0651	fear	圀 공포, 두려움 凍 두려워하다, 무서워하다
0652	recent	圀 최근의
0653	injury	圀 부상
0654	select	凍 선택하다, 고르다
0655	haircut	圀 1 이발 2 (자른) 머리 모양
0656	net	圀 1 그물, 망 2 (테니스 경기장 등의) 네트
0657	screen	圀 화면, 스크린
0658	shore	圀 (바다 · 호수 등의) 해안, 해변, 기슭
0659	fill out	~을 작성하다, ~을 기입하다
0660	more than	~보다 많이

DAY 34

0661 **offer** 통 1 제안[제의]하다 2 제공하다 명 제안, 제의

0662 **address** 명 1 주소 2 연설

0663 **bitter** 형 1 (맛이) 쓴 2 쓰라린, 비통한

0664 **cancer** 명 암

0665 **fold** 통 (종이 · 천 등을) 접다, 개다

0666 **downtown** 부 시내에[로] 형 도심지의

0667 **crime** 명 1 범죄 2 범행

0668 **surface** 명 표면, 겉

0669 **entrance** 명 1 문, (출)입구 2 (박물관 등에) 입장 3 입학, 입사

0670 **slice** 명 (얇게 썬) 조각 통 얇게 썰다[자르다]

0671 **pattern** 명 1 (규칙적인) 패턴, 양식 2 무늬

0672 **respect** 명통 1 존경(하다) 2 존중(하다)

0673 **soul** 명 영혼, 정신

0674 **instead** 부 그 대신에

0675 **muscle** 명 근육

0676 **unit** 명 1 구성 단위 2 (측정 · 계량의) 단위

0677 **powder** 명 가루, 분말

0678 **theme** 명 주제, 테마

0679 **as well** 또한, 역시

0680 **hand in** ~을 제출하다

DAY 35

0681	cycle	명 순환, 주기
0682	degree	명 1 (온도 · 각도의) 도(度) 2 정도, 수준
0683	bend	동 1 (몸을) 굽히다, 숙이다 2 구부리다
0684	reason	명 1 이유, 원인 2 근거 3 이성, 제정신
0685	safety	명 안전
0686	asleep	형 잠든, 잠자고 있는
0687	confident	형 1 자신감 있는 2 확신하는
0688	wavy	형 물결 모양의, 웨이브가 있는
0689	tube	명 1 (액체 등이 흐르는) 관 2 (치약 · 연고의) 통
0690	attend	동 1 출석[참석]하다 2 (학교 등에) 가다, 다니다
0691	destroy	동 1 파괴하다 2 (인생 등을) 망가뜨리다, 파멸시키다
0692	visitor	명 방문객, 손님
0693	emotion	명 감정
0694	spin	동 돌다, 회전하다, 돌리다, 회전시키다
0695	southern	형 남쪽의, 남쪽에 있는
0696	fortunately	부 운 좋게, 다행히
0697	guest	명 1 손님, 하객 2 (호텔 등의) 투숙객
0698	pump	동 (펌프로) 퍼 올리다, 퍼내다 명 펌프
0699	take place	(사건이) 일어나다, (행사가) 열리다
0700	instead of	~ 대신에

35

DAY 36

0701	origin	명 1 기원, 유래 2 태생, 출신
0702	major	형 주요한, 중대한 명 (대학의) 전공 동 전공하다
0703	appear	동 1 나타나다 2 ~인 것 같다, ~처럼 보이다
0704	fabric	명 천, 직물
0705	customer	명 손님, 고객
0706	importance	명 중요성
0707	candle	명 양초
0708	although	접 비록 ~일지라도
0709	expect	동 1 기대[예상]하다 2 기다리다
0710	sink	동 가라앉다 명 (부엌의) 싱크대, 개수대
0711	trick	명 1 속임수 2 장난 3 묘기, 마술
0712	detail	명 1 세부 사항 2 자세한 내용[정보]
0713	remind	동 상기시키다, 생각나게 하다
0714	happen	동 1 (사건 등이) 일어나다, 발생하다 2 우연히 ~하다
0715	beg	동 1 간청하다, 부탁하다 2 구걸하다
0716	plenty	명 많음, 충분, 다량
0717	schoolwork	명 학업, 학교 공부
0718	steal	동 훔치다, 도둑질하다
0719	end up with	결국 ~하게 되다
0720	would like to-v	~하고 싶다

DAY 37

0721	feed	통 먹이[모이]를 주다
0722	pile	명 (차곡차곡) 쌓아 놓은 것, 더미 통 (차곡차곡) 쌓다
0723	reply	명 대답, 답장 통 대답하다, 답장하다
0724	similar	형 비슷한, 유사한
0725	awful	형 끔찍한, 불쾌한
0726	escape	통 1 탈출하다 2 피하다, 모면하다 명 탈출, 도망
0727	overcome	통 극복하다, 이겨내다
0728	anyway	부 1 어쨌든 2 그건 그렇고, 그런데
0729	blend	통 섞이다, 섞다, 혼합하다
0730	disappear	통 1 (시야에서) 사라지다 2 (존재가) 없어지다
0731	found	통 (회사·학교 등을) 설립하다
0732	international	형 국제적인, 국제의
0733	curious	형 궁금한, 호기심이 강한
0734	shock	명 (심리적) 충격, 충격적인 일 통 충격을 주다
0735	worth	형 (~할) 가치가 있는 명 1 (얼마) 어치 2 가치, 유용성
0736	cell	명 세포
0737	scream	통 비명을 지르다, 소리치다 명 비명
0738	provide	통 제공하다, 공급하다
0739	get together	모이다, 만나다
0740	talk to oneself	혼잣말하다

DAY 38

0741 **brain** 명 1 뇌 2 머리, 지능

0742 **disease** 명 병, 질병

0743 **gesture** 명 1 몸짓, 제스처 2 (감정·의사) 표현, 표시

0744 **locker** 명 라커, 사물함

0745 **remember** 동 기억나다, 기억하다

0746 **curiosity** 명 호기심

0747 **athlete** 명 (운동)선수

0748 **such** 형 1 그러한, 그런 2 매우 ~한

0749 **article** 명 (신문·잡지 등의) 글, 기사, 논문

0750 **capital** 명 1 수도 2 자본(금), 자금 3 (알파벳의) 대문자

0751 **explain** 동 1 설명하다 2 해명[변명]하다

0752 **forget** 동 잊다, 잊어버리다

0753 **manner** 명 1 방식, 방법 2 태도 3 예의, 예절

0754 **navy** 명 해군

0755 **skillful** 형 숙련된, 능숙한

0756 **tune** 명 곡(조), 선율 동 (악기의) 음을 맞추다, 조율하다

0757 **sticky** 형 끈적끈적한

0758 **perhaps** 부 아마, 어쩌면

0759 **in need** 어려움에 처한

0760 **come across** 우연히 마주치다[발견하다]

DAY 39

0761	sense	몡 1 (감각 기관의) 감각 2 느낌, -감
0762	army	몡 군대, 육군
0763	booth	몡 (칸막이를 한) 작은 공간, 부스
0764	conduct	통 1 수행하다 2 지휘하다 몡 행위, 행동
0765	fault	몡 1 잘못, 과실 2 결점, 결함
0766	ladder	몡 사다리
0767	heal	통 낫다, 치유하다
0768	difference	몡 차이(점)
0769	success	몡 성공, 성과
0770	violent	톙 1 (행동 · 사건이) 폭력적인 2 (사람이) 난폭한, 폭력적인
0771	guard	몡 1 경비[경호]원 2 경비, 보초 통 보호하다, 지키다
0772	manage	통 1 경영[관리]하다 2 간신히 해내다
0773	remain	통 1 여전히[계속] ~이다 2 남다 몡 남은 것; 유물
0774	exchange	몡 교환 통 교환하다, 주고받다
0775	castle	몡 성(城)
0776	northern	톙 북쪽의, 북쪽에 있는
0777	pillow	몡 베개
0778	tomb	몡 무덤, 묘
0779	set up	1 ~을 세우다, 건립하다 2 ~을 설치하다
0780	all the time	항상, 늘

DAY 40

0781	sight	몡 1 시력 2 보기, 봄 3 시야
0782	amount	몡 1 (시간·물질 등의) 양 2 (돈의) 액수
0783	bold	혱 1 대담한, 용감한 2 굵은, 뚜렷한
0784	community	몡 1 지역사회 2 (이해 등을 공유하는) 공동체, -계
0785	diet	몡 1 (일상적인) 식사 2 (치료 등을 위한) 규정식, 식이요법, 다이어트
0786	explore	동 1 탐험[답사]하다 2 조사[탐구]하다
0787	grain	몡 1 곡물 2 낟알, 알갱이
0788	represent	동 대표하다
0789	disappointed	혱 실망한
0790	wealth	몡 부(富), 재산, 재물
0791	solution	몡 1 (문제 등의) 해법, 해결책 2 (퀴즈 등의) 해답, 정답
0792	loss	몡 1 분실, 상실 2 (금전적) 손해, 손실액 3 죽음, 사망
0793	notice	동 알아차리다 몡 1 주의, 주목 2 통지, 예고
0794	poison	몡 독(약) 동 (음식물 등에) 독을 넣다
0795	series	몡 1 연속, 일련 2 (TV·책 등의) 연속물, 시리즈
0796	tribe	몡 종족, 부족
0797	failure	몡 1 실패 2 실패작
0798	cage	몡 우리, 새장
0799	ahead of	1 ~ 앞에 2 ~보다 앞서는
0800	in short	요약하면

DAY 41

0801	familiar	형 익숙한, 낯익은
0802	argue	동 1 언쟁[논쟁]하다 2 주장하다
0803	honor	명 1 명예, 명성 2 영광
0804	campaign	명 (사회적·정치적) 운동, 캠페인
0805	delight	명 기쁨, 즐거움 동 기쁘게 하다
0806	cable	명 전선, 케이블
0807	zone	명 구역, 지대
0808	memory	명 1 기억(력) 2 추억, 기억
0809	expression	명 1 (생각·감정 등의) 표현 2 표정 3 표현, 말
0810	pipe	명 관, 파이프
0811	volunteer	명 1 지원자 2 자원봉사자 동 자원하다; 자원봉사하다
0812	spill	동 쏟아지다, 쏟다, 흘리다
0813	physical	형 1 신체의, 육체의 2 물질의, 물질적인
0814	lean	동 1 (몸을) 기울이다, 숙이다 2 기대다
0815	research	명 연구, (자료) 조사 동 연구하다, (자료 등을) 조사하다
0816	include	동 포함하다
0817	successful	형 성공적인
0818	silly	형 어리석은, 바보 같은
0819	be filled with	~로 가득 차다
0820	on one's way (to)	(~로 가는) 길[도중]에

DAY 42

0821	ease	몡 쉬움, 용이함 통 완화하다, 편해지다
0822	force	몡 힘 통 강요[강제]하다
0823	average	몡 혱 1 평균(의) 2 보통[평균] 수준(의)
0824	relationship	몡 관계
0825	information	몡 정보, 자료
0826	pollute	통 더럽히다, 오염시키다
0827	smoke	몡 연기 통 담배를 피우다, 흡연하다
0828	document	몡 서류, 문서
0829	ancient	혱 1 고대의 2 아주 오래된
0830	succeed	통 1 성공하다 2 뒤를 잇다
0831	kindness	몡 친절, 상냥함
0832	growth	몡 1 성장, 발육 2 (크기·수량의) 증대, 증가
0833	university	몡 (종합) 대학교
0834	crazy	혱 1 정신 나간, 말도 안 되는 2 열광하는, 푹 빠진
0835	newborn	혱 갓 태어난
0836	virus	몡 1 (병을 일으키는) 바이러스 2 [컴퓨터] 바이러스
0837	chemistry	몡 화학
0838	steel	몡 강철
0839	cut down	1 베어 쓰러뜨리다 2 (양 등을) 줄이다
0840	be familiar with	~에 익숙하다, ~을 잘 알다

DAY 43

0841	value	명 1 (금전적) 가치, 가격 2 가치, 유용성
0842	cast	동 1 내던지다 2 (미소 등을) 보내다 3 캐스팅하다
0843	fame	명 명성, 명예
0844	object	명 1 물건, 물체 2 목표, 목적 동 반대하다
0845	recycle	동 (폐품을) 재활용하다, 재생하여 이용하다
0846	schedule	명 1 일정, 예정 2 시간표
0847	stare	동 응시하다, 빤히 쳐다보다
0848	probably	부 아마도
0849	supply	명 1 공급(량) 2 공급품, 물자 동 공급하다
0850	debt	명 1 빚, 부채 2 빚진 상태
0851	experience	명 경험 동 경험하다, 겪다
0852	instant	형 1 즉각적인, 당장의 2 즉석의, 인스턴트의 명 순간
0853	bacteria	명 박테리아, 세균
0854	appropriate	형 적절한, 적합한
0855	comment	명 논평, 의견 동 논평하다
0856	apology	명 사과, 사죄
0857	magnet	명 자석
0858	tap	명 수도꼭지 동 톡톡 치다
0859	hang on	1 매달리다, 붙잡다 2 (전화를) 끊지 않고 기다리다
0860	get used to	~에 익숙해지다

DAY 44

0861 blame
동 탓하다, 비난하다

0862 realize
동 1 깨닫다, 인식하다 2 (목표 등을) 실현[달성]하다

0863 tend
동 ~하는 경향이 있다, ~하기 쉽다

0864 college
명 (단과) 대학

0865 comfortable
형 편안한, 안락한

0866 scold
동 꾸짖다, 야단치다

0867 freedom
명 자유

0868 hardly
부 거의 ~ 않다[아니다], 도저히 ~할 수 없다

0869 lay
동 1 놓다, 두다 2 (알을) 낳다

0870 separate
형 1 분리된 2 다른, 별개의 동 분리되다, 분리하다

0871 moonlight
명 달빛

0872 pity
명 동정, 연민 동 동정하다

0873 discuss
동 토론하다, 논의하다

0874 education
명 교육

0875 pardon
명 동 1 용서(하다) 2 사면(하다)

0876 wisdom
명 현명함, 지혜

0877 afterward
부 (그) 후에, 나중에

0878 slip
동 미끄러지다

0879 one another
(셋 이상) 서로

0880 take part in
~에 참여[참가]하다

DAY 45

0881	figure	명 1 수치 2 숫자 3 (중요한) 인물
0882	gap	명 1 갈라진 틈 2 (시간적) 공백 3 격차, 차이
0883	satisfy	동 1 (사람을) 만족시키다 2 (요구 등을) 채우다, 충족시키다
0884	valuable	형 1 유용한, 귀중한 2 값비싼
0885	closet	명 벽장
0886	diligent	형 부지런한, 성실한
0887	consume	동 소비[소모]하다
0888	flash	동 번쩍이다
0889	improve	동 나아지다, 개선하다, 향상시키다
0890	attract	동 1 (관광객 등을) 끌어들이다 2 (주의·흥미를) 끌다
0891	position	명 1 위치 2 (몸의) 자세 3 입장, 처지
0892	tease	동 1 놀리다 2 (동물을) 괴롭히다
0893	exhibition	명 1 전시회, 박람회 2 전시
0894	narrow	형 1 (폭이) 좁은 2 (범위 등이) 제한된, 한정된
0895	brief	형 1 (시간이) 짧은 2 (말·글이) 간결한, 간단한
0896	restroom	명 (공공장소의) 화장실
0897	shut	동 닫히다, 닫다 형 닫힌
0898	stretch	동 1 늘어나다, 늘이다 2 (팔·다리를) 뻗다
0899	pull out	1 (이·마개 등을) 빼다, 뽑다 2 (사업 등에서) 손을 떼다
0900	keep in mind	~을 명심하다, ~을 기억하다

DAY 46

0901	fuel	명 연료
0902	spread	동 1 펼치다 2 (팔 등을) 벌리다 3 퍼지다, 퍼뜨리다
0903	analyze	동 분석하다
0904	bullet	명 총알
0905	dislike	동 싫어하다 명 싫어함, 반감
0906	engineer	명 기사, 기술자
0907	frame	명 1 틀, 액자 2 뼈대, 프레임 동 틀[액자]에 넣다
0908	astronaut	명 우주비행사
0909	wisely	부 현명하게
0910	several	형 몇몇의
0911	height	명 1 키, 높이 2 고도
0912	nervous	형 1 긴장한, 불안한 2 신경(성)의
0913	spot	명 1 장소, 지점 2 반점 동 발견하다
0914	pollution	명 오염, 공해
0915	cotton	명 1 면, 면직물 2 목화
0916	instrument	명 1 기구, 도구 2 악기
0917	certainly	부 확실히, 틀림없이
0918	typhoon	명 태풍
0919	pull up	(차 등이) 멈추다[서다]
0920	run across	~을 우연히 마주치다

46

DAY 47

0921	liberty	몡 자유
0922	feather	몡 (새의) 털, 깃털
0923	compass	몡 1 나침반 2 (제도용) 컴퍼스
0924	deliver	통 1 배달하다 2 (연설 · 강연 등을) 하다
0925	earthquake	몡 지진
0926	strength	몡 1 (육체적 · 정신적) 힘 2 강점, 장점
0927	treasure	몡 보물
0928	unlike	젼 1 ~와 다른[달리] 2 ~답지 않은
0929	announcer	몡 방송 진행자, 아나운서
0930	state	몡 1 상태 2 (미국 등의) 주(州)
0931	bless	통 축복하다, (신의) 축복을 빌다
0932	heaven	몡 1 천국 2 낙원
0933	purpose	몡 1 목적 2 용도
0934	inform	통 알리다, 통지하다
0935	neighborhood	몡 1 (도시의) 지역, 동네 2 인근, 근처, 이웃
0936	regret	통 후회하다 몡 후회, 유감
0937	various	혱 여러 가지의, 다양한
0938	canal	몡 운하, 수로
0939	make it	1 성공하다, 해내다 2 시간 맞춰 가다
0940	sign up for	~을 신청하다

DAY 48

0941	spray	동 뿌려지다, 뿌리다 명 분무기, 스프레이
0942	delivery	명 (우편물 등의) 배달, 배송
0943	friendship	명 교우 관계, 우정
0944	horror	명 공포
0945	climbing	명 등반, 등산
0946	justice	명 1 정의, 공정 2 사법, 재판
0947	concern	명 1 우려, 걱정 2 관심사
0948	extra	형 추가의, 여분의 부 추가로
0949	appearance	명 1 외모, 겉모습 2 등장, 출현
0950	original	형 1 원래[본래]의 2 독창적인 3 본본[원작]의
0951	infection	명 1 (병의) 전염, 감염 2 전염병
0952	counsel	동 (전문적으로) 상담하다
0953	waste	명 1 낭비 2 쓰레기, 폐기물 동 낭비하다
0954	spoil	동 1 망치다, 버려 놓다 2 (아이를) 버릇없게 키우다
0955	polar	형 남[북]극의, 극지방의
0956	relate	동 관련짓다, 관련시키다
0957	vet	명 수의사
0958	tragedy	명 비극(적인 사건)
0959	such as	~와 같은
0960	give away	1 (비밀을) 폭로하다 2 거저 주다, 줘버리다

DAY 49

0961	anytime	훈 언제든지
0962	business	명 1 사업, 거래 2 업무
0963	credit	명 1 외상[신용] 거래 2 칭찬, 인정
0964	describe	동 (특징 등을) 말하다, 묘사하다
0965	forgive	동 용서하다
0966	stroke	명 1 (공을 치는) 타격, 스트로크 2 뇌졸중
0967	humble	형 1 겸손한 2 (신분 등이) 비천한, 낮은
0968	upon	전 1 [격식] ~ 위에 2 가까이에, 임박한
0969	idiom	명 관용구, 숙어
0970	launch	명동 1 시작(하다) 2 출시(하다) 3 발사(하다)
0971	mount	동 1 증가하다 2 (계단 등을) 오르다 3 (말 등에) 올라타다
0972	photographer	명 사진가, 사진작가
0973	string	명 끈, 줄
0974	cardboard	명 판지, 마분지
0975	supper	명 (간단한) 저녁 식사
0976	terrible	형 1 끔찍한 2 형편없는
0977	evidence	명 증거, 근거
0978	riddle	명 수수께끼
0979	put up	~을 (높이) 올리다
0980	be related to	~와 관계가 있다

49

DAY 50

0981	bet	图 (내기 등에) 돈을 걸다 图 내기, 내기 돈[물건]
0982	script	图 대본, 각본
0983	recommend	图 1 추천하다 2 권(장)하다
0984	career	图 1 직업 2 경력, 이력
0985	advantage	图 유리한 점, 장점
0986	float	图 1 (물 위에) 뜨다, 띄우다 2 (공중에) 떠다니다
0987	champion	图 챔피언, 우승자
0988	local	图 (특정) 지역의, 현지의
0989	difficulty	图 곤란, 어려움
0990	suffer	图 1 고통 받다, (병을) 앓다 2 (어려운 일을) 겪다
0991	environment	图 1 자연환경 2 (주변의) 환경
0992	totally	图 완전히, 전적으로
0993	narrator	图 (소설의) 서술자, (영화 등의) 내레이터
0994	uneasy	图 1 불안한, 걱정되는 2 불편한
0995	route	图 길, 경로
0996	portrait	图 초상(화), 인물 사진
0997	motto	图 좌우명, 모토
0998	slave	图 노예
0999	give off	(냄새 · 빛 등을) 내뿜다, 발산하다
1000	work out	1 운동하다 2 (일이) 잘 풀리다

DAY 51

1001	treat	동 1 대하다 2 치료하다 3 대접하다, 한턱내다
1002	classic	형 1 (작품 등이) 고전적인, 걸작의 2 전형적인, 대표적인 명 고전
1003	account	명 1 (예금) 계좌 2 설명, 기술
1004	partner	명 1 동료, 동업자 2 (스포츠 · 댄스 등의) 상대, 파트너
1005	collaborate	동 협력[협동]하다
1006	expert	명 전문가 형 전문가의, 전문적인
1007	situation	명 상황, 처지
1008	within	전 1 [기간] ~ 이내에, ~ 안에 2 [거리] ~ 범위 내에
1009	distance	명 1 거리 2 먼 곳
1010	favor	명 1 호의, 친절, 부탁 2 지지, 인정
1011	individual	형 개인의 명 개인
1012	serve	동 1 (음식을) 제공하다 2 (손님을) 응대하다 3 일하다, 복무하다
1013	bit	부 1 조금, 약간 2 잠시 명 작은 조각
1014	sneeze	동 재채기하다
1015	material	명 1 (물건의) 재료 2 (책 등의) 소재
1016	generally	부 1 일반적[전반적]으로 2 대개, 보통
1017	vivid	형 1 (기억 · 묘사 등이) 생생한 2 (색 등이) 선명한
1018	rubber	명 고무
1019	use up	~을 다 쓰다
1020	make a decision	결정하다

DAY 52

1021 exist
동 존재하다

1022 relative
명 친척 형 상대적인, 비교상의

1023 apologize
동 사과하다

1024 virtual
형 1 사실상의, 실질적인 2 가상의

1025 maximum
형 최대[최고]의 명 최대, 최대량[수]

1026 complain
동 불평하다, 항의하다

1027 spirit
명 1 마음, 정신 2 기분 3 영혼

1028 since
전 [시점] ~ 이후
접 1 [시점] ~한 이래로[이후] 2 [이유] ~이므로

1029 harm
명 해, 손해 동 해치다, 손상시키다

1030 crowded
형 붐비는

1031 truly
부 1 정말로, 참으로 2 진심으로

1032 disadvantage
명 불리한 점, 약점

1033 filter
명 여과 장치, 필터 동 여과하다, 거르다

1034 independence
명 독립

1035 positive
형 1 (태도가) 낙관[긍정]적인 2 (영향이) 긍정적인, 좋은

1036 suggest
동 1 제안하다 2 추천하다 3 시사[암시]하다

1037 arrest
동 체포하다, 구속하다 명 체포, 구속

1038 unexpected
형 예기치 않은, 뜻밖의

1039 account for
1 ~에 대해 설명하다 2 (비율 등을) 차지하다

1040 be about to-v
막 ~하려고 하다

DAY 53

1041	chain	명 1 사슬, 체인 2 연쇄, 연속 3 (상점 · 호텔 등의) 체인(점)
1042	former	형 1 (이)전의, 전임의 2 과거의, 옛날의
1043	minimum	형 최소의, 최저의 명 최소, 최저
1044	opposite	전 반대편[맞은편]에 형 1 (정)반대의 2 반대편[맞은편]의
1045	disappoint	동 실망시키다
1046	slightly	부 약간, 조금
1047	artificial	형 1 인공[인조]의 2 꾸민, 거짓의
1048	bunch	명 다발, 송이
1049	communicate	동 의사소통하다
1050	interpret	동 1 해석하다, 설명하다 2 통역하다
1051	lid	명 뚜껑
1052	twisted	형 꼬인, 뒤틀린
1053	survey	동 설문 조사하다 명 설문 조사
1054	respond	동 1 대답[응답]하다 2 반응[대응]하다
1055	environmental	형 환경의, 환경과 관련된
1056	strip	동 (옷을) 벗다, 벗기다 명 가늘고 긴 조각
1057	priest	명 성직자, 신부
1058	vary	동 1 (서로) 다르다, 다양하다 2 바꾸다, 변화를 주다
1059	most of all	무엇보다도
1060	give a hand	도와주다

DAY 54

1061 **cheat** 툉 1 부정행위를 하다 2 속이다

1062 **achieve** 툉 성취하다, 이루다

1063 **creature** 몡 생물, 생명체

1064 **extreme** 휑 극도의, 극심한

1065 **reduce** 툉 줄이다, 감소시키다

1066 **feature** 몡 특징, 특색 툉 특징을 이루다

1067 **knit** 툉 (옷 등을) 뜨다, 뜨개질하다

1068 **whenever** 쩝 1 ~할 때마다 2 ~할 때는 언제든지

1069 **graduate** 몡 졸업생 툉 졸업하다

1070 **background** 몡 1 (사람의) 배경 2 (일의) 배경, 전후 사정
3 (그림 등의) 배경

1071 **stripe** 몡 줄무늬

1072 **movement** 몡 1 (신체의) 동작, 움직임 2 (사회적) 운동, 활동

1073 **option** 몡 선택(할 수 있는 것), 선택권

1074 **personality** 몡 1 성격, 인격 2 특성, 개성

1075 **shame** 몡 1 부끄러움, 수치심 2 안타까운[유감스러운] 일

1076 **suppose** 툉 1 생각하다, 추측하다 2 가정하다

1077 **decorate** 툉 장식하다, 꾸미다

1078 **rhythm** 몡 1 리듬 2 규칙적인 변화[운동]

1079 **in case of** ~의 경우에는

1080 **on one's own** 스스로, 혼자 힘으로

DAY 55

1081	layer	몡 층, 겹
1082	survive	통 살아남다, 생존하다
1083	ashamed	휑 부끄러워하는
1084	behave	통 행동하다, 처신하다
1085	competition	몡 1 경쟁 2 대회, 시합
1086	deny	통 부인[부정]하다, 인정하지 않다
1087	necessary	휑 필요한, 필수의
1088	clever	휑 영리한, 똑똑한
1089	presentation	몡 1 증정, 수여(식) 2 발표
1090	method	몡 방법, 방식
1091	transfer	통 1 (다른 곳으로) 이동하다 2 환승하다 몡 이동
1092	slight	휑 약간의, 조금의
1093	require	통 1 필요로 하다 2 (법·규칙 등으로) 요구하다
1094	strike	통 치다, 부딪치다 몡 1 파업 2 (군사) 공격
1095	well-known	휑 유명한, 잘 알려진
1096	fantasy	몡 1 공상, 환상 2 (소설·영화 등) 공상적인 작품, 판타지
1097	envelope	몡 봉투
1098	ordinary	휑 보통의, 평범한
1099	hold out	저항하다, 버티다
1100	pass away	사망하다, 돌아가시다

DAY 56

1101	edit	통 1 교정하다, 수정하다 2 편집하다
1102	receipt	명 영수증
1103	statue	명 상(像), 조각상
1104	available	형 이용할 수 있는, 구할 수 있는
1105	banner	명 플래카드, 현수막
1106	apply	통 1 지원하다, 신청하다 2 적용되다
1107	digest	통 (음식이) 소화되다, 소화시키다
1108	congratulation	명 축하 (인사)
1109	depressed	형 우울한, 의기소침한
1110	gradually	부 서서히, 차츰
1111	hunger	명 1 배고픔 2 갈망, 열망
1112	insert	통 1 (구멍 등에) 넣다, 삽입하다 2 (글 속에) 삽입하다, 끼워넣다
1113	mission	명 1 (파견) 임무 2 (개인적) 사명
1114	system	명 1 체계, 시스템 2 제도, 체제
1115	tender	형 1 다정한, 애정 어린 2 (음식이) 연한
1116	unfortunately	부 불행하게도, 유감스럽게도
1117	fountain	명 분수
1118	stove	명 1 난로, 스토브 2 조리기, 레인지
1119	put together	~을 조립하다, (모아서) 만들다
1120	on the other hand	반면에, 한편으로는

DAY 57

1121	forecast	동 예측[예보]하다 명 예측, 예보
1122	awesome	형 어마어마한, 굉장한
1123	consult	동 (전문가와) 상담하다
1124	deal	동 다루다, 처리하다 명 1 거래, 합의 2 대우, 취급
1125	empire	명 제국
1126	satellite	명 1 (행성의) 위성 2 인공위성
1127	upset	형 화난, 속상한 동 속상하게 하다
1128	communication	명 연락, 의사소통
1129	develop	동 1 발전[발달]하다, 발전[발달]시키다 2 개발하다
1130	escalate	동 1 (문제 등이) 확대[악화]되다 2 (비용 등이) 증가하다
1131	invitation	명 초대(장), 초청(장)
1132	migrate	동 1 (철새 등이) 이동하다 2 (다른 지역으로) 이주하다
1133	raw	형 1 익히지 않은, 날것의 2 가공하지 않은
1134	poverty	명 가난, 빈곤
1135	station	명 1 역, 정류장 2 (특정 일을 하는) -소, -서
1136	grocery	명 1 식료품 2 식료품 잡화점
1137	studio	명 (방송국의) 방송실, 스튜디오
1138	unbelievable	형 믿을 수 없는, 믿기 어려운
1139	be stuck in	~에 갇히다, 꼼짝 못하다
1140	tell ~ from ...	~와 …을 구분하다

DAY 58

1141	leap	图 뛰다, 뛰어넘다
1142	support	명 동 1 지지(하다) 2 부양(하다)
1143	proverb	명 속담, 격언
1144	argument	명 1 논쟁, 언쟁 2 주장
1145	billion	명 10억, 십억
1146	organization	명 조직, 단체, 기구
1147	following	형 1 (시간상으로) 다음의 2 다음에 나오는
1148	except	전 ~을 제외하고, ~ 외에는
1149	tag	명 꼬리표
1150	responsible	형 1 (문제 등에 대해) 책임이 있는 2 (관리 등을) 책임지고 있는
1151	encourage	동 1 격려하다, 자신감을 주다 2 장려[권장]하다
1152	harvest	명 수확(기), 추수 동 수확[추수]하다
1153	miserable	형 비참한, 불행한
1154	stranger	명 1 낯선[모르는] 사람 2 (어떤 장소에) 처음 온 사람
1155	concrete	형 1 구체적인 2 콘크리트로 된
1156	servant	명 1 하인, 종 2 (조직 등의) 고용인, 종업원
1157	waterproof	형 방수의
1158	underground	형 지하의 부 지하에[로]
1159	up to	(특정한 시점 · 정도) ~까지
1160	come to mind	생각이 떠오르다

DAY 59

1161	risk	명 1 위험(성) 2 위험 요소
1162	behavior	명 행동, 처신
1163	amusement	명 즐거움, 재미
1164	consider	동 1 잘 생각하다, 고려하다 2 ~로 여기다
1165	nest	명 1 (새의) 둥지 2 (곤충 등의) 집, 보금자리
1166	embarrass	동 당황스럽게[난처하게] 만들다
1167	clerk	명 직원, 점원
1168	observe	동 1 관찰[관측]하다 2 (규칙 등을) 준수하다
1169	sightseeing	명 관광
1170	transport	동 수송[운송]하다, 옮기다 명 수송, 운송, 이동
1171	suit	명 정장, 슈트 동 1 맞다, 적합하다 2 (옷·색 등이) 어울리다
1172	participate	동 참가[참여]하다
1173	faucet	명 수도꼭지
1174	mysterious	형 1 이해하기 힘든, 불가사의한 2 신비한
1175	mud	명 진흙
1176	structure	명 1 (사물 등의) 구조 2 (글 등의) 구성 3 (사회 등의) 구조
1177	hatch	동 (알 등이) 부화하다
1178	optimist	명 낙천주의자, 낙관론자
1179	watch over	~을 보살피다, ~을 보호하다
1180	to one's surprise	놀랍게도

DAY 60

1181	link	통 1 연결하다 2 관련시키다 명 관계, 관련성
1182	description	명 설명, 묘사
1183	sincere	형 진실된, 진심 어린
1184	temperature	명 1 온도, 기온 2 체온
1185	feast	명 연회, 잔치
1186	dew	명 이슬
1187	persuade	통 (~하도록) 설득하다
1188	operator	명 (기계 등의) 조작자, 기사
1189	motivate	통 동기를 부여하다
1190	function	명 기능 통 (제대로) 작동하다
1191	paralyze	통 마비시키다
1192	construction	명 건설, 공사
1193	revolution	명 혁명
1194	hurricane	명 허리케인
1195	experiment	명 실험 통 실험[시험]하다
1196	performance	명 1 공연, 연주, 연기 2 (일 등의) 성과, 실적
1197	spaceship	명 우주선
1198	surprisingly	부 놀랍게도, 의외로
1199	bring back	1 ~을 가져다 주다 2 ~을 기억나게 하다
1200	a variety of	다양한, 여러 가지의

MEMO

MEMO

MEMO

MEMO